# 2020与黑天鹅共舞

## 新分析范式下稳增长与防风险的平衡

张晓晶 等著

中国社会科学出版社

## 图书在版编目（CIP）数据

2020 与黑天鹅共舞：新分析范式下稳增长与防风险的平衡／张晓晶等著．
—北京：中国社会科学出版社，2020.3（2020.9 重印）
ISBN 978 - 7 - 5203 - 5935 - 1

Ⅰ．①2⋯　Ⅱ．①张⋯　Ⅲ．①中国经济—宏观经济分析—2020
②中国经济—宏观经济—经济预测—2020　Ⅳ．①F123.16

中国版本图书馆 CIP 数据核字（2020）第 022805 号

| | | |
|---|---|---|
| 出 版 人 | 赵剑英 |
| 策划编辑 | 王　茵 |
| 责任编辑 | 王　衡 |
| 责任校对 | 朱妍洁 |
| 责任印制 | 王　超 |

| | | |
|---|---|---|
| 出　　版 | 中国社会科学出版社 |
| 社　　址 | 北京鼓楼西大街甲 158 号 |
| 邮　　编 | 100720 |
| 网　　址 | http://www.csspw.cn |
| 发 行 部 | 010 - 84083685 |
| 门 市 部 | 010 - 84029450 |
| 经　　销 | 新华书店及其他书店 |

| | | |
|---|---|---|
| 印刷装订 | 北京君升印刷有限公司 |
| 版　　次 | 2020 年 3 月第 1 版 |
| 印　　次 | 2020 年 9 月第 2 次印刷 |

| | | |
|---|---|---|
| 开　　本 | 710×1000　1/16 |
| 印　　张 | 22 |
| 字　　数 | 306 千字 |
| 定　　价 | 86.00 元 |

凡购买中国社会科学出版社图书，如有质量问题请与本社营销中心联系调换
电话：010 - 84083683

# 序

今年 3 月出版的这本书，数月后重印，体现出市场的认可，于作者而言当是幸事。

作为一本年度的宏观经济分析报告，现在来看，很多数据都已经过时。好在我们这本书更强调分析视角与分析方法（范式），在基本判断上并没有"打脸"，实属不易。这恐怕也是重印的原因之一吧。

就稳增长与防风险这一主题而言，我想补充一下最新的研究进展。

首先，政府在稳增长与防风险的平衡方面体现了定力与克制。

受新冠肺炎疫情影响，第一季度宏观杠杆率出现意料中的飙升，由 2019 年年底的 245.4% 上升到 259.3%，单季度增幅 13.9 个百分点，但仍低于 2009 年第一季度增幅（14.2 个百分点）的历史峰值。第二季度宏观杠杆率升至 266.4%，上升 7.1 个百分点，增幅回落较多。这充分展现了政府在政策扩张时的定力与克制，未置风险于不顾。第二季度杠杆率增幅趋缓主因在于经济增长率由负转正。如果下半年经济增长继续恢复，则宏观杠杆率增幅趋缓是可期的，甚至可能出现季度性的杠杆率回落。在第一季度宏观杠杆率 13.9 个百分点的增幅中，企业杠杆率的攀升贡献了 70.5%，政府杠杆率贡献了 15.8%，居民杠杆率仅贡献了 13.7%。在第二季度宏观杠杆率 7.1

个百分点的增幅中，企业、政府与居民部门杠杆率的攀升分别贡献了46.5%、25.3%和28.2%。相对于第一季度，第二季度居民部门与政府部门杠杆率的边际贡献在上升。这也促进了杠杆率内部结构的合理调整。

其次，2020年中国的宏观杠杆率可能会攀升至270%。

我们就2020年的宏观杠杆率做了一个情景模拟。假定居民与企业债务增长规模（不是增速）与2019年持平，而政府债务额外增加5万亿元，这样，总体债务增速将达到11.6%，与过去5年（2015—2019年）债务扩张速度年均11.7%持平。再假定2020年名义GDP增速为3%（实际GDP增速略低于2%），全年杠杆率攀升20.5个百分点。但相关政策部门提出金融信贷支持力度要强于2019年，我们由此假定社融增速为13%，比过去5年社融年均11.1%的增速有明显提高，那么，债务增速也差不多是13%（从历史数据看，债务增速与社融增速较为接近），名义GDP增长仍维持在3%的假设，全年杠杆率将攀升23.8个百分点，总杠杆率接近270%。但即便如此，2020年杠杆率攀升幅度也未超过2009年的31.8个百分点的历史峰值。

最后，警惕信贷与实体经济活动错配带来的问题和风险。

面对百年不遇的疫情冲击，政策当局要求信贷增长要明显高于往年，以体现对于纾困与恢复经济的大力支持，这完全在情理之中。事实上，主要发达经济体的无限量化宽松政策更是有过之而无不及。不过，因为疫情冲击，实体经济活动疲弱对信贷的吸纳能力有限。很多信贷需求是用于纾困，而不是用于商业活动的扩张，这就使得"明显高于往年的信贷增长"与"明显低于往年的实体经济活动"之间出现了显著的不匹配或者说错配。这会带来两个后果：一是引致宏观杠杆率的大幅攀升，二是带来资金套利和资产价格较快攀升的风险。这就是为什么要强调坚持总量政策适度，把握稳增长与防风险的长期均衡。

疫情尚未过去,世界从此不同。多少年后,我们能记住 2020 年,一个重要的原因一定是新冠肺炎疫情形成了一个分水岭甚至是历史分期,不管讨论什么问题,从什么角度,都没有办法绕过。

张晓晶

2020 年 9 月 3 日

# 目　　录

## 导　　论

## 稳增长篇

# 稳杠杆篇

# 稳定化政策篇

导　论

# 第一章

# 与黑天鹅共舞：新分析范式下
# 稳增长与防风险的平衡

## 一　宏观经济分析新范式

无论什么样的宏观经济分析，都需要有一个理论框架。有些是明确提出的，有些是隐含的。好的宏观分析至少是在理论逻辑自洽基础上对现实有较好的解释力，而差的分析往往是就事论事，似乎是抓住了重点，但由于其理论逻辑是自相矛盾的，所以经不起推敲。宏观分析还涉及未来预测。历史经验告诉我们，任何理论模型的预测都可能出错（比水晶球可能也好不了多少），甚至出大错（如根本没有预测到大危机）。因此在预测方面，经济学家需要保持足够的谦卑；宏观经济理论及其分析框架更多是关联分析、结构分析、机理分析。

宏观经济分析范式并非只有一种。事实上，自20世纪40年代宏观经济学在经济学文献中出现以来，传统凯恩斯主义以及后来的新古典主义、新凯恩斯主义，一直相互竞争、交替占先、分分合合。区分竞争性的宏观经济理论和模型成为学者和政策制定者的中心任务。尽管过去了数十年，但对于新古典主义、新凯恩斯主义或其他分析框架是否能够准确把握经济波动的根本来源和机制，仍然缺乏共识。

目前，宏观经济分析范式，总体上遵循凯恩斯所开创的总需求分析传统，以 DSGE 模型作为主力模型（Workhorse Model），讨论经济波动的来源、影响机制并提出稳定化政策的建议。但当前的这些分析范式，无论是哪个派别，对于金融复杂性的重视，对于存量与结构指标的关注，以及对于风险问题的刻画，都是远远不够的。这可以说是本轮国际金融危机以来，主流经济学界深刻反思所形成的基本认识。正因如此，本书所提出的宏观经济新范式，就需要在以上这些方面有所突破：即通过资产负债表这样存量的视角，充分揭示宏观—金融关联，构筑宏观经济学（分析）的金融支柱，为稳增长与防风险的权衡提供新的分析理路。而且，这一分析范式的变化，一定意义上包含着对于主流方法的批判；从新范式中我们能看到对非主流经济学方法的借鉴，如后凯恩斯主义、存流量方法以及现代货币理论等。

近些年来，笔者和研究团队在宏观分析新范式方面做出了一些有益的探索，大体有以下几个方面的进展。

第一，国家资产负债表研究。这一研究始于 2011 年，已经出版了 3 本中文专著①，两本英文专著，以及多篇研究论文。这些研究为资产负债表方法的运用和推广奠定了基础。

第二，宏观杠杆率研究。宏观杠杆率（债务/GDP）是重要的风险衡量指标。以此为切入点，可深入探讨稳增长与防风险之间的动态平衡②。

第三，金融周期研究。金融周期理论的兴起意味着金融（包括信贷与房地产等）对于整个经济运行的影响甚至超过了一般商业周期③。不

---

① 李扬等：《中国国家资产负债表 2013：理论、方法与风险评估》，中国社会科学出版社 2013 年版；李扬等：《中国国家资产负债表 2015：杠杆调整与风险管理》，中国社会科学出版社 2015 年版；李扬等：《中国国家资产负债表 2018》，中国社会科学出版社 2018 年版。

② 张晓晶、常欣、刘磊：《结构性去杠杆：进程、逻辑与前景》，《经济学动态》2018 年第 5 期；张晓晶、刘磊、李成：《信贷杠杆率与经济增长：150 年的经济与启示》，《比较》2019 年第 1 辑。

③ 张晓晶、王宇：《金融周期与创新宏观调控新维度》，《经济学动态》2016 年第 7 期。

考虑金融周期的宏观经济学就像是没有王子的《哈姆雷特》。

第四，资产负债表视角下的金融稳定研究。金融稳定性研究大部分游离于主流经济学之外。我们通过资产负债表方法（特别是国民财富方法），从实体经济与金融部门关联的角度重新定义了金融风险与金融稳定[①]。

第五，宏观经济政策框架的重构[②]。本轮国际金融危机以来，经济学家和政策制定者已经闯入了"勇敢的新世界"，面临的问题远多于有效的解决方案，新的宏观经济政策框架处在形成之中，离达成共识还有一段距离。基于国际上的讨论加上中国自身宏观调控的特色，我们提出重构宏观经济政策框架的方向。

第六，现代货币理论（MMT）研究。发端于20年前的现代货币理论在今天的兴起，与本轮国际金融危机以来主要发达经济体的现实困境与政策应对有较大关系。现代货币理论在理论逻辑自洽方面存在先天不足，但它对于认识货币的本质、丰富和完善宏观经济学的分析范式以及应对现实经济问题方面均能有所启示。而且，现代货币理论的非主流经济学方法也值得借鉴[③]。

这些研究看上去"东鳞西爪"，但总体上围绕着"资产负债表"及"宏观—金融关联"展开；这就使得看起来有些碎片化的研究可以形成一个较完整的"拼图"——宏观经济分析新范式。接下来，我们就从宏观—金融关联以及资产负债表视角来展开宏观经济分析新范式的讨论。

---

① 张晓晶、刘磊：《国家资产负债表视角下的金融稳定》，《经济学动态》2017年第8期。

② 张晓晶、董昀：《重构宏观经济政策框架的探索与争论》，《比较》2013年第3辑；张晓晶：《试论宏观调控新常态》，《经济学动态》2015年第4期；张晓晶、王宇：《金融周期与创新宏观调控新维度》，《经济学动态》2016年第7期。

③ 张晓晶、刘磊：《现代货币理论及其批评：兼论主流与非主流经济学的融合与发展》，《经济学动态》2019年第6期。

### （一）宏观—金融关联

本轮国际金融危机以来，宏观与金融之间的关联（Macro-financial Linkages）成为理论界与政策当局所关注的焦点。这一点尤为国际货币基金组织所重视。国际货币基金组织的两大旗舰报告之一的《全球金融稳定报告》（GFSR，另一个是《世界经济展望》），其分析框架就是基于宏观—金融关联，即金融部门和宏观经济增长与稳定之间的关联，关注金融部门如何传播和放大冲击。在本轮国际金融危机爆发前，政策制定者和学者都忽视了许多宏观—金融关联。在多次金融危机中，我们常常可以发现某些金融脆弱性，如高杠杆率或金融机构的大量期限错配。GFSR 提出金融稳定风险的衡量指标——GaR（Growth at Risk），即在险经济增长率，用于衡量经济下行风险。以金融条件决定的在 GDP 增长预测分布中处于低分位数的 GDP 增长[①]。经验结果表明，宽松的金融条件指数在边际上能显著降低经济下行风险，但这一效果不可持续，在中期内会显著减弱。该结果强调了"跨期替代效应"，即宽松的金融条件在短期内提高经济增长并减少经济波动，但由于内生的脆弱性不断积累，中期经济增长的波动加大[②]。这和我们的近期研究发现是一致的，即以债务增速反映的新增债务流量会显著刺激经济增长，但这种刺激作用是短期的（滞后两期就不再显著），而以杠杆率反映的债务累积存量则会抑制未来的经济增长。这实际上揭示了债务驱动经济效果的复杂性[③]。金融稳定风险常常被表述成银行发生危机的概率，但这一风险并没有以严谨的方式置换成其他宏观政策制定者使用的术语。GaR 从产出

---

[①]　之所以是低分位数，是考虑到最坏的影响结果。

[②]　Adrian, Tobias, Dong He, Nellie Liang, & Fabio M. Natalucci, 2019, "A Monitoring Framework for Global Financial Stability", Staff Discussion Notes No. 19/06.

[③]　张晓晶、刘学良、王佳：《债务高企、风险集聚与体制改革：对发展型政府的反思与超越》，《经济研究》2019 年第 7 期。

增长的风险角度度量了宏观金融的系统性风险，因此可以将关键的宏观金融稳定风险纳入广泛的宏观经济学模型。

对金融周期（Financial Cycle）高度关注。关于经济周期的讨论由来已久。对于金融周期或者说考虑到金融因素起作用的周期，自20世纪30年代大萧条开始引起关注。但到20世纪70年代实际经济周期（RBC）理论盛行以后，关于金融周期的讨论又逐渐式微。本轮国际金融危机成为金融周期理论兴起的最重要的现实背景。不过，此前的日本泡沫经济、亚洲金融危机、20世纪90年代末发达经济体的股票市场繁荣以及2000年的IT泡沫破灭等，似乎一下子"被记起"，成为讨论金融周期的触发点。直接以金融周期作为主题词进行研究的文献近年来开始大量出现。其中，有不少来自诸如国际清算银行、国际货币基金组织等国际机构。它们对此问题的关注凸显了金融周期理论对于理解现实经济运行的重要性。自20世纪80年代金融自由化、金融全球化大发展以来，金融周期的特征更为明显。此前是经济周期（或商业周期）占主导，而此后金融周期特征似乎更强于一般商业周期。对政策当局而言，应对金融周期的挑战甚于一般商业周期。值得提出的是，金融周期还具有全球化的特征，即全球金融周期：全球金融市场的关联度在提高，溢出效应在上升，从而出现全球金融市场的"联动"或"共振"。经济周期一般是用产出指标来衡量，而金融周期则主要是用信贷与资产价格（特别是房地产价格）来衡量。Drehmann等的研究发现，经济周期的跨度一般是1—8年，而金融周期则平均会跨越16年①。而且，金融周期的波幅要明显超过经济周期。金融周期致资源错配加剧，其周期性变化，不能简单理解为是实体经济周期的直接反映。金融的相对独立性，使得金融的高涨高退，引起资源配置的

---

① Drehmann, M., et al., 2012, "Characterising the Financial Cycle: Don't Lose Sight of the Medium Term!", BIS Working Paper, No. 380.

巨大波动，不可避免地出现资源错配，反过来对实体经济产生负面冲击。金融繁荣期一般会出现信贷扩张、杠杆率上升，这是金融约束弱化的直接体现。乐观情绪加上金融约束弱化，使得大量资源配置（包括资本和劳动力）到表面繁荣但实际上却是效率低下的部门，这就形成资源错配，并在无形中拖累了生产率增速。看似强劲的经济掩盖了资源错配。当繁荣转向崩溃时，资产价格和现金流下降，债务变成主导变量，同时经济中的个体为了修复其资产负债表而削减支出。金融繁荣周期中出现的资源错配更难以扭转，太多资本集中在过度增长部门会阻碍复苏[①]。通过金融周期的研究，实际上将宏观—金融关联的分析推向深入。

宏观金融网络分析，进一步丰富和深化了宏观—金融关联分析。欧洲中央银行（ECB）在这方面的研究具有开创性[②]。宏观金融网络研究，是将金融网络分析方法与宏观部门间的资产负债表相结合，全面考察各部门的系统性风险。理论上说，决定一个部门金融风险的因素有三点：其自身的风险程度、与其他部门的关联程度以及与其关联的部门风险。ECB前行长特里谢将金融风险定义为"发展于金融体系内并且会对金融体系以及实体经济造成大规模的冲击"[③]。金融稳定委员会认为，系统重要性金融机构"具有较大的规模、复杂度和系统关联度，因此其自身面临的冲击会对更大范围金融体系以及经济活动造成显著的破坏"[④]。这些认识，都同时强调了机构自身的金融风险程度以及与外部的关联性。对部门间关联度的考察，需要建立反映各部门普遍联系的宏观金融网络。Castrén 和 Kavonius[⑤]

---

① BIS, 2016, "86th Annual Report", Basel.

② Castrén, O., & I. K. Kavonius, 2009, "Balance Sheet Interlinkages and Macro-financial Risk Analysis in the Euro Area", ECB Working Paper, No. 1124.

③ Trichet, J., 2009, *Systemic Risk*, *Clare Distinguished Lecture in Economics and Public Policy*, University of Cambridge.

④ Financial Stability Board (FBS), 2011, "Policy Measures to Address Systemically Important Financial Institutions", Technical Report, No. 4.

⑤ Castrén, O., & I. K. Kavonius, 2009, "Balance Sheet Interlinkages and Macro-financial Risk Analysis in the Euro Area", ECB Working Paper, No. 1124.

根据国家资产负债表的分类，将宏观经济分为居民、非金融企业、银行、保险、其他金融机构、政府、国外等几大部门，并依据各部门的资产负债表数据构建了描述部门自身风险的指标以及风险在部门间传染的模型①。从宏观审慎管理角度看，金融机构"太关联而不能倒"（Too-Connected-to-Fail）风险与"太大而不能倒"（Too-Big-to-Fail）风险同等重要。

从国际货币基金组织的宏观—金融关联分析框架，到国际清算银行强调的金融周期分析，以及欧洲中央银行推进的宏观金融网络分析，都是旨在更好地探讨宏观经济与金融之间的关联与放大效应，是在努力构筑宏观经济学的"金融支柱"。

### （二）资产负债表方法

资产负债表方法为剖析宏观—金融关联提供了重要的分析工具（如上文提到的宏观金融网络分析）；而资产负债表数据则成为定量讨论宏观—金融关联的重要依凭。

资产负债表方法（Balance Sheet Approach，BSA），即利用国家（及部门）资产负债表来从事经济金融分析的方法。资产负债表方法的兴起与金融危机紧密相连。早在 1979 年，美国学者克鲁格曼就采用资产负债表方法来分析财政赤字的货币化对固定汇率的影响。这可以看作是现代经济学应用资产负债表方法的开端。自 20 世纪 90 年代拉美（如墨西哥、巴西等国家）和亚洲地区相继爆发大规模金融危机以来，关于国家资产负债表编制和研究方法的讨论日趋活跃，其功能也超越单纯的统计核算，逐渐显示出成为宏观经济分析基本方法之一的强劲势头。其中尤为值得注意的是，国际货币基金组织在推广这一方法上的努力。2002—2005 年，国际货币基金组织又发表了十余篇国别资产负债表，极大地

---

① 刘磊、刘健、郭晓旭：《金融风险与风险传染：基于 CCA 方法的宏观金融网络分析》，《金融监管研究》2019 年第 9 期。

推动了相关研究的发展。2008 年的金融海啸席卷全球，资产负债表分析方法进一步得到了学界、政府以及国际机构的广泛重视与认可，国内也有学者敏锐地跟上潮流，并用之对中国经济问题展开了初步分析。辜朝明（Koo）在《宏观经济学的圣杯：日本大衰退的教训》一书中，提出了著名的资产负债表式衰退，这也使得资产负债表方法得以在更大范围内传播①。

资产负债表分析方法作为新的分析范式，具有以下几个方面的特点和优势。

第一，资产负债表本质上是一种存量分析框架。长期以来，无论在国内外，对于宏观经济形势的判断和宏观政策的制定，往往基于 GDP、投资、消费、贸易额、财政收支等流量指标，而对宏观层面的资产、负债、财富等经济存量有所忽视。然而，对于决策者而言，仅有流量视角，显然不足以全面审视经济发展的长期累积效应与发展路径。而且更为重要的是，对于衡量宏观经济风险——特别是金融系统风险时，必须对可动用的经济资源和负的债务责任两方面的存量规模、项目结构、相互关联以及变化趋势有清晰的把握，并需要对国民经济各部门内部以及各部门之间各项债权债务的逻辑关联与传导机制有深刻认识。而国民经济整体和部门的资产负债表分析，正是为理解、讨论、评价宏观政策考量提供了一个不可替代的重要存量视角。

第二，资产负债表方法在分析金融风险方面具有特定优势。通过这一方法，可以清晰地界定出四类主要的金融风险，即期限错配、货币错配、资本结构错配以及清偿力缺失。而分析考察这四类问题，则是揭示危机根源，认识危机的传导机制，理解微观经济主体应对危机的行为方式，以及研判应对政策的关键所在。

---

① Koo, Richard C., 2008, *The Holy Grail of Macroeconomics: Lessons from Japan's Great Recession*, John Wiley & Sons.

第三，资产负债表分析改变了对传统货币、财政政策的理解角度，并提出了新的政策选择。例如在货币方面，以往的政策往往仅限于通过调节利率控制通胀。但这种单一目标与单一工具的政策设计忽视了金融部门高杠杆化操作等结构失衡风险。这也是导致此次危机的重要因素之一。而只有通过对资产负债表进行分析与介入，揭示其中的结构问题，才能及时发掘风险，并防范化解。而本轮国际金融危机中的量化宽松等非传统手段，则也可以理解为中央银行资产负债表的扩张以及中央银行同其他部门的资产置换过程。又例如在财政方面，通过对政府部门资产负债表的剖析，能够更为全面地评测财政负债压力与财政操作空间，从而为相关政策工具的选择做出指导。

第四，资产负债表分析也有助于提高宏观调控与宏观审慎政策水平。这不仅是因为通过这一框架可以对经济整体风险水平与趋势有全面的判断，还因为资产负债表视角为理解部门间金融风险的传导扩散机制提供了新的思路，同时也利于相关调控政策的制定与效果评估。

此外，资产负债表方法的"第二代"，即国民财富方法（National Wealth Approach，NWA），为研究金融稳定提供了新视角。当银行发现并减记一笔非金融企业的违约贷款时，在国家资产负债表中所反映的是一笔净资产从银行部门向非金融企业部门的转移。国民净财富并未发生变化，而只是在部门间转移。NWA方法的一个核心观点是金融风险孕育于无效投资中。无效投资虚增了国民生产总值，其本质是由金融部门的自有资本向企业部门的转移，既无真实的投资收益，还伤害了金融稳定性。因此，以NWA方法为核心，应加强对无效投资的监督，并用估算的银行坏账来修正GDP。国民财富方法对于金融稳定性研究具有重要意义，主要体现在：甄别无效投资从而提前预警金融风险，矫正传统方法对金融危机损失的过高估计，避免在应对危机的过程中反应过度。这三点分别在事前、事中和事后提出了对传统对策的矫正。

# 二　围绕潜在增长率的争论

一段时间以来，关于"保6"之声不绝于耳，并且在理论与政策界引起了激烈的争论。其争论或多或少地都以潜在增长率分析作为重要的依据。笔者的看法是，根据历史经验，潜在增长率的预测往往不太靠谱；但那种脱离供给面，抛弃潜在增长率的基本分析框架的做法，也是欠妥的。以需求的潜力来论证新一轮增长高峰，能让人振奋，但也需要警惕。基于发达经济体应对潜在增长率下滑时的经验教训，面对21世纪第三个10年以及更长时间的增长，我们一定要尊重市场规律，坚持稳中求进，防止急躁冒进。

## （一）理论预测往往落后于实践发展

关于增长的理论预测往往落后与现实发展。工业革命之前，类似于现代经济增长这样的情况是不可想象的。第二次世界大战后日本的增长打破了传统思维；在当时，人们宁愿把它当作一个特例。20世纪末和21世纪初，影响人类最重要的发展事件之一是大型新兴市场经济体快速的经济增长（始于中国，扩展到大部分亚洲经济体，以及其他发展中世界），而这一点在开始的时候并未被看好。尤其是关于中国的增长，自改革开放伊始就有许多预测，但往往都低于实际的增长①。

较早对中国增长进行预测的是世界银行。1997年世界银行发表题为《中国2020》的报告②。在该报告中，世界银行先是对于以往低估中国经济增长作了一番"自我批评"。如图1-1所示，1982年、1983年、1985年以及1992年世界银行的预测都比实际GDP要低。特别是，

---

① 张晓晶：《增长放缓不是狼来了：中国未来增长前景展望》，《国际经济评论》2012年第4期。

② World Bank，1987，"China 2020：Development Challenges in the New Century"．

1995 年的实际 GDP 是世界银行 1985 年预测值的两倍。即使有了这些"前车之鉴"，实际增长的结果还是超出世界银行的"大胆预测"。世界银行对于 1996—2000 年的增长预测是 8.4%，与实际增长 8.6% 非常接近。但对 21 世纪的第一个 10 年（2001—2010 年）增长的预测为不到 7%，而实际增长是 10.5%，有非常大的出入。并且，值得注意的是，在世界银行报告形成的时候，还没有发生亚洲金融危机。因此可以想象，这些预测是较为乐观的。如果处在亚洲金融危机中间，笔者认为其预测值将会更低。

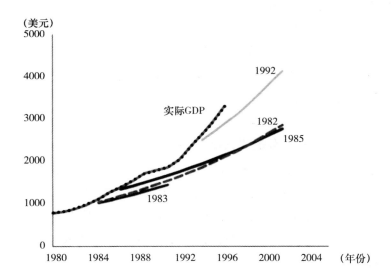

**图 1 - 1　世界银行对中国增长预测与实际 GDP 的对比**

数据来源：World bank，1997，"China 2020：Development Challenges in the New Century"。

其实，不仅仅世界银行对于中国 21 世纪第一个 10 年的增长预测大失水准，国内学者也显得过于谨慎。这既可能受到《中国 2020》的影响，更可能受到亚洲金融危机所形成的悲观氛围的影响。在经历 1998—2001 年中国经济增长的"七上八下"的过程中，人们对于未来增长显得信心不足。例如，王小鲁估算出 2001—2010 年的增长率为 6.58%，2011—2020 年的增长率为 6.21%；如果参照日本的情况，这一结果实际上还是非常靠谱的，但和中国现实相距较大①。江小涓通过国际经验比较，也指出高速增长 20 年后继续保持较高速度的难度加大②。她指出，20 世纪 60 年代之前，没有一个国家取得过连续 40 年平均 7% 以上的增长速度。中国共产党第十六次代表大会提出了到 2020 年使 GDP 比 2000 年再翻两番的目标。实现这个目标，是要在过去 20 多年高速度的基础上，再保持 20 年的高速增长，40 年平均增长速度要达 7% 以上。从全球经济发展的经验看，仅有极少数经济体有过这种实绩。

依据这样的认识，中国增长一定会下台阶。需要指出的是，"十五"时期（2001—2005 年）经济增长目标设定为 7% 左右。但后来的实践证明当时的判断过于谨慎。中国的增长不仅没有下台阶，甚至比以前更快，"十一五"时期的经济增长率达到 11.2%，远超预测。

### （二）潜在增速下滑是"铁律"吗？

反思之前的很多预测，特别是 21 世纪第一个 10 年的预测，一定觉得当时太过保守。想不到进入 21 世纪尤其是加入 WTO 之后，中国会经历新一轮的增长高峰，充分分享了全球化的繁荣。那么，在即将进入 21 世纪第三个 10 年的时候，我们是不是应该进一步解放思想，突破潜在增长率不断下滑的"魔咒"？

基于跨国经验数据，很多学者倾向于高速增长的经济体必然会遭遇增速下滑，认为这是"铁律"。例如 Pritchett 和 Summers 提出的"均值回归"理论③。他们认为任何超乎平均水平的增长速度都是异常的，按照规律终究要"回归到均值"。据此预测的中国经济增长率在 2013—

---

① 王小鲁：《中国经济增长的可持续性与制度变革》，《经济研究》2000 年第 7 期。

② 江小涓：《中国经济发展进入新阶段：挑战与战略》，《经济研究》2004 年第 10 期。

③ Pritchett, Lant, & Lawrence H. Summers, 2014, "Asiaphoria Meets Regression to the Mean", NBER Working Paper, No. 20573.

2023 年下降为 5.01%，2023—2033 年进一步下降到 3.28%。Barro 得出与此相似的预测和结论，即中国经济增长率将显著下降到 3%—4%的水平，从而不可能实现官方确定的在"十三五"时期 6%—7%的增长率目标[①]。他的依据来自于其享有著作权的"条件趋同"假说及其分析框架。经过无数次增长回归得出了一个"趋同铁律"，即一个国家不可能以长期异于 2%的速度与更发达经济体或自身稳态趋同。Eichengreen 等认为快速增长的经济体会遭遇减速[②]。按 2005 年购买力平价计算的人均 GDP，平均而言，在 10000—11000 美元以及 15000—16000 美元两个区间上，一个经济体通常会分别遭遇两次减速，并识别出若干与减速相关的普遍性因素，如与趋同相关的"均值回归"效应、人口老龄化导致人口红利消失、过高的投资率导致回报率下降、汇率低估阻碍产业结构向更高的技术阶梯攀登等[③]。

　　笔者也认真探讨了增长放缓问题[④]，制作出三组经济体的增长率变化图（见图 1-2）：第一组是成功跨越中等收入陷阱的（中间组），第二组是未能跨越中等收入陷阱的（左边），第三组是中国（右边）。可以发现：（1）成功经济体 40 年的平均增长率更高；而不够成功的那组经济体，平均增长率较低。（2）前三个 10 年，各经济体并不是一直呈现单调递减的态势，但第 4 个 10 年却无一例外地都跌下来了，且跌幅较大。（3）日本是从高速增长直接跌到了低速增长，即跌到 4%以下；

　　① Barro, Robert J., 2016, "Economic Growth and Convergence, Applied Especially to China", NBER Working Paper, No. 21872.

　　② Eichengreen, Barry, Donghyun Park, & Kwanho Shin, 2011, "When Fast Growing Economies Slow Down: International Evidence and Implications for China", NBER Working Paper, No. 16919; Eichengreen, Barry, Donghyun Park, & Kwanho Shin, 2013, "Growth Slowdowns Redux: New Evidence on the Middle-income Trap", NBER Working Paper, No. 18673.

　　③ 蔡昉、张晓晶：《构建新时代中国特色社会主义政治经济学》，中国社会科学出版社 2019 年版。

　　④ 张晓晶：《增长放缓不是狼来了：中国未来增长前景展望》，《国际经济评论》2012 年第 4 期。

韩国经济下滑较为平缓；第四个 10 年仍保持在 7% 以上的经济体只有中国台湾。（4）与其他经济体相比，前三个 10 年中国的增长保持得更加平稳，但第四个 10 个下滑迹象较为明显①。

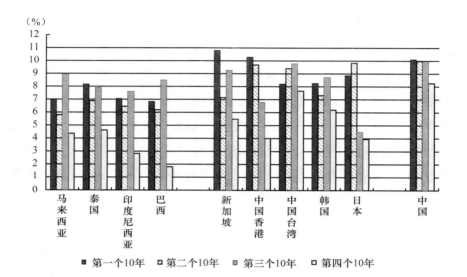

**图 1-2　快速增长经济体的下滑**

注：起始年份的选择参考了增长与发展委员会的标准。但考察中国时并未采用他们提到的 1961 年，而是 1978 年，这应该更加符合中国的国情。参见增长与发展委员会《增长报告：可持续增长和包容性发展的战略》，中国金融出版社 2008 年版。

数据来源：日本和巴西 1951—1960 年的数据来自 Maddison 数据库，中国台湾数据来自 CEIC，中国数据来自《中国统计年鉴》，其他数据均来自世界银行发展指数（WDI）。

虽然快速增长的经济体无法摆脱减速的命运，但以什么样的速度下滑，是否能够在较高增速水平上维持更长时间等，都不是一成不变的。特别是，对于仍处在发展与转型双重变奏下的中国经济而言，如果能够

①　在 2012 年原图上的更新，参见张晓晶《增长放缓不是狼来了：中国未来增长前景展望》，《国际经济评论》2012 年第 4 期。

进一步深化供给侧结构性改革，提高全要素生产率，则潜在增长率的提高是可期的。Cai 和 Lu 的模拟显示，2011—2022 年，如果全要素生产率年平均增长率提高 1 个百分点，潜在增长率可以提高 0.99 个百分点[①]。

　　其实，即便是相信减速铁律的经济学家们也并不否认中国经济增长仍存在较大的空间。只不过，这要看经济体中对抗减速的力量到底有多强。这个时候，出现了令人为之一振的说法：国内有 10 亿人没有坐过飞机，至少一半人口的家庭还没有用上抽水马桶，再加上还有很多家庭没有汽车，以及没有一套像样的住房；这些潜在需求如果激发出来，必将带来新一轮的增长高峰。这是基于总需求的分析，自有它的道理。这个道理隐含的前提是要调整收入分配格局，减少收入差距，从而释放消费潜能。强调收入分配笔者是认可的，但由此认为潜在增长率可能不会下降甚至提高，还是有些立不住脚。因为需求潜力释放来自收入提升，收入提升来自 GDP 提高。而 GDP 提高，最终受到供给面的制约，如劳动年龄人口的下降，城乡之间（传统部门与现代部门之间）资源配置效率提高的空间有限，服务业逐步占据主导带来的生产率提升难度加大，从模仿赶超到自主创新转型带来的技术进步趋缓等，这些都意味着潜在增长率最终受到供给面因素的制约，单纯强调需求潜力缺乏说服力。

### （三）美国、日本经历增长率下滑时的教训

　　潜在增速下降是不少发达经济体都曾经历过的。因此，总结它们应对增长下滑的经验教训，对于当下的中国而言将是大有裨益的。这里仅以美国与日本为例。

---

　　① Cai, Fang, & Yang Lu, 2013, "The End of China's Demographic Dividend: The Perspective of Potential GDP Growth", in Garnaut, Ross, Fang Cai, & Ligang Song (eds), *China: A New Model for Growth and Development*, ANUE Press, Canberra, pp. 55 – 74.

1. 美国

比起第二次世界大战后黄金时代的增长，20 世纪 70 年代的滞胀导致美国潜在增长率下滑了两个百分点。然而，70 年代中期的时候，美国政府报告中对于石油供给冲击仍不够重视；同时也不相信美国面临着潜在增长率的下滑。1978 年《美国总统经济顾问报告》仍相信未来几年增长率会达到 4.5%—5.0%，从而每年可以使得失业率下降 0.5 个百分点。但实际上，除了 1978 年实现了 5.6% 之外，1979—1982 年增长率分别是 3.1%、－0.3%、2.5% 和－1.9%，增速下降很多。后来的研究还表明，与潜在增长率下降相对应的是，美国生产率增长的放慢始于 20 世纪 60 年代末，到第一次石油危机的时候，美国生产率的趋势增长率已经低于过去 20 年平均增长率一个百分点。正因为政府认为失业率居高不下是因为经济未达到潜在水平（即有闲置资源特别是劳动力未得到充分利用），于是通过货币政策来刺激经济，结果导致出现高通胀。1974—1982 年平均年通胀率达到 9.0%，而 1979—1982 年更是超过了 10%。从这个角度来讲，滞胀一方面是因为供给冲击使得原来的体制与经济结构无法适应，从而出现了增速的降低；另一方面则是错误的判断及政策，特别是过度扩张的货币政策进一步加剧了滞胀。

2. 日本

日本 20 世纪 50 年代平均增速为 9.4%，60 年代的平均增速为 10.7%，但 70 年代，增速一下子降到 5% 以下（4.6%）。从高速增长台阶一下子到中低速增长台阶，这也使得日本当局一时难以适应。实际上，"唯增长"或"唯 GDP"（当时是 GNP）的思想在日本是经历过一些变化的。进入 60 年代，日本池田内阁坚持"增长第一"主义，促成了经济的快速增长。当时，经济增长与增长率等词汇也变成了日本国民日常用语的一部分，而许多经济学者为了准确预测增长率可谓绞尽脑汁。可以说这个阶段追求高增长赢得了国民的一致认同。不过，到了 60 年代后半期，增长与福利的抉择提上了日程，尤其是公害与交通事故开始受到社会的指责，连经济增长也受到批评，被斥为"见鬼去吧！GNP！"。到了70年代初，伴随石油危机的成本推动型通货膨胀导致"狂乱物价"，与其说国民追逐高增长，不如说更企盼稳定。因此，当时的政府就不再把经济增长当作政策目标加以强调，增长率目标也作了适度的下调。但即使如此，在实际操作中，还是难免存在对过去较快增长的政策思维惯性，从而出现对增长率的误判。例如，70年代计划的目标增长率为6%，80年代为4%，而实际情况分别是4.6%和3.7%，要低不少。显然，目标与现实的差距，某种程度上导致政府采取扩张性的政策来应对，且主要是在扩大需求上做文章。供给方面，日本经历了石油供给冲击，在企业管理效率以及节能上均有进步，但在大的结构调整上，特别是打破日本大财阀与小企业的二元结构，提高金融体系的效率，清理"僵尸企业"等方面，都没有做得很好。结果是，货币扩张带来资本市场的繁荣、后来的资产泡沫，以及导致产业空心化，致当年的"日本第一"[①]变成"失去的20年"。

无论是美国的滞胀，还是日本的泡沫经济，根本教训在于对潜在增长率的误判以及主要依赖需求管理刺激经济。这种通过需求面的扩张来实现对潜在增长率的人为超越，不仅实际增长没有起色，反而导致价格的暴涨：在美国主要体现为物价暴涨，在日本主要体现为资产价格暴涨。这对中国的启示是：在对待潜在增长率下滑方面要有定力。适度提升潜在增长率或者说防止潜在增长率的下滑，应该主要在供给面下功夫，而非需求面的不断刺激；只有持续推进供给侧结构性改革，才是正确的"应对姿势"。

## 三　2020年：稳增长与防风险的艰难权衡

上文提到美国和日本的教训，很清楚地呈现了稳增长与防风险的

---

① Vogel, Ezra, 1979, *Japan as Number One: Lessons for America*, Harvard University Press.

权衡取舍：如果不顾潜在增长率的下滑一味用刺激政策推高经济增长，结果就会带来风险上升。而宏观—金融关联分析中的"跨期替代效应"也表明：宽松金融条件对经济增长的刺激作用是短期的；中期则会导致波动性加大，风险上升。

2015 年以来，鉴于中国杠杆率的急剧攀升，底线思维与防风险占据了突出位置。实现稳增长与防风险的动态平衡成为重构中国宏观经济政策框架的主线。

2020 年以及未来一段时间，中国经济都将面临稳增长与防风险的艰难权衡。2019 年 2 月 22 日，习近平总书记在中共中央政治局第十三次集体学习时指出，金融活，经济活；金融稳，经济稳。经济兴，金融兴；经济强，金融强。经济是肌体，金融是血脉，两者共生共荣。习近平总书记进一步强调，实体经济健康发展是防范化解风险的基础。要注重在稳增长的基础上防风险，强化财政政策、货币政策的逆周期调节作用，确保经济运行在合理区间，坚持在推动高质量发展中防范化解风险①。这些讲话实际上为稳增长与防风险之间的动态平衡提供了基本遵循。

## （一）为什么风险问题如此紧要？

随着中国宏观杠杆率的不断攀升，以及外界对于中国可能爆发债务风险的担心，加上 2015 年的股灾，2019 年的包商银行接管事件等，无不凸显出当下防范金融风险的重要性和紧迫性。这也是为什么防范化解系统性风险处在中央提出的三大攻坚战之首。风险是跨越时空的，可以说是无所不在。为什么风险问题在今天变得如此紧要？

过去 40 余年我们创造了经济奇迹，但也积累了体制性、结构性的

---

① 《习近平主持中共中央政治局第十三次集体学习并讲话》，新华社，http：//www. gov. cn/xinwen/2019－02/23/content_ 5367953. htm。

风险。这个风险显性化来看就是高杠杆率。目前中国的宏观杠杆率已经逼近美国，这表明宏观风险在不断积累。过去我们在发展过程中不断积累风险，也在不断地通过各种方式去化解。20 世纪 90 年代初全国发生的金融秩序混乱，范围广、危害深、时间长，其危急局面离全国发生金融危机相差不远。因此，党中央、国务院集中力量整顿金融秩序，处理了三角债、农信社等很多金融问题，这一波对过去风险的清理非常重要，为后期的发展奠定了基础。1996 年中国经济实现"软着陆"。90 年代末亚洲金融危机期间，中国的银行出现了技术性破产，又进行了一波集中清理，包括成立四大资产管理公司、向商业银行注资等，直至 21 世纪初。这也解决了很多金融风险问题。

2003—2008 年的繁荣周期加上国际金融危机爆发后中国推出的 4 万亿刺激计划，也致风险迅速积累，宏观杠杆率接近 250%。基于 150 年来杠杆率的变化，我们发现，宏观杠杆率大致呈现三四十年的变化周期。这与后发经济体快速追赶的时间基本一致——20 世纪 90 年代末亚洲金融危机国家（或地区）基本上都经历了三四十年的高速增长。考虑到中国改革开放 40 余年的后发赶超，当前宏观杠杆率也大体处在周期的峰值附近，这就意味着 40 年累积的风险处在高位。这个时候，如果我们没有一个强制性的清理办法，没有一个让各方面风险逐步释放的过程，那么，中国经济就像是高杠杆（堤坝）支撑下的悬河，非常危险。正是从这个角度，风险问题变成政策的优先选项。客观评估，在中央提出的三大攻坚战中，扶贫与污染防治这两大目标 2020 年会有一个阶段性的达成，但风险防控仍然在路上：当前中国经济正处在金融风险集中爆发和高位缓释期。

### （二）多维度的风险度量

国际货币基金组织推荐使用宏观杠杆率（实体经济部门的债务/GDP）来评估各国债务风险；国际清算银行也相应提出了杠杆率偏离长

期趋势的杠杆率缺口来作为金融不稳定的预警。本书也主要以宏观杠杆率为风险度量指标，给出几组相关的数据。

**1. 政府隐性债务规模到底有多大**

根据我们的分析，分别按融资主体、融资工具以及政府支出缺口来进行估算①，结果比较一致，具有较好的稳健性。三种方法所估算的2018年年底地方政府隐性债务规模分别为53.5万亿、47.9万亿和48.6万亿元，占GDP的比例分别为59%、53%和54%。前两种估算方法的结果都显示出了2018年总债务与GDP之比不再增长，地方政府债务的结构性去杠杆初见成效。与其他估算相比，本书给出的是最宽口径。其他估算结果一般不超过40万亿元。

实际上，有些隐性债务并不能完全算作地方政府债务。比如融资平台从事的纯商业性活动所形成的债务就不能完全划归于地方政府隐性债务。我们认为这类债务工具中有60%的比例形成了地方政府隐性债务，其余部分仍然为非金融企业的债务。各类资管产品、融资租赁和政府性基金所形成的债务则完全应由地方政府所承担，我们将其全部划入地方政府隐性债务。经过这样的比例划分，估算出2018年年底较为贴近现实的地方政府隐性债务规模为32.8万亿元，占GDP的36%。这一结果与其他相关估算比较接近。

**2. 高杠杆率下的利息支付压力**

高杠杆率之所以是金融脆弱性的总根源，不仅在于杠杆率本身，还在于高杠杆会带来更大的利息支付压力。笔者估算了2008年以来每年利息支付，并将之与增量名义GDP进行对比（见图1-3）。结果发现，2012年之前，增量GDP均高于每年的利息支付，但自2012年起，利息支付总额超过增量GDP，并且在2014年达到高峰，前者相当于后者的两倍。到2019年，尽管二者的比值有所回落，但利息支付仍然是增量

---

① 具体参见本书第九章。

GDP 的 1.5 倍。利息支付与增量 GDP 的比有所回落，既与政府强制去杠杆有关，也和债务置换有关。巨额的利息支付使得每年新增的债务用于偿付利息，对于经济的净拉动作用较小。

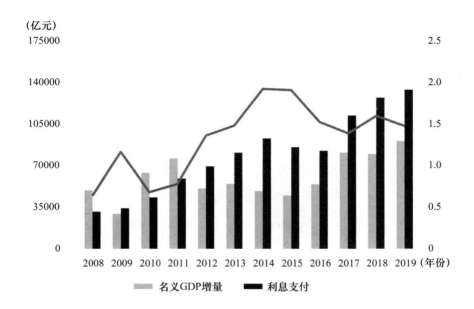

（亿元）

**图 1－3　利息支付与名义 GDP 增量（2008—2019 年）**

数据来源：国家资产负债表研究中心（CNBS）、中国人民银行。

### 3. 宏观杠杆率的未来走势

当前中国宏观杠杆率已经接近 250%[①]。如果要实现杠杆率的基本

---

[①]　国家统计局根据 2018 年第四次全国经济普查数据对名义 GDP 作了调整，这使得原口径的宏观杠杆率也需要做出相应调整。这次 GDP 调整涉及 2014—2018 年 5 年的数据，各年名义 GDP 分别上调了 0.4%、0.4%、0.9%，1.4% 和 2.1%。根据调整后的 GDP，我们重新估算了 2014 年以来的杠杆率，2014—2018 年各年杠杆率相比原口径分别回落了 0.8、1.0、2.1、2.8 和 4.4 个百分点。这也使得按原口径推算的 2019 年第三季度 251.1% 的杠杆率回落到 2019 年年底的 245.4%。考虑到这些数据出炉已在本书稿成付梓之际，因而未及对书中的杠杆率数据进行全面更新。不过，这些微调并不影响书中的结论。

稳定，需要达到什么样的条件呢？为此，我们对 2020—2025 年的宏观杠杆率趋势做了一些情景模拟①。结果发现，如果每年名义增长率为 8.5%，平均利率（社会融资成本）6 年降 2%，从 2019 年的 8% 降到 2025 年的 6%，同时，杠杆率要保持在 250% 左右（即 6 年实现宏观杠杆率的基本稳定），那么，可以允许的每年净增债务占 GDP 比重为 4%，但这个取值明显低于此前 20 年的均值 10%。这意味着，要实现宏观杠杆率的基本稳定难度还是很大的。

基于模拟结果，"十四五"期间想要保持宏观杠杆率的基本稳定，必须从多方面同时入手。第一，需要营造相对宽松的宏观经济环境，在维持一定名义增速的情况下，有效降低社会融资成本。第二，坚持稳杠杆的大方向不变，综合施策控制每年的新增债务规模，新增债务占 GDP 比重要大大低于 10%。但考虑到要将每年净增债务占 GDP 比重控制在 4% 难度很大，因此，可能还需要容忍未来宏观杠杆率的适度上升。

### （三）2020 与黑天鹅共舞

近年来，随着中国经济下行压力的增大，要求加大金融对于实体经济支持的呼声越来越高。但与此同时，由于中国家庭、企业、政府各部门杠杆率的持续攀升，金融风险也成了一个不容忽视的问题。《2019 年国务院政府工作报告》中明确指出"要平衡好稳增长与防风险的关系，确保经济持续健康发展"。一方面，政府要求中国人民银行保持流动性的合理充裕，有效缓解实体经济特别是民营企业和小微企业融资难、融资贵的问题，并通过利率市场化改革切实降低实际利率，避免经济运行滑出合理区间。另一方面，政府也强调防范化解重大风险的底线思维，坚持结构性去杠杆，防范金融市场异常波动，坚决避免发生系统性、区域性风险。简言之，政府要求同时守住经济发展位于合理区间和不发生

---

① 具体参见本书第十二章。

系统性金融风险这两个双底线。这意味着，在防风险"紧箍咒"下，宏观政策框架已经由原来的通胀与就业的权衡取舍转变成增长与风险的权衡取舍。

1. 稳增长与稳杠杆的"跷跷板"

近年来稳增长与稳杠杆的"跷跷板"，充分体现了增长与风险之间的艰难权衡。2015 年 10 月中央提出降杠杆任务，2016 年未能控制住，杠杆率仍上升了 12.9 个百分点。究其原因，2016 年第一季度 GDP 增长6.7%，创 28 个季度新低，也让相关政府部门在执行去杠杆任务时产生顾忌，有放水之嫌。这也凸显出稳增长与稳杠杆之间的矛盾。2017 年杠杆率仅增长 3.8 个百分点，2018 年则回落 0.3 个百分点。至此，杠杆率快速攀升的局面得到了有效抑制，但也为此付出了代价。这个代价就是严监管以及部门之间的竞争性去杠杆，导致民营企业资金链断裂，债务违约频现，中小银行风险加剧，"哀鸿遍野"。这是所谓处置风险的风险。接下来，面临中美贸易摩擦加剧、经济下行压力加大，2019年第一季度杠杆率大幅攀升 5.1 个百分点，与之相对应的是第一季度经济增长的"超预期"。而第二季度杠杆率仅上升 0.7 个百分点。杠杆率增幅的大幅回落，给后续增长带来压力，第三季度增长率差一点"破 6"。

2. 2020 与黑天鹅共舞

2020 年是"十三五"收官之年，也是全面建成小康的决胜之年。尽管 2019 年下半年以来，对于如何完成来年的增长目标有不少争论，"保 6"之声不绝于耳，但随着 2018 年第四次全国经济普查数据的公布，GDP 有了较大幅度上调①，对于增长的担心一下子缓解很多。毕竟，鉴于 GDP 的上调，2020 年的经济增长率只要 5.7% 就能达标。

不过，这种相对乐观的情绪并未维持多久，一只"黑天鹅"出现

---

① 2014—2018 年各年名义 GDP 分别上调了 0.4%、0.4%、0.9%、1.4% 和 2.1%。

了——2020 年年初武汉爆发了新型冠状病毒肺炎疫情（以下简称新冠
肺炎疫情），整个社会猝不及防。此前笔者强调的"2020 并非终极之
战，要为后续发展留有余地、创造条件"的说法，突然变得不合时宜
了。在很多人看来，2020 年不是"保 6"而是要"保 5"了。从底线思
维的角度，我们宁愿悲观一点。但这个世界更需要的是冷静客观的分
析。做"算命先生"经济学家往往不够格，真正有力量的是经济学的
逻辑。

根据以往经验，在经济面临重大负面冲击的情况下，一般都会出现
宏观杠杆率的急剧攀升。以下三个时间点最为典型：1998 年亚洲金融
危机期间宏观杠杆率增幅达 12.7 个百分点；2003 年"非典"时期杠杆
率增幅达 11.9 个百分点；2009 年应对国际金融危机冲击，当年杠杆率
攀升 31.6 个百分点，为历年来最高的增幅。参照这些经验，本次新冠
肺炎疫情必然导致宏观杠杆率的快速攀升，其影响渠道有两条：一方面
是对杠杆率的分子即信贷与债务扩张的冲击；另一方面是对杠杆率的分
母即经济增长特别是名义 GDP 的冲击。

第一，对经济增长的冲击。综合来看，一方面，虽然在餐饮、酒
店、旅游、工业、建筑业、电影院线、金融等领域，疫情对于经济增长
的影响幅度较大，另一方面，有关医疗保健、纺织服装、在线游戏、在
线教育等领域也受到了疫情的正面冲出，这些因素合计在一起，会导致
2020 年第一季度 GDP 增速出现显著下行，减幅约为 2 个百分点，不会
出现一些分析所说的零增长。考虑到疫情影响集中在第一季度，后续仍
会有影响，但会逐步减弱；因此从全年来看，GDP 增速略高于 5%。

第二，对债务扩张的冲击。尽管新冠肺炎疫情爆发以来，中央提出
一系列财税、金融、投资等方面的支持政策，抗疫情稳生产，强调财政
政策更加积极，货币政策更加灵活适度，投资政策拟加快推动建设一批
重大项目，但这些无疑会导致债务扩张。1998 年、2003 年、2009 年的
"非常时期"，债务扩张速度分别达到 19.1%、22.7% 和 33.6%。而

2015—2019 年债务扩张速度年平均达到 11.7%。考虑到政策当局近年来将防范化解风险作为三大攻坚战之首，一直受防风险"紧箍咒"的制约，当不会出现"大水漫灌"。而且，这次疫情冲击影响虽然很大，但并不是"百年一遇"，有了"非典"的参照，在政策扶持和松动上当会更加精准、防止"过犹不及"。由此，笔者倾向于认为 2020 年的债务扩张速度略高于此前 5 年的平均增速，约为 12%。

结合以上分析，如果实际 GDP 增速略高于 5%，名义 GDP 增速会在 6% 以上；再考虑到债务扩张在 12% 左右，则 2020 年全年的杠杆率增幅或在 10%—12%。需要强调的是，2020 年的杠杆率攀升，更主要的原因或在于名义 GDP 的下滑，而不是债务的快速扩张。

政策重点短期内显然是把握好疫情防控与恢复生产间的平衡，全年来看仍是把握好稳增长与防风险间的平衡。笔者认为，一方面需要容忍杠杆率的进一步上升（主要源于增长率的下滑）；另一方面应在调整杠杆率内部结构上做文章。其一，小微企业加杠杆。疫情冲击对小微企业冲击最大，加大对小微企业支持、提高小微企业贷款在非金融企业贷款中的比重是基本的政策方向。其二，中央政府加杠杆。相比其他部门，中央政府具有较大的潜在加杠杆空间；扩大国债发行规模，有利于完善债券市场和中国人民银行基础货币投放机制；中央政府加杠杆的关键在于突破 3% 的财政赤字率约束。其三，居民部门稳杠杆。居民部门杠杆率与居民消费与房地产抵押贷款都有着密切的关联。居民部门稳杠杆有利于居民消费的平稳以及房地产市场的平稳发展。其四，国有企业去杠杆。这里主要突出清理国有"僵尸企业"以及融资平台的债务。期待国有企业三年行动方案尽快出台，完善国有企业治理结构，约束国有企业债务扩张，真正实现国有企业债务在非金融企业债务中的占比下降，从而为整个经济的去杠杆做出实质性的贡献。其五，金融去杠杆或告一段落。金融杠杆率自 2017 年开始强监管便掉头向下，至 2019 年已逐渐趋于平稳。仅考虑信托贷款、委托贷款和未贴现银行承兑汇票这三项影子银行资产，2019 年的资产规模与 GDP 之比为 22%，相比 2017 年已经下降了 10 个百分点，基本回到了 2010 年的水平。另据银保监会统计，影子银行规模较历史峰值已压降 16 万亿元。笔者认为，金融部门杠杆率已达到较为合理的水平，各类金融乱象也得到了有效遏制，金融部门去杠杆或将告一段落。

3. 稳增长与防风险的动态平衡

从未来来看，"十四五"时期及未来更长一段时间，政府经济工作仍需要将稳增长与防风险的动态平衡放在十分重要的位置。

无论是从理论机制，还是从实践操作层面来看，稳增长与防风险之间都既有统一的一面，也有矛盾的一面。强调二者的动态平衡，恰恰是因为它们之间矛盾的一面较为突出，常常会"按下葫芦起了瓢"。这就需要我们进一步思考，有没有办法让二者更好地有机统一起来。

因此，我们认为，增长与风险的权衡问题需要从体制上找到解决的密钥。如果不着眼于改革，还用传统的政策刺激的方式来进行逆周期调节，那么可能稳定了增长，但却带来了风险的上升。反过来，如果单纯去压风险，比如说一味强调去杠杆，结果也会带来对实体经济增长的伤害。这就要求：从增长角度，应对结构性减速，需要推动国有企业改革，放开市场准入，坚持竞争中性，激发民营经济积极性，焕发市场内生活力；以实施国土空间规划战略，推动城市群与都市圈建设，从资源的空间优化配置角度，寻找新的经济动能。从风险角度，认识到后发赶超导致风险的积累与集聚，根子在于政府干预导致的扭曲，最典型的发展型政府的主导信贷配置及由此带来的风险定价扭曲和信贷资源错配。因此，需要推进改革，取消政府隐性担保、刚性兑付以及金融机构的体制性偏好，使得风险定价回归常轨，进而抑制风险的积累和集聚。总之，只有实质性推进供给侧结构性改革，才能一方面提高实体经济资源配置的效率，另一方面提高金融体系优化风险配置的水平，从而最终实现稳增长与防风险之间的动态平衡。

# 稳增长篇

　　进入新常态的中国经济面临潜在增长率下滑，中美贸易摩擦带来的外部环境恶化，再加上40多年改革开放积累了不少结构性、体制性问题，多种因素交织叠加，导致稳增长困难重重。需要指出的是，无论是消费，还是投资增长，都受到资产负债表的约束；其背后则是防风险的政策"紧箍咒"。这是宏观分析新范式所体现的新视角。

　　2020年武汉飞出了一只黑天鹅，给原本不确定的经济增加了新的不确定性。加大逆周期调节力度成为基本共识，但更要靠改革的办法稳住总需求。消费方面，注重调整收入分配格局，释放消费潜力；推进服务业改革，提高服务业消费，促进服务产业与服务消费"双升级"。投资方面，侧重于补短板、惠民生的有效投资；激发民间投资活力，实现市场内生驱动的增长。外需方面，不断改善营商环境，继续推进"一带一路"建设，推动双边与多边贸易协定的达成，拓展国际合作空间和国际市场；努力保持对外学习通道，获取新的全球化红利。

　　从根本上来讲，长期稳增长靠的是实质性推进供给侧结构性改革，努力提高全要素生产率。

# 第二章

# 消费形势分析与展望

近年来，在经济增速放缓、产业结构转型升级、内外需平衡调整、宏观分配格局渐变的背景下，中国居民消费也呈现出若干重要趋势与结构变化，对宏观经济平稳运行与产业发展转型带来重要的，甚至是决定性的影响。一方面，从中短期的"需求管理"角度看，作为总需求的主体构成部分，能否充分释放居民消费的潜力与活力，关系到当前"稳增长"任务的成败。而在中美贸易摩擦和全球范围内保护主义抬头的大环境下，消费更成为实现需求结构向内需为主转变的关键承载。另一方面，从中长期的供给—需求关系角度看，没有消费层次的升级、消费结构的转变、消费能力的增强，相应供给体系的质量提升，特别是产业结构的转型升级与"新经济"的发展也将失去根本动力与内在支撑。因此，在新时代背景下，促进消费还对推动中国经济转型升级，实现创新引领和高质量发展具有举足轻重的意义。

基于以上认识，本章首先对近年来中国居民消费的趋势变化、结构特征、政策取向等进行了梳理总结，并通过国际比较、城乡比较等视角，对相关的水平差异和发展趋势进行了讨论。最后，在前述分析基础之上，对2020年及中长期时段消费前景进行了展望，并就稳消费、促升级等相关议题提出若干政策思路以供参考。此外，本章还将以专题形式重点论述家庭居住及相关支出和汽车消费等热点议题。

# 一　居民消费的有关政策背景及总体趋势

首先，从政策背景看，近年来决策层对居民消费的重视程度不断加强。2017 年 10 月召开党的十九大，习近平总书记明确提出"完善促进消费的体制机制，增强消费对经济发展的基础性作用"①。这充分展现了在新时代背景下对居民消费的空前重视。其后，自 2018 年春开始，中美贸易摩擦持续演进。在新的背景下，中国需求结构的转变——减少对外部需求的依赖，增加包括居民消费在内的内需——变得更加迫切。有鉴于此，2018 年中央经济工作会议专门提出了"改善消费环境""增强消费能力"等工作部署。2019 年中央经济工作会议中，又进一步提出了"促进产业和消费'双升级'。要充分挖掘超大规模市场优势，发挥消费的基础作用"。这不仅进一步凸显了消费的重要性，而且还将之同供给侧因素——产业升级相关联。与此同时，在具体工作层面，中共中央、国务院在 2018 年 9 月联合印发《关于完善促进消费体制机制进一步激发居民消费潜力的若干意见》，对促进消费的指导思想、原则、目标等工作进行了阐发，并从消费细分市场、消费环境、消费能力和消费预期等方面进行了工作部署。此后，2019 年 8 月，国务院又印发了《关于加快发展流通促进商业消费的意见》（国办发〔2019〕42 号）。其中特别提出了电商平台等新流通业态和传统流通业态的协调发展，以及打造"互联网＋社区"公共服务平台、拓展出口产品的内销渠道、释放汽车消费潜力、活跃"夜经济"、拓宽假日消费等一系列具体举措或发力点。

从实际表现看，在以上举措的推动下，居民消费业已成为近年

---

① 习近平：《决胜全面建成小康社会　夺取新时代中国特色社会主义伟大胜利——在中国共产党第十九次全国代表大会上的报告》，人民出版社 2017 年版。

中国经济增长的主要推动力（仅从需求侧看）。首先，从对经济增长的贡献衡量，最终消费（约近三成为政府消费）在 2018 年拉动 GDP 增速 5 个百分点，贡献份额则从 2013 年的 47% 上升至 2018 年的 76%——这不仅是同年投资贡献份额的两倍之多，也是自 2000 年以来的最高水平。由此可知，长期以来因为超额储蓄（国内储蓄超过国内投资的部分）导致的中国经济对外需的高度依赖问题已经大为缓解。

其次，消费新业态继续保持较快增长。如图 2-1 显示，近两年来，网上销售额增速明显快于整体的社会消费品零售总额，相应占比则从 2018 年 1—2 月的 20% 提高至 2019 年 10 月的 25%。而如果仅考虑网上实物销售，则期内相应占比从 15% 升至 19%。在此值得一提的是，2019 年"双 11"当日天猫销售成交额较 2018 年增长 25.7%，与 2017 年的增幅基本持平。另外还需指出，自 2018 年 7 月在美国上市以来，2015 年才成立的"拼多多"异军突起，迅速跃升为仅次于阿里巴巴的第二大电商平台，超过京东和苏宁。这充分反映了"新业态"内部也在不断创新升级，而且其优胜劣汰可能更快速。

然而，由于市场流通机制不畅、消费环境不佳、流通成本偏高、预防性储蓄等动机依旧强烈、收入分配有欠公平等深层结构性、体制性因素，中国居民消费依旧总体低迷，甚至消费率（消费/可支配收入）还有走低的趋势。国家统计局家庭调查数据显示（见图 2-2），2013 年年底至 2019 年第三季度，居民消费率已从 72% 降至 68%。相应地，也表明储蓄率的持续攀升。而上述的消费对 GDP 增长的拉动（5%），实际上也仅仅与 2003—2012 年十年间的平均水平持平（约 5.1%），其贡献份额增加则主要是由于疲弱的投资、外需的凸显作用使然。

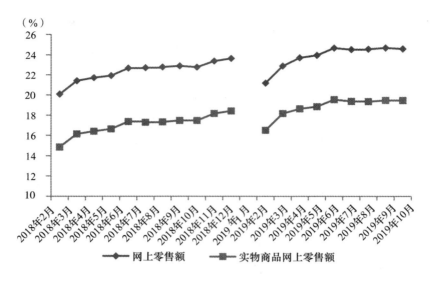

**图2-1 网上销售占社会消费品零售总额比重（当年累计额）**

数据来源：国家统计局。

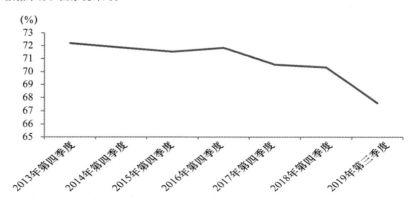

**图2-2 居民消费率（消费/可支配收入）**

数据来源：国家统计局。

此外，从相关的金融服务也可看出消费趋势的不景气。如以短期（期限1年以内）消费性贷款的口径衡量（见图2-3），2018—2019年消费信贷同比增速几乎持续回落。2019年1—11月该类贷款累计同比增速仅为18%，而2018年前11月的相应增速为32%。当然，这同2018年以来严控"消费贷"流入房地产市场的调控趋紧有关①，但消费不振也是其中的重要原因。当然，下文将要进一步论述，短期消费贷款的增速下滑，也表明导致近年较为明显的居民债务加杠杆过程，主要在于长期贷款项目的快速增长——其中又以住房按揭贷款为主（占全部居民消费性贷款的近70%）②。

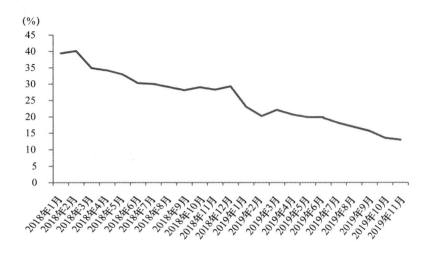

图2-3　短期消费信贷同比增速

数据来源：中国人民银行本外币信贷收支表。

## 二　居民消费的结构变化

### （一）总体支出结构

近年来，随着收入水平的提高以及供给侧的产业结构转型等因素，

---

① 有估计认为有近三成消费贷款进入楼市，参见http://www.sohu.com/a/196938632_99916341。

② 李扬等：《中国国家资产负债表2018》，中国社会科学出版社2018年版，第四章。

居民消费的结构也出现了较为明显的变化。如国家统计局数据显示①，2018 年，居民服务消费占比达到 49.5%，比 2017 年提高 0.3 个百分点、较 2013 年提升 2.9 个百分点——这同服务业增加值占 GDP 比重的逐渐上升趋势基本吻合。

分大类看，反映消费层级的常用指标，恩格尔系数从 2013 年第四季度的 31.2% 持续降至 2019 年第三季度的 27.9%（见图 2-4）——根据经济社会发展的一般规律，这在很大程度上也表明了居民消费的升级态势②。同时，衣着类支出占比也有较明显的下降，即从 7.8% 降至 6.2%。需要指出，由于衣着消费的动机明显兼具基本生活需要和身份/个性显示的双重性，所以其占比变化难以同消费的升级抑或降级直接关联③。再者，同基本生存高度相关的居住类支出占比从 2016 年年底的 21.9% 升至 2019 年第三季度的 23.3%④。显然，这一趋势也可能意味着居住开支对其他消费——如教育、文娱类消费的挤出或阻碍其增长⑤。当然在此也需要指出，尽管后一类支出占比在近三四年来变化不大（11.2%—11.4%），但其中直接同生活品质提升相关的细项却增长较快。如 2019 年实现电影票房收入 642.7 亿元，其中国产片占 64%，为 2013 年 217.7 亿元的 3 倍之多。此外，在图 2-4 展示的考察期内，医

①　http://www.stats.gov.cn/tjsj/sjjd/201901/t20190122_1646234.html.

②　在食品开支相对减少的同时，消费升级也可见于食品细目。如近年来中国居民人均消费粮食量明显减少，肉、禽、水产、奶、蛋等动物性食品消费持续增加。

③　石明明、江舟、周小焱：《消费升级还是消费降级？》，《中国工业经济》2019 年第 7 期。

④　根据国家统计局口径，居住类支出主要指房租、自有住房折算租金、公共事业费、物业管理等。

⑤　张大永、曹红：《家庭财富与消费：基于微观调查数据的分析》，《经济研究》2012 年第 1 期；李涛、陈斌开：《家庭固定资产、财富效应与居民消费：来自中国城镇家庭的经验证据》，《经济研究》2014 年第 3 期；李雪松、黄彦彦：《房价上涨、多套房决策与中国城镇居民储蓄率》，《经济研究》2015 年第 9 期；李育、刘凯：《房产财富与购房决策如何影响居民消费》，《人文杂志》2019 年第 6 期；何兴强、杨锐锋：《房价收入比与家庭消费——基于房产财富效应的视角》，《经济研究》2019 年第 12 期等有关中国居民消费和住房资产积累关系的讨论。总体看来，关于"挤出"效应的经验证据并不一致。

疗保健类的消费支出上升明显。这同老龄化趋势延续、全面二孩政策落地、高质量医疗保健需求提高、市场化医疗服务供给增多、公众健康意识增强等诸多因素有关。

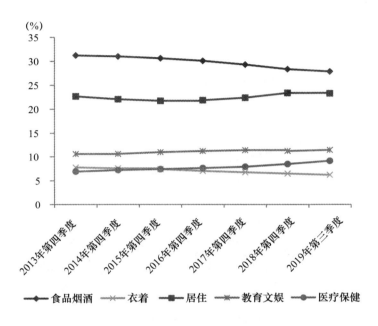

**图 2 - 4　居民主要消费支出比例（累计额）**

数据来源：国家统计局。

## （二）城乡消费比较

需要指出的是，尽管城镇化水平大幅提升，但中国城乡二元结构特征还较为明显。城乡在消费水平、结构、层级、习惯及制约因素等方面尚存在较大差异。特别是在讨论中国居民消费的升级或降级问题时，有必要对城乡加以区分。

如图 2 - 5 显示的，作为反映生活标准最为直接的变量，城乡居民在可支配收入与消费水平上具有明显不同。其中，收入差距又大于消费支出差距，表明农村居民的储蓄率更高。从动态看，随着新型城镇化的快速推进、产业结构的调整（主要指向工业、服务业的转型）、"精准扶贫"与"乡村振兴"等战略举措的有效实施，城乡之别总体上有减小的趋势。

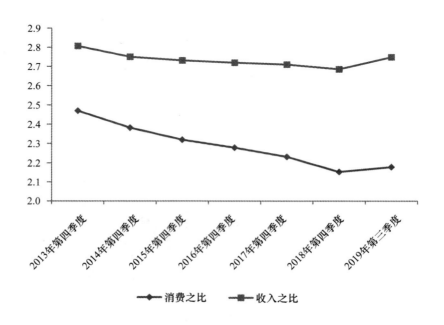

图 2 - 5　城乡居民收入与消费比较

注：①农村居民金额 = 1；②数据截至 2019 年第三季度。由于城乡收入和消费之比都存在较明显的季节性，故此观测点同其他时期，即第四季度观测点不完全可比。

数据来源：国家统计局。

进一步分结构看，以食品、居住、衣着、文教娱乐、医疗保健五类为例（约占消费总计的 75% 以上，见表 2 - 1）。其一，城乡居民在食品占消费支出的比重（恩格尔系数）虽有不同，但差异在缩小，并且农村居民相应指标的下降速度明显快于城镇居民，2013 年第四季度到2019 年第三季度，前者下降了 5.72 个百分点，而后者仅下降 2.45 个百分点。其二，在居住方面，城镇居民的相对支出高于农村居民，且差距在近两年有所扩大。这提示了城镇居民由于房价、房租高企导致的居住开支增多，而对于农村居民并不明显。其三，在衣着类开支方面，城乡差异也较明显，但城乡此类消费占比都在下降，且城镇下降更快。造成这一现象的原因，可能是由于城镇居住开支的挤出效应更加明显所致。其四，在文化教育娱乐方面，城乡差异并不明显，且并无明显的走势。当然，这很难表明城乡在此类别中的消费层级类似。农村居民相对较多的支出可能是由于城镇在文教娱乐方面的公共投入更多，相关基础设施也更为发达。因此，城镇居民可以享受到更为低廉且高质量的公共服务。其五，以上逻辑可能在医疗保健方面更加突出，即农村居民此类支出占比一直高于城镇，差异达近 3 个百分点，说明城乡公共卫生等服务尚有较大差距，且在近两年似有扩大的趋势：2017 年第四季度至 2019 年第三季度，差异从 2.26 个百分点升至 3.45 个百分点。此外，从趋势看，城乡居民医疗保健支出相对规模也都在上升，原因同上述城乡合计分析类似。

表 2－1　　　　　　　　城乡居民主要消费类别占比　　　　　　　单位：%

| 项目<br>时期 | 食品 | | 衣着 | | 居住 | | 文教 | | 医疗 | |
|---|---|---|---|---|---|---|---|---|---|---|
| | 城镇 | 农村 | 城镇 | 农村 | 城镇 | 农村 | 城镇 | 农村 | 城镇 | 农村 |
| 2013 年第四季度 | 30.13 | 34.12 | 8.41 | 6.07 | 23.26 | 21.11 | 9.08 | 9.64 | 5.57 | 8.18 |
| 2014 年第四季度 | 30.05 | 33.57 | 8.15 | 6.08 | 22.49 | 21.03 | 9.30 | 9.54 | 6.18 | 9.86 |
| 2015 年第四季度 | 29.73 | 33.05 | 7.95 | 5.96 | 22.09 | 20.88 | 10.66 | 10.41 | 6.26 | 9.92 |
| 2016 年第四季度 | 29.30 | 32.24 | 7.53 | 5.68 | 22.16 | 21.19 | 10.75 | 10.09 | 6.14 | 8.92 |
| 2017 年第四季度 | 28.64 | 31.17 | 7.19 | 5.59 | 22.76 | 21.95 | 8.95 | 10.21 | 5.83 | 8.09 |
| 2018 年第四季度 | 27.72 | 30.07 | 6.92 | 5.34 | 23.95 | 21.95 | 8.99 | 9.53 | 6.38 | 9.71 |
| 2019 年第三季度 | 27.68 | 28.40 | 6.49 | 5.51 | 23.99 | 21.51 | 10.45 | 10.45 | 6.60 | 10.05 |

数据来源：根据国家统计局数据计算。

**（三）地区消费比较**

分地区看，类似于收入水平，中国各地区消费水平差异巨大。以社会消费品零售额来看，2018 年，广东、山东、江苏、浙江和河南 5 个省超过了两万亿元（由多至少，下同），合计 151939 亿元，占全国总数的 40%。而排在后十位的省（直辖市、自治区）分别是内蒙古、云南、天津、贵州、甘肃、新疆、海南、宁夏、青海、西藏，合计仅为 34340 亿元，尚且不足广东省的规模（39501 亿元）。在此值得一提的是，尽管一般认为消费率会随着收入水平提高而下降（即储蓄倾向随收入增加而上升），但由于中国居民消费尚受到许多其他因素的制约（见前文关于中国整体消费率的论述），因此这一规律对于中国地区层面的经验似乎难以成立。事实上，地区人均 GDP 和居民消费与 GDP 之比仅仅呈极微弱的负向关联，相关系数为 -0.24（见图 2-6）。

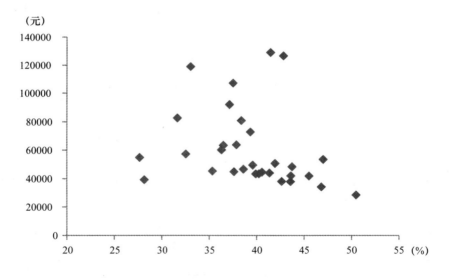

**图 2-6 居民消费率（横轴）与人均 GDP（纵轴）**

数据来源：国家统计局。

此外，从三大区域看，近年消费趋势则表现出一大亮点。如图 2-
7 所示，尽管东部地区社会消费品总额仍占全国总量的一半以上，但已
从 2010 年的 58% 降至 2018 年的 55%。相应地，中、西部地区占比则
分别从 25% 升至 26%、18% 升至 19%。在很大程度上，这同近年来中、
西部地区经济增速较快，以及一系列倾斜政策有关[1]。按此趋势，未来
促进居民消费的空间可能也将主要来自中、西部地区。

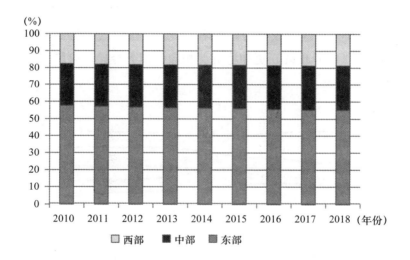

**图 2-7　三大区域的社会消费品零售额占比**

数据来源：国家统计局。

### （四）相关国际比较

从国际层面看，中国居民消费相对规模明显小于其他主要经济体。如
图 2-8 所示，以居民消费占 GDP 的比重衡量（即一种消费率的测度）[2]，
中国的这一指标在近两三年间的变化不大，水平值仅为 39% 左右。这不

---

① 蔡昉等：《新中国经济建设 70 年》，中国社会科学出版社 2019 年版，第十四章。

② 严格讲，此处的居民部门还合并了为居民服务的非盈利部门（NPISHs），但后者规模
较小。

仅明显低于欧美等发达经济体，也显著低于印度、巴西等新兴市场大国。
如更广泛地比较，中国上述消费率也低于世界平均水平（2018 年为
58%）和发展中国家的均值（54%）。需要指出的是，消费也是比较各国
居民福利水平最直接、最主要的指标。对比美国，2018 年中美人均 GDP
之比为 1∶7，而人均消费之比高至 1∶12，显示出两国在生活水平方面
的差距显著大于收入①。不难理解，这也意味着实现对发达经济体在消
费层面上的"追赶"比在收入层面更加艰巨。当然，也须指出的是，
较低的消费率即对应于较高的储蓄率——这也在一定程度上表明了中国
居民部门的"财务政策"更加稳健，相应的债务金融风险较低②。

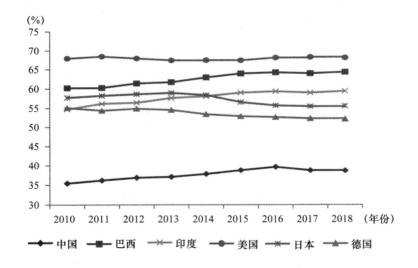

**图 2 - 8  各国居民消费占 GDP 比重**

数据来源：世界银行 WDI 数据库。

---

① 世界银行 WDI 数据，人均消费和 GDP 均以 2010 年固定美元值衡量。
② 李成、汤铎铎：《居民财富、金融监管与贸易摩擦——2018 年中国宏观经济中期报
告》，《经济学动态》2018 年第 8 期。

从结构看，中国同发达经济体也有较多不同。以美国为例，从总体结构看，美国居民2018年服务类消费占比为64.9%，明显高于中国。这既同两国的发展水平差异相关，也和产业结构差异密不可分。如世界银行WDI数据显示，近年来美国服务业增加值占GDP比重约在77%，而中国服务业虽经历多年较快增长，在2018年的占比仅为52.2%。

从图2-9显示的支出细分情况可见，2018年年底美国居民的恩格尔系数为7.6%[①]，仅约为中国的1/4；居住支出占比为17.3%，也明显低于中国居民（23%）；衣着类支出占比仅为3.2%，低于中国居民（7%）；医疗健康类支出占比则高达21.4%，明显高于中国居民（9%）；文娱、教育类支出合计占比为11.9%，略高于中国。当然，需

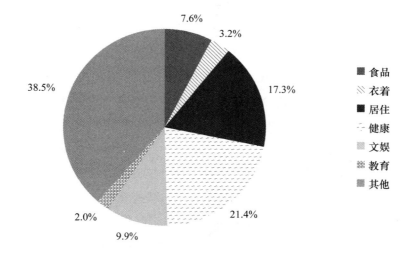

**图2-9 美国居民消费支出结构**

**（2018年年底；根据季节调整数据计算）**

数据来源：Bureau of Economic Analysis（BEA）。

①  另据CEIC数据，在主要发达经济体中，恩格尔系数似乎只有日本较高，在2018年年底达到26.1%。英国、法国、德国则分别仅为10.6%（2018年）、16.4%（2011年）和13.8%（2013年）。

要注意的是，由于相关统计口径的不同，以及公共卫生、教育等服务体系的差异，两国相关数据并不完全可比，但从美国等发达国家的一般经验看来，随着收入水平的提升，中国的食品、衣着、居住类支出还有较大的下降空间，进而"让位"于医疗保健等支出。但文娱教育类支出似乎无明显趋势，需要根据具体情况加以分析。

## 三 制约居民消费的根源及相关政策思路

展望 2020 年，根据近年的发展态势和国际经验可以推知，从总量看居民消费仍将作为经济增长与宏观稳定的"压舱石"，而其结构也会向着满足更高层次美好生活需要——如更多教育、文娱、健康、旅游等——的方向转型。从积极角度看，当前储蓄率偏高、生存型消费较多的现状也意味着消费在今后尚有巨大的拓展提升空间。有鉴于此，并基于上述的中国居民消费现状及相关国际比较，关于 2020 年及在中长期时段中国居民消费的可能变化趋势及相关政策思路有以下几点供参考。

面对经济下行压力，进一步激发居民消费将成为"稳增长"任务中最为关键的需求侧因素。为此，应当深入发掘消费不振的深层根源，特别要破除相关的体制机制障碍。主要包括：其一，大量理论和经验事实都表明，收入是决定消费的最主要因素。但从宏观收入分配角度看，作为家庭部门最主要的收入来源，中国劳动报酬所得份额一般仅为 40%[1]，明显低于发达国家水平（约为 60%）[2]。为此，应当继续通过减税、提高劳动素质和人力资本回报、发展知识密集型产业、转变"投资依赖"的发展模式等举措，在国民经济的初次分配中提高劳动报酬份额。

其二，与上一点密切相关，收入分配不均往往也是抑制居民消费的

---

[1] 根据资金流量表（非金融交易），2016 年劳动者报酬占居民部门初次分配总收入的 61%。

[2] 陈昌兵：《可变折旧率估计及资本存量测算》，《经济研究》2014 年第 12 期。

重要因素。而近年来中国分配格局不容乐观，根据国家统计局公布的官方数据，近年来中国居民收入的基尼系数一直维持在 0.45 以上的高位。而更令人关注的是，自 2015 年以来，这一系数结束了此前的下降态势，开始逐年增长。另据由法国著名经济学家皮凯蒂参与主持的世界不平等实验室（World Inequality Lab）的估算，2015 年中国顶端 10% 人群的收入占全体国民的 41%，低于美国、俄罗斯，但明显高于德国、法国等主要经济体（见图 2 - 10）。在这一形势下，广大低收入阶层的消费能力被严重抑制。为此，应当通过财税体制的倾斜、城镇保障房建设和棚户区改造、农村扶贫攻坚、抑制寻租和投机等非生产性收入等措施，提高城乡中低收入人群的消费能力，并巩固中等收入阶层的消费需求。同时，进一步完善社会保障体系、扩大覆盖范围，也是减弱中低收入阶层"预防性储蓄"动机，提振消费的重要途径。

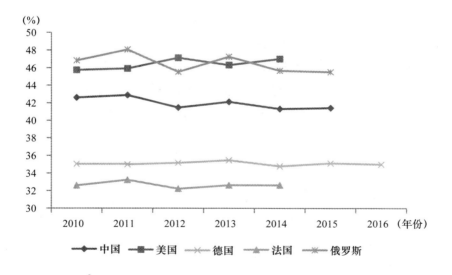

**图 2 - 10 顶端 10% 人群占居民收入的比重**

数据来源："世界不平等数据库"（World Inequality Database）。

其三，除收入这一流量视角外，中国居民消费倾向偏低还可以从存量视角理解：一方面，在财富/资产端，中国居民财富积累份额较小[1]、历史较短、积累形式较为单一（以房产为主，见图 2 - 11）等都构成了对消费的制约。因此，促进消费还应提高私人部门的财富份额，并通过发展高质量、多样化的针对居民部门的金融服务（如房产再按揭、以房养老等业务）、完善住房租赁市场等，充分激发存量财富（包括住房资产和金融资产）对消费的促进作用——这不仅包括由于购房带动的耐用品、装修等直接相关的消费项目，还包括由于财富增长所带动的消费增加[2]。另一方面，在债务/负债端，近年由于房贷的快速增长，居民部门债务杠杆高企[3]。在这一背景下，导致了居民出于控制风险的考量，提高储蓄、压抑消费[4]。为此，继续坚持"房住不炒"的调控举措，严格执行相关贷款及其他金融服务的审核管理——如严控消费贷进入楼市，都对降低居民债务风险，修复家庭资产负债表，进而促进消费有重要的积极意义。

其四，尽管拥有一个由 14 亿消费者构成的，年零售额高达 38 万亿元的庞大国内市场，但由于地方保护主义等因素导致的市场分割依然突出，相应的规模优势并未充分发挥，并最终使得消费者承担相应的福利损失，即更高成本、更少选择。为此，应加强区际市场的整合，破除体制机制障碍，降低流通成本，实现物畅其流和经济资源跨区优化配置。应当强调的是，随着市场经济制度的不断完善，近年来"拦路设卡"、市场禁入

---

① 据 Piketty 等估算，中国居民（即私人部门）持有财富仅约占国家财富合计的 70%，其余为公共部门所有。参见 Piketty, T., Yang, L., & Zucman, G., 2019, Capital Accumulation, Private Property and Rising Inequality in China, 1978 - 2015, *American Economic Review*, 109 (7)：2469 - 2496。

② 从理论上讲，财富增加可以提高"持久收入"，进而增加当期消费。参见李育、刘凯《房产财富与购房决策如何影响居民消费》，《人文杂志》2019 年第 6 期；何兴强、杨锐锋《房价收入比与家庭消费——基于房产财富效应的视角》，《经济研究》2019 年第 12 期。

③ 如据国家金融与发展实验室的估算，2019 年第三季度，中国居民债务占 GDP 的比重达到 56%，而在 2011 年年底仅为 28%。

④ 黄隽、李冀恺：《中国消费升级的特征、度量与发展》，《中国流通经济》2018 年第 4 期。

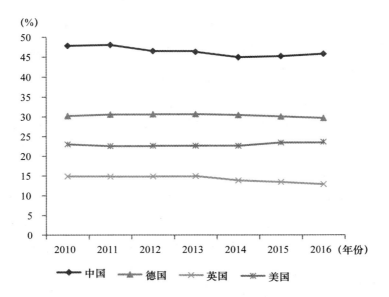

图2-11　住房资产占居民部门总资产比重

数据来源：李成、汤铎铎：《居民财富、金融监管与贸易摩擦——2018年中国宏观经济中期报告》，《经济学动态》2018年第8期。

等简单、直接的地方保护行为有收敛之势，但在司法、工商、技术标准等方面的较为隐形的地方保护形式却依旧突出，甚至成为建立国内统一市场的主要障碍①。对此，应从中央及有关部委的层面加以协调部署，强化税务、司法、工商、食安、环保、统计等多领域的垂直管理，同时通过财税改革、官员考核机制改革等，破除地方政府和当地企业的特殊利益关系。此外，促进基于电商平台的销售、交易、物流体系的发展，也有利于打破地方保护，扩大市场范围。

其五，鼓励引导销售、物流、产品开发等环节参与"下沉市场"，即拓展在中小城镇、经济欠发达地区、广大农村地区的基层市场，以满

————————

① 潘越、潘健平、戴亦一：《公司诉讼风险、司法地方保护主义与企业创新》，《经济研究》2015年第3期。

足当地居民的消费需求。需要指出的是，"下沉市场"并不必然意味着消费降级。事实上，对于此前市场覆盖不充分、交易不便利的地区，这将助力当地居民的消费升级和生活水准的改善，也有利于消费品市场的分层。此外还应强调，"下沉市场"应当基于微观个体的市场行为，政府的主要任务在于着力破除相关的体制机制障碍、改进相关公共服务——如消费者保护、工商管理、知识产权保护、交易安全、食品产品质量监管等方面，切忌演变成政府主导的"运动式"举措。

其六，从较长时期考虑，除去上述的"稳增长"视角以外，在新常态背景下，可能更加重要的是如何充分发挥居民消费的"质量效应"，即通过消费的升级与转型，带动创新创业以及新模式、新业态的发展，最终推动中国产业体系的全面升级与深度转型，实现以创新为引领的、以内需为基础的可持续发展模式。这也是前述的十九届四中全会提出的"促进产业和消费'双升级'"重要论述的主旨[1]。应当承认的是，近年来迅猛发展的"海淘"及跨境电商交易[2]，也正是在国内居民不断追求高质量、高层次消费品的背景下，国内相应供给不足或者缺位的一种体现。而国人对海外求学、"上市"、旅游、医疗甚至养老等的热衷，在一定程度上也反映了国内相应服务业的发展滞后、层级不高、公共服务质量偏低等短板。为此，应当顺应新时代社会主要矛盾的转变，树立、强化兼顾供给侧结构性改革和需求管理的系统性思维，将促进消费和创新发展、产业转型以及市场化改革等深度结合、通盘考虑。具体来看，其中的关键在于破除连接产业升级和消费升级的体制机制障碍或者"缺环"，如鼓励产品研发和市场开拓的有机整合，统一内外销产品的质量

---

[1] 黄隽、李冀恺：《中国消费升级的特征、度量与发展》，《中国流通经济》2018年第4期；周子勋：《以改革抓手推动产业和消费"双升级"》，《中国经济时报》2019年12月26日。

[2] 据艾媒咨询的《2018—2019中国跨境电商市场研究报告》显示，2018年中国跨境电商交易规模已经达到9.1万亿元，用户规模超1亿人。预计2019年将突破10万亿元。详见 https://www.iimedia.cn/c400/63893.html。

标准，降低国内市场流通成本，便利外销企业转向国内市场，破除对高端服务业发展的制度制约，改进市场监管、教育、医疗、养老等相关公共服务和基础设施。

## 专题一　居住支出及相关耐用消费品

### （一）居住支出

近年来，由于城市住房成本高企，对居民其他消费构成了一定的挤压。如图 2 - 12 显示的，中国居民居住支出（此处不含房价，定义见前文）比重已经接近 1/4，明显高于美国、英国以及日本等先发经济体①。

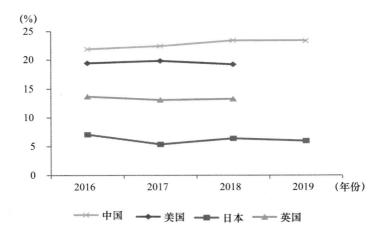

图 2 - 12　居住支出占总支出比重的国际比较

注：中国和日本 2019 年数据为 9 月末数据。

数据来源：中国数据来自国家统计局；其他国家数据来自 CEIC。

---

① 从一般国际经验看，家庭居住支出包括房租、公共事业费、房屋维修费用、物业费等，但各国实际的统计口径有所差异，所以图 2 - 12 中展示的数据并不完全可比。

　　然而，随着"房住不炒"定位的不断强化、"因城施策"调控举措的顺次开展、城市保障性住房的供给增加以及城镇化进程——特别是农村居民"进城"趋势——逐渐放缓等因素①，近年来房租也随着房价的回落有所调整，特别是其增速慢于整体的居民消费价格指数。如图 2 - 13 显示的，2017 年年底至 2019 年 11 月，房租平均环比增速仅为 0.14%，约为同期居民消费价格指数平均增速的一半（0.27%）。此外，从变化趋势看，自 2019 年 7 月环比增速达到 0.4% 的高位后，房租增长开始放缓，至 2019 年 10 月已经落入负值区间。在这一形势下，结合图 2 - 12 也可见，中国家庭居住支出比重开始企稳回落。当然，上述趋势尚显微弱，能否在未来持续还待进一步观察。

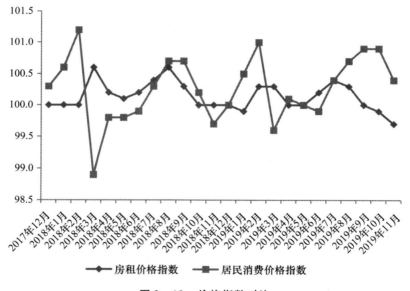

**图 2 - 13　价格指数对比**

注：上月 = 100。

数据来源：国家统计局。

———————————

　　① 国家统计局数据显示，2015 年常住人口城镇化率年增 1.33 个百分点。此后该指标持续回落，至 2018 年仅增加 1.06 个百分点。

当然，在房租回落中也伴随着其他矛盾和问题。例如，近年来，出于公共安全等因素的考虑，北京、上海等重点城市开展了多次针对"群租"、乱打隔断等住房租赁市场乱象的整治行动[①]。一方面，相关举措确实改善了租客的居住质量，应被视为带有某种"行政"推动式的消费升级；同时也对城市布局、环境有积极作用。另一方面，若无其他配套措施跟进，此举也在客观上提高了中低收入人群的居住成本，甚至可能导致在某些城市出现整房租金下降，但房客人均房租负担反而提高的尴尬现象。显然，这也压低了相应人群的其他消费支出和生活水准，并导致中低端劳动力搬离城市，进而推动城市整体营商和生活成本的上升。

鉴于上述情况，在坚持既有调控思路和方向的基础上，有关部门应更加注意"疏""堵"并举，如增加城市公租房/廉租房供给、降低准入条件、鼓励房地产开发企业进入租赁市场并增加小户型房源等，以此满足新型城镇化背景下不同层次的住房需求，同时在规范房地产相关市场（包括开发、租售、物业、维护管理等）、建立长效调控机制以及消除公共安全隐患、优化城市布局等工作中实现动态平衡。

### （二）家居相关耐用消费品

从发达经济体的经验可见，耐用消费品在居民支出中的比重为10%—20%，且这一比例波动较小[②]，故而也成为"稳消费"的一大侧重点。同时，包括家电、智能产品、移动通信、汽车等耐用消费品，也同相关产业，特别是科技创新的主要来源——制造业密切关联，进而成为实现上述产业、消费"双升级"的关键需求部类和产品部类。此外，家居类耐用品往往也同房地产市场的走势息息相关。因此，如何在调控

---

①　参阅北京市住建委于2019年7月公布的《北京市住房租赁合同示范文本》。

②　潘红虹：《消费升级的国际经验与我国消费升级路径分析》，《企业经济》2019年第3期。

房市的背景下保持相关耐用品的需求活力值得高度关注。

总体来看，近年来家居类耐用品消费呈现一定的分化态势。如图 2 – 14 展示的城镇家庭状况可见，受到移动互联设备、新媒体等影响，电视机、计算机等设备在城镇居民中的保有量基本稳定甚至有所下降，数量上的增长空间已趋向收窄。然而，同生活舒适度、便利性直接相关的空调、洗衣机、电冰箱等保有量仍在上升（排油烟机、热水器等拥有量也有所增加，图 2 – 14 未展示），显示出民众对高品质生活的旺盛需求。

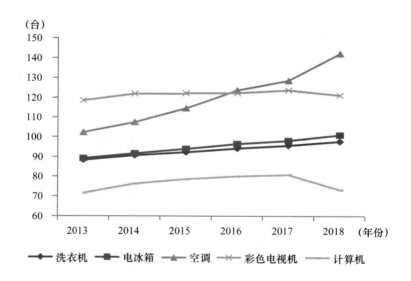

**图 2 – 14　每百户城镇家庭拥有耐用消费品数量**

数据来源：国家统计局。

从图 2 – 15 反映的农村居民情况也可看出，同类耐用品消费趋势大体同城镇居民一致。但由于起点较低等原因，其增速更快。2013—2018年，农村每 100 户拥有空调数从不足 30 台跃升至 65 台。而同期在城镇，空调数仅由 102 台升至 142 台。这也从一个侧面，体现了农村居民家居消费升级的步伐快于城镇，未来的提升空间也更大。

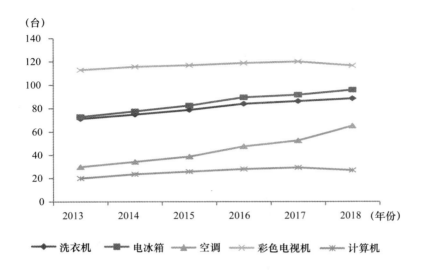

（台）

**图 2 - 15　每百户农村家庭拥有耐用消费品数量**

数据来源：国家统计局。

　　进一步地，从图 2 - 16 的分类对比看，一方面，城乡之间在空调、计算机、排油烟机、微波炉等方面尚有较大的横向差距（比率大于两倍），因此同样提示此类商品未来的主要增长点可能在农村。显然，释放相关消费潜力的关键即在于上述的缩小城乡收入差距，以及有关产品和服务的市场下沉。另一方面，在电视机、洗衣机、冰箱等传统的基础家电方面城乡差异较小，并大致呈现出同步增长的态势。据此可以推知，从数量或市场规模上看，相关产品在两地都可能已经接近饱和。如何适应这一市场变化，主角当然是相关企业等微观主体，但"政府之手"在其中也应更好发挥作用：即通过适当的财税机制和产业引导，为相关产业构建良性的竞争环境和宽松的营商环境，使其重点导向产品的质量改进、功能升级、符号内涵发掘、附加服务拓展等方面，从而避免无效供给、产能过剩和"价格战"等旧有发展模式的常见弊端。

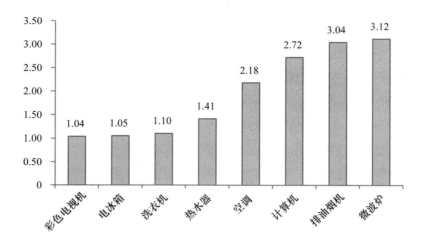

**图 2 - 16　城乡居民家庭耐用品对比（2018 年）**

注：农村 = 1。

数据来源：国家统计局。

# 专题二　汽车消费

## （一）中国汽车消费的变化趋势

2002—2017 年，中国汽车销量增长了 8.9 倍，年均增速达到 15.7%，经过十几年的快速发展，中国业已成为世界第一大汽车销售市场，汽车销量在 2017 年达到 2888 万辆，超过第二名的美国 1164 万辆，比世界销量排名 2—4 名的美国、日本、印度三国的总和还要多。

不过，汽车销售在 2018—2019 年遇到困难，自 1990 年以来首次出现汽车销量连续负增长（见图 2 - 17）。其中乘用车销售在 2018 年下跌 4.08%，进入 2019 年后跌幅继续扩大，2019 年上半年乘用车销售同比下跌 14%。下半年跌幅有所收窄，截至 2019 年 11 月，汽车销量累计达 2311 万辆，同比下跌 9.1%，其中乘用车销量 1923 万辆，同比下跌 10.5%。

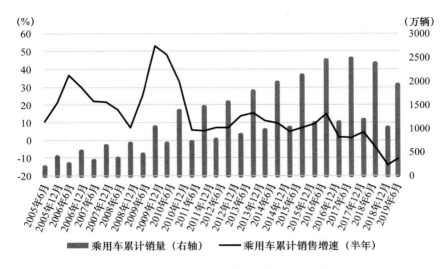

图 2-17 中国乘用车市场销量和增速

数据来源：中国汽车工业协会。

2018—2019 年汽车消费的持续下滑有多种因素，以下两个原因可能作用较大。第一，中美贸易摩擦的冲击影响消费者信心，导致汽车消费下滑。2018 年上半年开始，美国与中国的贸易摩擦加剧并升级为中美两国互征惩罚性关税。这打击了对中国经济发展和人民收入增长的信心，消费者出于谨慎的预期，因此降低汽车消费。第二，"国五""国六"排放标准转换导致汽车消费暂时下滑。世界各国都在推进越来越严格的排放标准，中国从 2001 年开始实行排放标准，已经历了 5 个阶段，2018 年年底 2019 年年初，中国许多地区要求 2019 年 7 月 1 日起提前实施"国六"标准，并在 2020 年 7 月 1 日前在全国范围实行"国六"排放标准。由于中国普遍有基于车辆排放标准的限行措施，这会严重影响车辆的使用和价格，因此，在政策公布后，人们会推迟购车需求，等"国六"标准车辆上市后再购买，造成 2018—2019 年汽车消费明显下滑。许多生产厂商在 2019 年 7 月 1 日之前就已完成"国五""国六"车型的转换，从月销售数据看，2019 年 6 月后汽车销售的跌幅明显收窄。

虽然汽车消费总量下跌，但从结构上看，汽车消费却又呈现明显的结构升级特征，其中，豪华品牌汽车的销量逆势增长。根据各品牌发布的在华销量数据，六大主要豪华品牌中，除凯迪拉克外，宝马、奔驰、奥迪、雷克萨斯和沃尔沃的销量都有明显增长（见表2-2）。

表2-2　　　　　　　　部分豪华品牌汽车销售增速　　　　　单位：%

| 品牌 | 宝马 | 奔驰 | 奥迪 | 雷克萨斯 | 凯迪拉克 | 沃尔沃 |
|---|---|---|---|---|---|---|
| 2019年1—11月 | 13.6 | 6.3 | 3.5 | 21.0 | -5.7 | 16.3 |
| 2019年11月 | 12.1 | 11.0 | 16.8 | 16.5 | -20.0 | 26.7 |

数据来源：乘用车市场信息联席会。

豪华品牌在2019年销量的上升，一方面体现了人们对汽车消费品质的需求提高，另一方面与中美贸易摩擦带来的汽车进口关税下降有较密切关系。2018年上半年，部分为了应对美国的指责，2018年5月22日，国务院关税税则委员会发布公告，自2018年7月1日起，降低汽车整车及零部件进口关税，将税率分别为25%、20%的汽车整车关税降至15%，降税幅度分别为40%、25%；将税率分别为8%、10%、15%、20%、25%的汽车零部件关税降至6%，平均降税幅度46%。降低进口关税主要对豪华品牌影响较大，导致豪华品牌的汽车售价有较大幅度下降，即使已国产的豪华品牌价格也有普遍下跌。这刺激了豪华品牌的销售，因此，2018年下半年至2019年，在经济形势下行，车市下跌的情况下，豪华品牌反而逆势上涨。

其他还有一些对豪华品牌销量上涨的解释，例如认为收入差距扩大导致了豪华品牌的消费上涨[1]，房价上涨挤出了购车需求等，但这些解

---

[1]　刘世锦：《中国汽车销量下降的原因在于收入差距正在扩大》，2019年12月15日，http://news.sina.com.cn/o/2019-12-15/doc-iihnzahi7685001.shtml。

释可能缺乏足够证据。以收入差距论为例，首先，收入差距目前究竟是扩大还是缩小尚缺乏足够的证据，2008年以来，中国的基尼系数在逐步缩小；其次，也没有证据表明富裕人群的收入或消费能力在2018—2019年有明显增加，由于中美贸易摩擦的冲击导致股票等资产价格下跌，富裕人群的收入或消费能力反而可能受到约束。

**（二）中国汽车消费前景分析——以日本、韩国为例**

2018—2019年汽车销量的持续下滑，自1990年以来首次出现汽车销量连续负增长，引起各界的广泛关注，中国汽车市场的发展是否面临转折点，未来会如何，是个重要的问题。部分研究认为，中国汽车保有量已大幅提高，现在大多数家庭都有一辆汽车，因此中国汽车销售或将告别持续、快速增长时期。中国汽车工业协会发布的市场预测认为2020年汽车销售仍将继续下滑，车市在2022年才会回暖①。但也有意见认为，2018—2019年的汽车销量受多个短期因素影响，下滑只是暂时的，中国汽车市场将会很快恢复增长，中国汽车市场仍有很大发展空间。

从人均汽车保有量看，相比美国、日本等发达国家，中国数量还少得多。2018年日本每千人汽车保有量619辆，韩国为450辆，美国在2017年则达到811辆，而中国目前每千人汽车保有量只有179辆。中国的这一数字不仅低于美国、日本等发达国家，尚低于伊朗、泰国等发展中国家。

从日本汽车行业的发展历史来看，除了20世纪70年代石油危机导致1974年等个别年份下滑外，其汽车销量自1950—1990年基本保持持续增长态势，1990年后结束长期增长转为震荡下跌；而韩国的汽车销量数据也一直保持长期增长态势，只有在1998年和2008—2009年出现

---

① 因销量下降带来的对中国汽车产能过剩和投资过度的担忧也是近年来常见的声音。

较大幅度下跌。日本和韩国的汽车销量和每千人汽车保有量如图 2 - 18
所示，中国目前的人均汽车保有量仅相当于日本在 1970 年、韩国在
1994 年的水平，而这两个国家在达到此人均汽车保有量水平后又维持
了约 20 年的汽车销量长期增长。

　　因此，以日韩的情况为借鉴，中国在 2018—2019 年的汽车销量下
滑应只是暂时的。尽管究竟是因为"国六"政策提前实施，还是 2018
年以前的购置税优惠政策短期内透支了汽车销售潜力，抑或是因为中美
贸易摩擦冲击了人们的预期和信心，等等，都缺乏明确的证据，但中国
汽车市场将继续长期增长的预期不变。

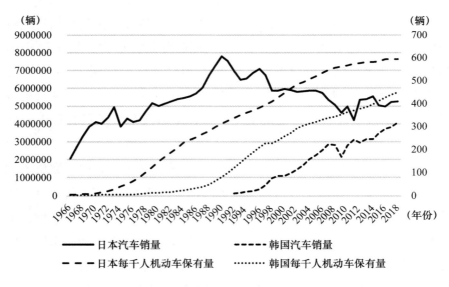

**图 2 - 18　日本和韩国的汽车销量和每千人机动车保有量**

注：汽车销量数据为左轴，每千人机动车保有量数据为右轴。

数据来源：CEIC，作者计算。

# 第三章

# 固定资产投资分析与展望

2019 年，随着中国经济的增长潜力下滑和结构性减速，再加上中美贸易摩擦的外生冲击等新的负面因素，固定资产投资增速进一步下滑。从产业结构看，第三产业固定资产投资相对稳定，第一、第二产业增速下滑，其中用于生产资本的建筑业固定资产投资增速大幅下挫；从基建投资看，相比 2018 年基建投资有所回升，但增速低于整体固定资产投资增速和市场预期；从地区结构看，近年来中西部固定资产投资增速总体超过东部，而南方固定资产投资在 2014 年来持续超过北方，这与近年来东西部发展差距缩小和南北发展差异扩大的现象吻合；从房地产开发投资看，自 2015 年下半年房地产市场回暖以来，房地产开发投资已维持了近 4 年的相对繁荣，是固定资产投资中的"顶梁柱"。

展望 2020 年，固定资产投资仍受到资产负债表的制约。其中，民营企业较高的资产负债率制约了私人部门投资；而国有企业与地方政府债务风险加剧也制约了公共部门投资。从未来看，房地产发展仍有一定空间；理顺固定资产投资的体制机制需要从松绑土地束缚着手；调动民营企业以及地方政府的积极性，保持宏观杠杆率的基本稳定和杠杆率结构的合理性，是维持固定资产投资增速的重要抓手。

# 一 固定资产投资运行的基本情况和主要特征

**（一）固定资产投资增速继续下滑，国有企业投资发挥逆周期对冲作用**

受宏观经济增速持续下行、中美贸易摩擦仍未解决等各种因素影响，2019 年固定资产投资增速总体保持下滑态势，截至 11 月，固定资产投资累计同比增长 5.2%，较 2018 年下滑 0.7 个百分点，较 2019 年上半年下滑 0.6 个百分点，创 1992 年以来新低。其中，国有及国有控股企业投资增速自 2018 年下半年来明显提升，截至 2019 年 11 月，国有及国有控股企业固定资产投资增速达到 6.9%，超过总体固定资产投资增速 1.7 个百分点，显示国有企业投资一定程度上起到对冲总体固定资产投资增速下滑的作用。

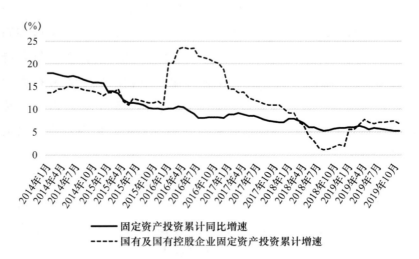

图 3 - 1　固定资产投资增速变动

### （二）民间投资增速稳中有降

民间投资增速在连续多年下滑后，自 2016 年下半年来逐步企稳回升，2018 年全年民间固定资产投资增长 8.7%，比 2017 年高 2.7 个百分点。2019 年民间固定资产投资增速稳中有降，截至 11 月，民间固定资产投资累计同比增长 4.5%，低于 2018 年全年增速 4.2 个百分点，低于上半年增速 1.2 个百分点，继续呈现周期性减速的态势。其中，由于民间投资的产业以制造业为主体，因此制造业民间投资增速与民间投资增速趋势较为一致，2017 年以来，持续出现制造业增速略低于民间投资增速的情况，截至 2019 年 11 月，制造业民间固定资产投资增速为 2%，低于总体民间固定资产投资增速 2.5 个百分点。此外，农林牧渔业民间固定资产投资和全国的趋势保持一致，也出现 2018 年下半年以来增速不断下行的特征。建筑业的民间投资也呈现快速下行的态势，截至 11 月，建筑业民间投资累计同比下降 57.7%。

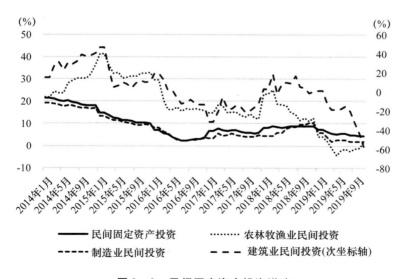

图 3－2 民间固定资产投资增速

### （三）基础设施建设投资企稳回升，但增速低于预期

基础设施建设投资是中国固定资产投资的重点领域，同时也是受中央和地方政府决策影响较大的领域，常被看作对冲宏观经济波动的逆周期调节手段。基础设施建设投资增速在 2018 年有较大幅度的下滑，从 2017 年的 14.9% 跌至 2018 年的 1.8%。但 2019 年，在中美贸易摩擦等外部冲击下经济下行压力加大，稳增长急需稳投资，从发改委审批核准项目投资额看，2019 年项目审批核准金额明显升高，上半年累计审批核准投资额 4715 亿元，相比 2018 年同期的 2603 亿元大幅提升。因此，基建投资增速保持基本稳定并略有回升，截至 2019 年 11 月，基础设施建设投资累计同比增长 3.5%，增速比 2018 年全年提高 1.7 个百分点，不含电力的基础设施建设投资增速在 2019 年也略有提高。但总体而言，基础设施建设投资的增速仍显著低于市场预期，3.5% 的增速水平甚至落后于总体的固定资产投资增速，没有起到足够

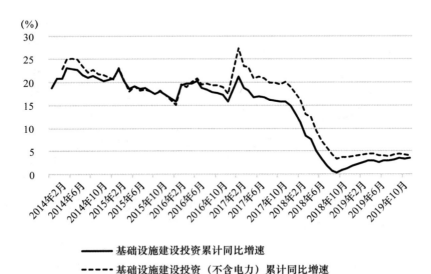

图3-3 基建投资增速波动

的逆周期调节的作用。

**（四）房地产开发投资好于预期**

2013—2014 年，由于货币政策偏紧，市场利率较高，房地产市场相对处于低谷，房地产开发投资增速不断下行，2014 年 11 月 22 日中国人民银行降息，标志着新一轮货币政策宽松周期的开始，并催生了2015 年上半年股票市场的泡沫，房地产市场受货币政策影响也逐步转暖，房价在 2015 年下半年开始逐步攀升，一二三线城市房价轮番上涨。受房地产市场行情转变的影响，房地产开发投资增速在 2016 年开始也逐步回升，并已维持了近 4 年的相对繁荣。截至 2019 年 11 月，房地产开发投资累计同比增长 10.2%。其中，由于商业营业用房和办公楼的库存较高，因此在 2015 年后投资增速仍在下滑，房地产开发投资的回升主要是住宅投资带来的，截至 2019 年 11 月，住宅开发投资累计同比增长 14.4%，而办公楼和商业营业用房开发投资分别增长 2.5% 和下跌

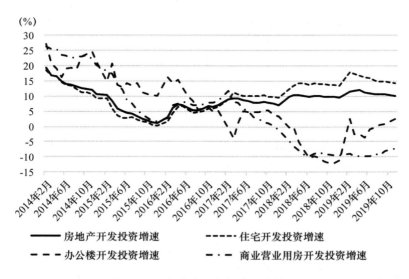

图 3 - 4　房地产开发投资增速情况

7.3%。房地产开发投资增速虽然在 2019 年略有下行，但依旧是固定资产投资的"顶梁柱"。

**（五）第一、第二产业固定资产投资增速下滑，第三产业投资增速保持相对稳定**

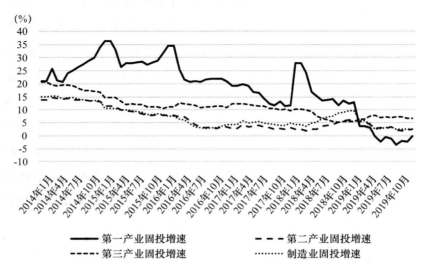

**图 3-5　分产业看固定资产投资增速**

分产业看，第一、第二产业固定资产投资增速有所下滑，第三产业固定资产投资增速保持稳定。其中，第一产业投资在 2019 年连续出现负增长，截至 2019 年 11 月，第一产业固定资产投资同比下跌 0.1%，主要是畜牧业固定资产投资有明显下降①；第二产业固定资产投资增速在 2019

_____

① 中美贸易摩擦中，对农产品进口加征关税是中国回击美国无理加征关税的重要手段，第一产业的投资可能部分受到中美贸易摩擦和预期中国农产品进口放开的干扰，其中对美加征关税暂时提高了本国相关农产品的需求和价格，但长期来看，中国进一步放开农产品进口的预期则可能降低第一产业的投资。细分行业看，第一产业中主要是畜牧业的固定资产投资有较明显负增长，截至 2019 年 11 月，畜牧业固定资产投资累计下降 5.7%。

年有所下滑，截至 2019 年 11 月，第二产业固定资产投资累计同比增长 2.4%，相较 2018 年增速下跌 3.8 个百分点，2019 年制造业固定资产投资增速基本与第二产业固定资产投资增速保持一致，截至 2019 年 11 月，制造业固定资产投资累计同比增长 2.5%，较 2018 年也有较明显下降。唯第三产业投资增速保持相对稳定，截至 2019 年 11 月，第三产业固定资产投资累计同比增长 6.7%，较 2018 年全年升高 1.2 个百分点。

此外，第二产业中建筑业固定资产投资增速在 2019 年大幅下跌，截至 2019 年 11 月，建筑业固定资产投资完成额同比下降 51.2%。由于建筑业的产品是各种生产性和非生产性固定资产，建筑业固定资产投资的大幅下降可能反映了该行业企业对中国未来固定资产投资趋势的负面预期。

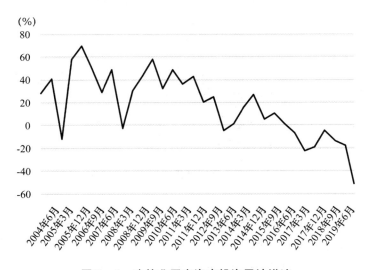

图 3-6　建筑业固定资产投资累计增速

**（六）中西部固定资产投资增速超过东部、南方固定资产投资增速领先北方**

分东中西部看，截至 2019 年 11 月，东部地区固定资产投资累计增速为 4.0%①，中部地区为 9.3%，西部地区为 4.9%，中西部地区投资增速继续高于东部，这有助于缩小东、中、西部地区发展差异，破解地区发展不平衡的问题。东北地区固定资产投资在 2019 年再次滑入负增长区间，2019 年 11 月东北地区固定资产投资累计下降 3.7%，显示东北地区仍然面临较明显的人口持续流出和经济增长乏力的局面，特别是吉林省固定资产投资同比下降 17.1%。

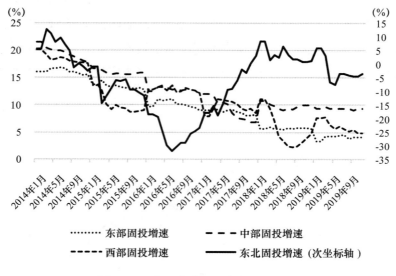

图 3 - 7　分区域看固定资产投资增速

近年来，南北方经济发展的差异受到越来越多的关注，这从固定资产投资角度看亦可见端倪。其中，在 2013 年以前，南北方固定资产投资增速差异不大，且在一些年份北方的固定资产投资增速还略高于南方。但 2013 年后，南方固定资产投资增速逐渐开始明显超过北方，或者说北方固定资产投资增速下降速度明显超过南方，2018 年南北方投

---

① 山东省和海南省固定资产投资均下跌了 8.5%。

资增速差异一度达到近 18 个百分点［部分是由于此时北方许多省（直辖市、自治区），如北京、天津、吉林、黑龙江、内蒙古、甘肃、宁夏、新疆等，出现固定资产投资的普遍下跌］。2018 年下半年以来，北方固定资产投资增速有所反弹，但增速仍落后于南方，截至 2019 年 11 月，北方 15 个省（直辖市、自治区）平均固定资产投资累计增长 1.7%，16 个南方省（直辖市、自治区）累计增长 5.7%。

- - - - 北方固定资产投资增速    ——— 南方固定资产投资增速

**图 3 - 8    固定资产投资增速在南北方的差异**

# 二    固定资产投资增速下滑的因素分析

### （一）对经济发展的负面预期拉低固定资产投资

中国经济增速由 2010 年的 10.6% 不断下滑至 2018 年的 6.6%，已经令各界对于中国经济发展的预期不断下降，又恰逢 2018 年年中开始中美之间又发生严重的贸易摩擦，使得宏观经济面临重大不确定性。2018 年年底布宜诺斯艾利斯的"习特会"后，双方元首达成共识同意开始谈判，但谈判进展并不顺利，2019 年 5 月美方在磋商期间又宣布对 2000 亿美元中国输美商品加征关税，使得谈判暂时破裂。因此，中美贸易摩擦一直得不到解决，同时，美国又处处对以华为为首的中国科技企业加以限制，"修昔底德陷阱"的说法甚嚣尘上。尽管许多研究认为中美贸易摩擦对中国的实际经济实际影响不大，但却严重影响了企业部门对中国未来经济发展的信心，对经济发展的负面预期是固定资产投资增速走低的重要原因，建筑业固定资产投资的大幅下跌更反映了相关行业企业对固定资产投资的悲观预期。

国家统计局公布的数据显示，中国 2019 年前三个季度 GDP 初步核算同比增长 6.2%，其中第三季度实际同比增长 6.0%，经济增速已达到 6%的心理关口，一些市场预测分析第四季度经济增速可能降至 6%以下，并有部分学者呼吁宏观调控部门应采取扩张性政策"保6"①，中国经济又一次面临"信心比黄金更重要"的关键时点。

### （二）企业部门高杠杆率和去杠杆制约了固定资产投资

此外，中国企业部门较高的杠杆率也制约了固定资产投资的进一步扩张。国家资产负债表研究中心（CNBS）的测算结果显示，对于非金融企业部门，中国无论是广义债务还是核心债务与 GDP 之比，均远高于其他国家②。其中，2016 年中国宏观杠杆率总计为 239.7%，其中非金融企业部门杠杆率达到 158.2%。而美国、英国、日本、德国的非金融企业部门杠杆率普遍为 50%—100%。大量研究发现，杠杆率是决定宏观金融风险的重要指示器，杠杆率过高或者杠杆率增长过快都容易造成金融不稳定。因此，中国非金融企业部门的高杠杆率引起了学界和政策的重点关注。2015 年年底，中央提出"去产能、去库存、去杠杆、

---

① 徐高：《"潜在产出水平"视角下的"保6"之争》，《中银国际研究报告》2019 年 12 月 9 日；余永定：《经济增速不能弃守 6%》，《中国经营报》2019 年 12 月 18 日。
② 李扬等：《中国国家资产负债表 2018》，中国社会科学出版社 2018 年版。

降成本、补短板"的政策方向，严防金融风险被一再重申，去杠杆成为近几年经济工作的重要组成部分。

去杠杆并不是要求整体的杠杆率都要下降，这既不现实，也无必要，而应是结构性的去杠杆，主要是对那些杠杆率过高的、有可能面临较大风险的、不适宜再加大杠杆的部门采取措施约束其杠杆率进一步提高，其中企业部门的高杠杆自然是政策关注的焦点。近几年来，结构性去杠杆也有了一定成效，根据国家资产负债表研究中心的测算现实，2018 年年底，中国宏观杠杆率为 243.7%，相比 2016 年有所提高，其中 2018 年非金融企业部门杠杆率为 153.6%，相比 2016 年降低了 4.6 个百分点。

企业部门去杠杆一方面有助于防范金融风险，另一方面，由于加强了企业的融资约束，必然的作用之一是降低企业的投资能力，从而降低宏观的固定资产投资增速。

**（三）结构性通胀压力制约调控政策的扩张空间**

在经济下行压力不断加大的同时，中国在 2019 年又遇上了结构性通胀压力不断加大的情况，对调控政策的扩张空间形成了很大的制约。2019 年 11 月，中国消费者价格指数同比上升 4.5%，是上一次 2010—2011 年通胀周期以来的最高水平，其中，食品价格同比上升 19.1%，非食品价格同比上升 1.0%，食品中猪肉价格同比上升 110.2%。因此，这次的通胀不是物价全面上涨，而主要是由以猪肉价格上涨为主的食品价格快速上涨导致，CPI 的其他部分及 PPI 则许多都在下行，有说法称"去掉猪肉全是通缩"，因此，当前究竟是通胀还是通缩，各界也莫衷一是。

不论猪肉上涨的原因为何，这种剧烈的通胀都制约了调控政策，特别是货币政策的逆周期调节能力，使得政府调控陷入两难局面。2018 年至今，中国人民银行只在 2019 年 1 月和 9 月两次全面下调金融机构存款准备金率，总计下调了 1.5 个百分点，但存贷款基准利率一直没有下调，也反映了中国人民银行在面临潜在的滞涨风险时的谨慎态度。从国际经验看，各国中央银行在面临滞涨局面时大多选择保持谨慎，较少选择放松利率①，相对于经济增长而言，通货膨胀在中央银行的目标函数中占据更大权重，稳增长可能更多需要依靠财政和进一步扩大改革开放等发力。

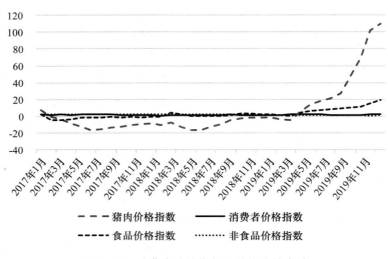

图 3 – 9    消费者价格指数及其构成的变动

### （四）政府基建投资逆周期调节能力受到制约

2019 年年初，各界认为由于中美贸易摩擦冲击和下行压力加大，基建投资会加速回升②，部分研究机构认为增速会反弹至 9.5% 左右，但截至 2019 年 11 月，基建投资累计增速只有 3.5%，可以说 2019 年的基建投资力度明显弱于市场预期。

基建投资主要取决于项目储备与资金到位情况，2019 年基建投资增长乏力，主要可能是因为地方政府资金不足、地方政府融资的规制以及

①  伍戈：《滞涨不纠结》，长江证券研究报告，2019 年 10 月 28 日。
②  《2019 年固定资产投资报告——制造业转型与基建回暖是 2019 年的主旋律》，中银国际研究报告，2019 年 2 月 28 日。

储备项目的缺乏，限制了基建投资的政策逆周期调节能力。一方面，地方政府仅依靠政府性基金难以满足其基建投资需求。另一方面，地方政府公开预算中用于基建投资的专项资金基本上来自于政府性基金收入，但政府性基金支出绝大部分是用于土地出让的相关支出，而用于开发建设的较少。以 2018 年为例，2018 年政府性基金支出为 7.75 万亿元，其中 87.8% 用于土地出让的相关支出，这意味着只有不到 13%（约为 1 万亿元）的政府性基金支出用于基建项目支出；以当年 17.6 万亿左右的基建投资额来算，可用于基建项目的政府性基金支出占基建投资额的 5.7%。所以，地方政府依靠政府性基金难以满足基建投资需求，只有通过债务杠杆才能实现更大规模的基建资金需要，而在去杠杆的大背景下，中央对地方政府融资监管从严的基调基本上没有放松，这限制了地方政府的融资渠道。

2015 年开始，政府加强了对地方政府隐性债务的管理以及对地方政府举债行为的规范，这对防范地方政府债务风险具有非常重要的积极作用，地方隐性债务膨胀得到了有效遏制，但也很大程度上约束了地方的融资能力。一方面，2019 年地方政府专项债的新增规模仅有 2.15 万亿元，与隐性债务规模无法相比。另一方面，经历了 2009—2018 年长达 10 年的大力发展基建投资，能够立即产生经济成效的传统基建项目基本上都已经完成[1]，后续的储备项目可能不足，一些新的基础设施建设项目在体量上面可能不及传统基建项目，在项目供给方面存在一定短缺[2]。

笔者认为，地方政府的债务问题确实值得密切关注，防止发生区域性金融风险意义重大。但同时，应认识到中国的地方政府普遍有深厚的家底，总体不存在清偿的风险。从政府资产负债表的角度看，根据国家

---

① 在 2020 年全面脱贫的政策要求下，许多与脱贫攻坚相关的基础设施投资建设项目被安排在 2019 年及以前完成，以免触及最后时间点。

② 李湛、邹欣：《2020 年固定资产投资走势展望》，中山证券研究报告，2019 年 12 月 7 日。

资产负债表研究中心的研究测算，相比其他国家的政府净值占 GDP 比例很小乃至为负，中国政府有很大规模的净资产，其中非金融资产中的土地资产、金融资产中的企业股权都有相对较高的流动性和可变现能力，当政府面临债务偿还困难乃至危机时，可以通过盘活乃至出售这些资产来获得资金，政府部门有很大的财政回旋空间。既要防范地方政府债务风险，又要发挥债务杠杆的积极作用，需要一方面要加大"开正门"的力度，增加地方政府发行债券的额度（乃至考虑取消额度限制），另一方面需要中央政府增加责任承担力度，加大对地方基础设施建设项目的支持力度。

# 三　2020 年固定资产投资形势展望和建议

## （一）中美贸易摩擦暂时缓和有助于恢复信心和缓解通胀压力

尽管面临诸多不利因素，但笔者认为，对未来中国经济发展的预期不应过于悲观。一方面，2019 年 12 月，长达 1 年多的中美贸易摩擦终于就第一阶段的经贸协议文本达成一致，同时双方达成一致，美方将履行分阶段取消对华产品加征关税的相关承诺，实现加征关税由升到降的转变，中国将尽快增购美国农产品等商品。中美贸易摩擦实现由"以牙还牙、以眼还眼"的纠纷不断升级模式转向双方相互妥协退让的路径，这是一个重要转变。中美贸易摩擦的缓和有助于恢复各界对中国经济发展的信心。尽管仍存在变数，但一旦信心恢复，固定资产投资又可以重回正常的发展轨道。

另一方面，中美贸易摩擦的缓解意味着可预见的中国大量放开美国农产品进口，这有助于缓解中国的通胀压力。以猪肉为例，2019 年上半年猪肉进口 81.9 万吨，同比增长 26.4%，尽管猪肉进口增速较高，但就绝对数量而言，进口猪肉仅占到国内猪肉消费量的 2%—3%，猪肉进口还有十分大的空间。正如中国加入 WTO 后快速扩张的对美出口降低了美国的通胀一样，中国大量进口美国农产品也可能起到降低中国通胀，特别是消费者价格指数的作用①，从而给予中国更大的调控政策空间。

### （二）基建投资或将有所发力

鉴于 2019 年基础设施建设投资的增长速度明显弱于预期，政府已意识到这一问题并采取措施解决基建投资实施的一些障碍。2019 年 11 月 13 日召开的国务院常务会提出，要完善固定资产投资项目资本金制度，一是降低部分基础设施项目最低资本金比例，将港口、沿海及内河航运项目资本金最低比例由 25% 降至 20%，对补短板的公路、铁路、城建、物流、生态环保、社会民生等方面基础设施项目，在投资回报机制明确、收益可靠、风险可控前提下，最多可下调资本金最低比例不超过 5 个百分点；二是基础设施领域可通过发行权益型、股权类金融工具筹措资本金（但不得超过项目资本金总额的 50%），地方政府可统筹使用财政资金筹集项目资本金。

以上政策措施已体现中央在基建领域政策发力的意图，再加上 2019 年 6 月发布的允许地方专项债资金用作资本金等政策措施，预计可对基建投资起到很大的促进作用。部分研究估计认为按照受益行业 5 个百分点的资本金下调幅度，意味着减少约 6556 亿元资本金需求②。若 2020 年地方政府专项债的发行再有较明显的额度宽松，则会为基建投资提供充足的资金保障，因此，预期基建投资或将在 2020 年有所发力，增速将明显超过 2019 年的水平。

### （三）房地产市场库存偏低，房地产开发投资或将维持较高增速

2019 年中国房地产市场的韧性超出市场预期，房地产开发投资切

---

① 尤其考虑到当前发展阶段下中国消费者价格指数中食品的相对地位。

② 张继强、芦哲、张大为：《降项目资本金，清基建"堵点"》，华泰证券研究报告，2019 年 11 月 14 日。

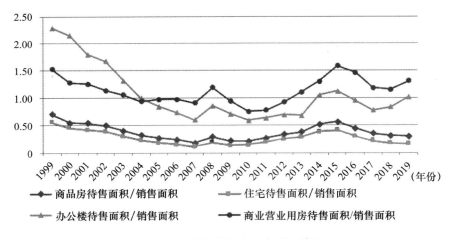

图 3 - 10　全国商品房库存压力情况

实起到稳定总体固定资产投资的作用，展望 2020 年，房地产开发投资
或将继续发挥这一作用。得出这一判断的主要原因是，房价波动和库存
情况是房地产开发投资的先行指标，且关系十分密切。自 2015 年年底
开始，中国房地产市场库存压力不断减小，2019 年房地产市场库存进
一步走低，截至 2019 年 12 月，商品房待售面积 4.98 亿平方米，住宅
待售面积 2.25 亿平方米，分别比 2018 年年底降低 5% 和 10%。

　　低库存有助于价格的繁荣和房地产开发建设投资的活跃，如无意外
情况，预计 2020 年房地产开发投资仍将保持相对较高的增速。

# 四　中国房地产市场仍有较大发展空间

## （一）房地产市场发展基本历程

　　中华人民共和国成立以来，伴随着中国经济发展战略和体制的演
变，中国城市房地产的发展也经历了几个显著不同的历史阶段。1978
年以前，随着社会主义改造的完成和计划经济体制的确立，中国确立了
高积累、高储蓄、低消费的发展战略，国民经济的资源更多被用于生产

而不是生活①。根据《中国固定资产投资统计资料（1950—1985）》，1950—1956 年，非生产性建设投资占总投资总额的比例平均达到 35.5%，住房投资占总投资额的比例达到 9.9%；而在 1957—1977 年，这两个数字分别降至 18% 和 5.53%。这一发展战略使得中国的城市化滞后于工业化，城市化率低，同时城市住房供给严重不足，到 1977 年，全国城市平均每人居住面积仅有 3.6 平方米，比 1952 年的 4.5 平方米还少 0.9 平方米。

1978 年十一届三中全会之后，与社会整体的改革步伐一致，城市房地产市场也一步步转向商品化改革。1980 年 6 月颁布的《全国基本建设工作会议汇报提纲》正式宣布允许住房商品化政策，城市房地产市场中开始出现越来越多的市场化成分。1991 年 11 月颁布的《关于全国推进城镇住房制度改革的意见》明确指出要逐步实现住房商品化，发展房地产业，将住房的实物福利分配制度逐步转变为货币工资分配制度。不过，1978—1998 年的城镇住房市场一定程度上仍然是一个"双轨制"的住房分配体系，党政机关、事业单位和国有企业仍然保留了大量的实物住房福利分配制度，商品化住房主要集中在非公共部门。1998 年，部分为了对冲亚洲金融危机对中国的冲击，《国务院关于进一步深化城镇住房制度改革加快住房建设的通知》（国发〔1998〕23 号），要求从 1998 年下半年开始停止住房实物分配，逐步实行住房分配货币化，这对房地产市场的改革和发展起到重要作用。

经过几十年房地产市场的蓬勃发展，特别是 1998 年城镇住房市场化改革以来，居民的住房条件得到很大程度的提高，同时，住房价格出现持续十多年的大幅上涨。因此，长期以来一直有关于中国房地产市场泡沫风险的担忧。特别是在 2015 年前后，由于彼时中国

---

① 武力、肖翔：《中国当代城市房地产的变革与发展研究》，《河北学刊》2010 年第 5 期。

房地产市场库存的攀升，部分研究从中国整个社会的住房存量的角度认为中国的住房供给已经基本饱和，需警惕未来住房供给过剩的风险。这种说法常见的一个论证数据基础是人均住房面积这一指标。2016年中国城镇人均住房面积已达到36.6平方米，农村人均住房面积已达到45.8平方米，这与一些发达国家已经十分接近（如日本、韩国等），因此，从这个角度出发认为中国的住房供给已相对饱和。

但是，人均住房面积这一指标存在较大问题，此指标经常与这个国家或地区人口的密集程度有较大关系。显然，一个国家或地区国土面积相对人口越少，人口密度越高，人均住房面积就倾向于越小。此外，人均住房面积指标并不能很好地衡量住房质量。本章从国际比较的视角分两个角度讨论中国的房地产市场所处的发展阶段问题，第一个视角是中国房地产市场的库存状态，第二个视角是中国住房的条件和质量。

### （二）房地产市场的库存

从国际比较看，中国的房地产库存仍明显低于世界上一些典型国家或地区。本章整理了美国、法国、西班牙和中国香港历年的新建住房库存（待售）与当年销售的数据，并与中国的结果进行对照（见表3-1）。

表3-1　　部分国家或地区住宅待售套数/销售套数（去化周期）

| | 样本期 | 均值 | 标准差 | 变异系数 | 最大值 | 最大值年份 | 最小值 | 最小值年份 | 2018年情况 | 房价增速相关系数 |
|---|---|---|---|---|---|---|---|---|---|---|
| 美国 | 1963—2018年 | 0.50 | 0.10 | 0.19 | 0.73 | 2008年 | 0.34 | 1998年 | 0.56 | -0.38 |
| 法国 | 1985—2018年 | 0.83 | 0.28 | 0.34 | 1.52 | 1992年 | 0.35 | 2004年 | 0.89 | -0.60 |
| 西班牙 | 2004—2018年 | 1.04 | 0.57 | 0.54 | 1.88 | 2013年 | 0.12 | 2004年 | 0.79 | -0.91 |

| | 样本期 | 均值 | 标准差 | 变异系数 | 最大值 | 最大值年份 | 最小值 | 最小值年份 | 2018年情况 | 房价增速相关系数 |
|---|---|---|---|---|---|---|---|---|---|---|
| 中国香港 | 2000—2018 年 | 0.68 | 0.21 | 0.31 | 1.13 | 2006 年 | 0.39 | 2007 年 | 0.86 | - 0.57 |
| 中国 | 1999—2018 年 | 0.27 | 0.13 | 0.47 | 0.56 | 1999 年 | 0.10 | 2007 年 | 0.17 | - 0.50 |

注：美国、法国、西班牙、中国香港数据均为年底待售套数/当年销售套数，中国数据为待售面积/销售面积。相关系数为各个国家或地区的待售套数/销售套数与当年自身的住房销售价格增速的相关系数，其中法国、西班牙、中国香港和中国均为官方公布的名义住宅销售价格增速，美国使用的是 Case-Shiller 名义房屋重复交易价格指数。

数据来源：中国香港的数据来源于中原地产，其他国家的数据来源于政府官方统计。

从表 3 - 1 可以发现，首先，1999—2018 年，无论是平均住房库存压力，还是库存压力的最大值或最小值，中国均明显小于其他几个国家或地区。中国的平均待售/销售只有 0.27（即去化周期为 0.27 年），是美国的 54%，法国的 33%。2018 年，中国的待售面积/销售面积只有 0.17，也远远小于以上几个国家或地区的同期水平。这一结果表明，不应高估中国的房地产市场的库存压力，相比其他国家或地区，中国房地产市场总体仍处于相对供不应求的状态。其次，库存压力与房价增速明显负相关。从表 3 - 1 最后一列可以发现，以上国家和地区的住房销售价格增速与库存压力均有明显的负相关关系，相关系数从最高的 - 0.91 到最低的 - 0.38。若采用滞后 1 年的库存压力与房价增速做相关系数，各个国家仍然是负的相关系数，显示库存是房价的先行指标。这也解释了为何中国的房价增速相对较高，关键还是相对紧张的供需关系造成的。

**（三）住房条件与质量**

如前所述，人均住房面积这一指标存在一定问题，不能很好反映住房的质量。国际比较时，一般常用包括人均住房间数、住房内的设施条件（如厕所、厨房所用燃料等）等指标，来更准确地反映居民住房的质量。在 OECD 的幸福指数（Better Life Index）指标体系中，有关住房条件是采用人均住房间数和住所是否有基本卫生设施（抽水马桶）。这两个指标比人均住房面积能更好衡量人们居住条件是否过于拥挤，是否有独立的生活空间，以及是否卫生方便。其中，OECD 国家的平均人均住房间数是 1.8 间，97.9% 的人居住在有抽水马桶的住房里。

因此，本书用人口普查数据，整理了这两个指标，并与 OECD 的一些国家和地区作比较（见表 3-2）。即使中国的人均住房面积已经接近日本等发达国家，但在人均住房间数和住房条件上，中国仍明显落后：2015 年中国的人均住房间数为 1.15 间，而房屋内有独立抽水马桶的比例只有 53.7%，中国的人均住房间数和住房有独立抽水马桶比例基本均是欧美发达国家水平的一半左右，即使是巴西这样的发展中国家，其使用抽水马桶的比例也达到 93.3%，明显超过中国的水平。

表 3-2　　　　OECD 国家和中国人均住房间数和住房条件比较

| 国家 | 人均住房间数（间） | 住房有独立抽水马桶比例（%） |
| --- | --- | --- |
| OECD 国家平均 | 1.8 | 97.9 |
| 加拿大 | 2.5 | 99.8 |
| 美国 | 2.4 | 99.9 |
| 英国 | 2.0 | 99.6 |
| 西班牙 | 1.9 | 99.9 |
| 日本 | 1.9 | 93.6 |
| 法国 | 1.8 | 99.5 |
| 德国 | 1.8 | 99.9 |
| 韩国 | 1.4 | 95.8 |
| 土耳其 | 1.1 | 93.5 |

续表

| 国家 | 人均住房间数（间） | 住房有独立抽水马桶比例（%） |
|------|------------------|--------------------------|
| 墨西哥 | 1.0 | 95.8 |
| 巴西 | 0.9 | 93.3 |
| 中国（全国 2015 年） | 1.15 | 53.7 |
| 中国（城市 2015 年） | 0.98 | 85.3 |
| 中国（全国 2010 年） | 1.01 | 35.4 |
| 中国（城市 2010 年） | 0.88 | 69.3 |

注：城市不包括镇（若包括镇则住房有抽水马桶这一数字将进一步降低）。

数据来源：中国数据来源于 2010 年第六次全国人口普查、2015 年全国 1% 人口抽样调查和作者计算，OECD 国家数据来自于 OECD 数据库（http：//www. oecdbetterlifeindex. org/topics/housing）。

综上所述，不管是从中国住房市场的库存情况看，还是从中国居民的住房条件看，中国的住房市场并未明显超过自身的发展阶段和发展水平，中国住房条件提升和住房市场发展仍有很大的空间，相比其他国家或地区，中国房地产市场总体仍处于相对供不应求的阶段，单纯使用人均住房面积这一指标的讨论是有误导性的。因此，在可预见的范围内，中国房地产市场或将继续维持总体的相对繁荣，房地产投资增速仍会显著高于总体的固定资产投资增速。从政策角度来看，我们或许应改变对中国房地产市场的一些不正确的认识，认识到中国居民的住房需求尚未得到充分满足、中国的房地产市场发展并未明显超出自身的经济发展水平、中国房地产市场仍有很大的发展潜力，避免被关于房地产市场泡沫的过分担忧束缚了手脚，最终从政策上阻碍了房地产市场的发展和居民住房条件的进一步改善。

# 五　松绑土地束缚，理顺固定资产投资的体制机制

土地是固定资产投资中的重要要素，固定资产投资按构成分为建

筑安装工程、设备工器具购置和其他三种类型，其中，建筑安装工程在固定资产投资总额中的占比一般在70%左右，是固定资产投资的主要构成部分。建筑安装工程与建设用地是固定资产投资中互补的两个生产要素，两者缺一不可，没有建设用地，建筑安装工程就无从装起。

作为一种不可流动和贸易的生产要素，建设用地的缺乏已成为部分城市、地区固定资产投资的重要制约。由于没有可用的建设用地，一些对经济、社会、民生有重大积极作用的固定资产投资项目无法落实建成；反之，一些城市、地区建设用地的富裕却造成了土地资源的浪费，许多工业园、产业园运营远远达不到理想状态，甚至烂尾荒置，许多城镇的房地产开发项目大片空置，库存积压，形成巨大的资源浪费和负面效应。至于中国社会普遍关注的高房价问题，土地资源的缺乏和高地价也是部分城市高房价的主要原因之一。

缺乏建设用地很多时候不是因为缺乏相应的土地自然资源，而是因为土地市场的高度管制，导致用地指标的缺乏。尽管形式、名称不同，但土地使用的管制在世界各国普遍存在，是国家为保证土地资源的合理利用和优化配置，促进经济、社会和环境的协调发展，达成政府的政策目标而采取的措施。理论上，政府管制的目的应是为了纠正市场失灵，即在可能由于外部性①、垄断、公共物品、不完全信息等原因导致市场失灵时，政府介入来决定资源的配置。但是，政府管制不可避免地会干预土地市场，影响土地市场的资源配置。此外，中国土地管制的目的、类型众多，很多已超出了纠正市场失灵的范畴，并因此影响了土地资源的配置效率和固定资产投资形成。

目前，可能对固定资产投资形成制约的，具有中国特色的土地市场管制主要体现在以下几个方面。

---

① 解决外部性是城镇土地使用管制中最常见的原因之一。

**（一）建设用地指标的地域分配**

长期以来，中国面临着各项建设事业发展带来的建设用地需求的增加和人多地少、可用土地后备资源不足的矛盾，这是中国出台相关政策对建设用地指标进行管理的根本出发点。从宏观角度来讲，国家需要根据土地自然特点、经济条件和国民经济、社会发展用地需求的长期预测，确定土地利用的目标和方向、土地利用结构和布局，对各主要用地部门的用地规模提出控制性指标。土地利用总体规划就是国家层面对土地利用宏观的、指导性的长期规划，其重要的内容之一即为各项土地利用指标。

《全国土地利用总体规划纲要（2006—2020）》对中国土地利用指标进行了大致的界定，将耕地保有量、基本农田保护面积、城乡建设用地规模、人均城镇工矿用地、新增建设占用耕地规模等纳入土地利用约束性指标，其中建设用地指标采取分级审批制度，中央、省、地市、县层层分解。然而，随着现实经济的发展，有些地区经济发展速度快、城镇规模扩张快，很快面临城镇建设用地指标耗尽的困境，而有些地区则可能经济发展速度慢，城镇扩张速度慢乃至出现收缩，使得土地利用指标尚有较大富裕。并且，由于新增建设用地指标与土地供应和成本密切相关，政府为了支持某些特定区域的发展（如中西部落后省份），还可能为这些地区提供更多建设用地指标，以支持这些地区增加建设用地供应，发展产业和经济①。这进一步造成了土地资源配置的不均衡，一些建设发展密切需要土地的城市，由于没有指标而无法进行固定资产投资。

近年来，中央认识到中国经济和人口集聚程度仍然较低的问题，国家

---

① 例如，在《全国土地利用总体规划纲要（2006—2020）》中，各个省份的 2020 年建设用地规模/2005 年建设用地总规模，部分落后中西部省份普遍高于东部省份，其中江苏省 2020 年建设用地总规模相比 2005 年增长 12%，贵州省则增长 32%，云南省增长 22%，而全国则平均增长 17%；全国城镇工矿用地规模指标 2020 年比 2010 年增长 25.6%，其中江苏省增长 16%，贵州省增长 43%，云南省增长 44.6%。

区域发展政策的思路有明显转变，不再强调"就地城镇化"，不再强调"控制大城市规模，合理发展中等城市，积极发展小城市"的区域发展理念，而是强调发展中心城市和城市群。2018 年 11 月 18 日，《中共中央国务院关于建立更加有效的区域协调发展新机制的意见》明确指出，以京津冀城市群、长三角城市群、粤港澳大湾区、成渝城市群、长江中游城市群、中原城市群、关中平原城市群等城市群推动国家重大区域战略融合发展，建立以中心城市引领城市群发展、城市群带动区域发展新模式。2019 年 12 月 15 日，《求是》杂志发表习近平总书记重要文章《推动形成优势互补高质量发展的区域经济布局》，明确提出"要加快改革土地管理制度，建设用地资源向中心城市和重点城市群倾斜，城乡建设用地供应指标使用应更多由省级政府统筹负责。要使优势地区有更大发展空间"①，这为下一阶段的建设用地指标分配和区域发展指明了方向。

### （二）耕地保护红线的层层分解

严守 18 亿亩耕地保护红线是中央从宏观、全局角度出发确定的重要国策，《全国土地利用总体规划纲要（2006—2020）》明确了全国各省的耕地保有量，《全国国土规划纲要（2016—2030 年）》又要求，到 2020 年、2030 年全国耕地保有量要保持在 18.65 亿亩、18.25 亿亩以上，这是一个约束性指标，要严格执行、不能突破。因此，为了确保耕地保护红线，各级政府采取层层分解的方式，确定各省、地市、区县乃至乡镇的耕地保护指标。同时，中国实行耕地占补平衡政策，即若城镇建设用地占用了耕地，就要复垦相应面积和质量的耕地补充，以保障耕地的总量平衡。

与建设用地指标的管制类似，耕地保护的层层分解制度使得很多城市面临耕地保护与建设开发的矛盾。例如，在北京市海淀区等处于城市

---

① 习近平：《推动形成优势互补高质量发展的区域经济布局》，《求是》2019 年第 24 期。

核心区域的地方，仍然有不少耕地和基本农田保护工作被层层分解到各乡镇村，至今，在海淀区西四环至西五环的一些地块仍保留着一些耕地[①]。《北京市海淀区土地利用总体规划（2006—2020）》规定，到2020年，全区耕地保有量不低于2067公顷，占全海淀区面积的近5%。

　　耕地保护红线的关键问题是在于占补平衡缺乏跨地区的平衡机制，特别是跨县区、跨地市乃至跨省的交易和平衡。显然，保留至少18亿亩耕地主要是在全国范围内宏观而言，至于这块耕地究竟是在哪个城市、哪个区域，没有本质区别。因此，耕地占补指标就可以拿来交易，这类似于环境经济学中碳排放交易的概念，一些城市、省份新开垦耕地或者城乡建设用地复垦为耕地，从而提供了耕地占用指标，而那些需要占用耕地来新增建设用地的城市就可以购买这个指标，从而既实现宏观层面的耕地占补平衡，又解决了部分城市需要占用耕地开发建设但又没有指标的问题。

　　但是，对于耕地占补指标的交易，现在没有建立一个统一、高效的交易市场和交易机制。相对而言，省内相对好内部操作，跨省的交易则多限于特定扶贫地区对外输出。根据《中共中央　国务院关于加强耕地保护和改进占补平衡的意见》（中发〔2017〕4号）的相关规定，中国落实补充耕地任务，以地方各级政府为主体开展，并以县域自行平衡为主、省域内调剂为辅、国家适度统筹为补充。即是说，耕地占补平衡以县域平衡为主，因省域内经济发展水平和耕地后备资源分布不均衡，确实难以在本县域内补充耕地的，以县级人民政府为主体跨县域调剂补充耕地指标，补充耕地指标以有偿形式进行。2018年，国务院办公厅下发《跨省域补充耕地国家统筹管理办法》（国办发〔2018〕16号）（以下简称《办法》），针对耕地后备资源严重匮乏的直辖市，由于城市发展和基础设施建设等占用耕地、新开垦耕地不足以补充所占耕地的，以

---

[①]　参见《海淀分区规划（国土空间规划）（2017—2035年）》土地利用现状图。

及资源环境条件严重约束、补充耕地能力严重不足的省，由于实施重大建设项目（原则上限于交通、能源、水利、军事国防等领域）造成补充耕地缺口的，可申请国家统筹补充。《办法》还特别规定了耕地后备资源丰富的国家重点扶贫地区通过土地整治增加耕地，补充耕地指标可对口向省域内经济发达地区调剂，补充耕地指标调剂收益由县级政府通过预算安排用于耕地保护、农业生产和农村经济社会发展。

### （三）不同类型建设用地的配置

中国城市土地归属政府所有，按照规划的使用用途分为工业用地、物流仓储用地、道路与交通设施用地、市政公用设施用地、绿地、居住用地、商业用地等。不同类型用地有不同的交易方式，其中商业和居住用地自 2004 年"831 大限"后，均已采用招拍挂的市场化竞价机制，彻底废弃了过去的国有土地协议出让制度。但是工业和物流仓储用地的出让并没有被要求实行招拍挂制度，而仍普遍以协议方式出让。地方政府在招商引资过程中将土地用作吸引企业投资的重要筹码，很多时候以象征性价格出让乃至免费提供。

在招拍挂的市场化交易条件下，政府或许无法直接决定土地出让的价格，然而，政府却在很大程度上可以决定地块的规划用途，进而决定是通过招拍挂还是协议出让的方式售卖土地。中国城市的土地利用结构中，工业用地占比常达 20% 以上，而发达国家城市建设用地中工业用地占比一般在 10% 以下，中国工业用地占比明显过高，而居住用地则明显偏低，这造成了工业仓储用地和商住用地巨大的价格差异。以 2008 年为例，当年全国 35 个大中城市的招拍挂土地出让价格平均为协议出让价格的 8.53 倍[1]。

---

① 刘学良：《中国城市的住房供给弹性、影响因素和房价表现》，《财贸经济》2014 年第 4 期。

土地的"价格双轨制"带来了土地资源的错配，一方面，过多的工业和物流仓储用地挤占了商业、居住用地的空间，约束了房地产市场投资，最终推高了商业用地的地价和房价；另一方面，也容易造成工业仓储用地的浪费。

### （四）农村土地流转与农村土地入市

中国的城镇土地管理和农村土地管理是两套完全不同的制度，其中城镇土地市场虽仍存在待完善的地方，但相当程度上已实现市场化的配置和交易，但农村土地制度的改革则远落后于城镇。一方面，是农村土地的流转和配置仍有障碍和阻力，另一方面，则是农村土地进入城镇土地市场过程中存在的问题。

中国农村土地实行集体所有、家庭承包经营的统分结合的双层经营体制[1]。1998 年，党的十五届三中全会明确农户承包地使用权可以自愿、有偿流转。2003 年《农村土地承包法》规定，土地承包经营权可以采取转包、出租、互换、转让等方式流转。2015 年 1 月，国务院又发布了《关于引导农村产权流转交易市场健康发展的意见》（国办发〔2014〕71 号），进一步规范了农村土地流转交易。目前，中国确立了农村承包土地的三权分立制度，即集体土地所有权、农户承包权和土地经营权的分立，其中农村土地集体所有和现有土地承包关系不变，流转的是土地经营权。因此，农村土地流转经营程度有了很大提高，2007 年，中国土地流转面积占家庭承包经营耕地面积比例为 5.2%，到 2016 年这一比例已提升至 35%。

但是，农村土地的财产权利仍然受到一定程度的制约。例如，农村土地的经营权流转在一定程度上仍局限在集体内部，只有出租等个别方式可以把经营权租赁给本集体经济组织以外的人。同时，《中华人民共

---

[1]　韩长赋：《中国农村土地制度改革》，《农村工作通讯》2018 年 12 月 29 日。

和国合同法》规定了租赁合同的最高期限为 20 年，这在一定程度上制约了流转，特别是一些流转项目涉及长期固定资产投资，回报期又长的，可能由于流转制度的限制而不易实施。在流转合同终止时（不管是因为合同到期，还是中间停止），关于地上附着物的归属容易产生矛盾和纠纷。又例如，农村土地的三权分立中要求使用权的实现不能侵害承包权和所有权①，但在土地的使用中，经常难以避免地会对土地进行改造，可能对承包权和所有权造成影响。再例如，农村土地的使用权无法像城市土地那样作为财产权利到金融机构进行抵押和贷款，也限制了农村土地财产权利的实现。农村的宅基地同样面临以上类似的问题。

农村土地的第二个关注较多的改革问题，是有关农村土地直接入市的问题。过去，农村土地转为城市土地交易，必须经过政府的征收才能从农村集体土地性质转变为城市建设用地，这不仅一定程度上阻碍了土地资源的盘活和利用，制约了城市的土地供应，而且土地征收过程容易造成各方面的矛盾冲突。2013 年 11 月 15 日，《中共中央关于全面深化改革若干重大问题的决定》发布，指出要建立城乡统一的建设用地市场，在符合规划和用途管制前提下，允许农村集体经营性建设用地出让、租赁、入股，实行与国有土地同等入市、同权同价。这打开了农村集体经营性建设用地直接入市的大门，2015 年 1 月，中共中央办公厅和国务院办公厅联合印发了《关于农村土地征收、集体经营性建设用地入市、宅基地制度改革试点工作的意见》，决定在一些地区开始进行试点改革。2019 年 8 月新修订的《中华人民共和国土地管理法》（以下简称《土地管理法》）明确规定农村集体经营性建设用地可以直接进入市场流转，还删去了从事非农业建设必须使用国有土地或者征为国有的原集体土地的规定。因此，从法律上，可以说实现了城乡经营性建设用地

---

① 农业部：《全国土地流转面积占家庭承包耕地总面积35%》，2017 年 3 月 7 日，人民网，http：//finance. people. com. cn/n1/2017/0307/c1004－29129227. html。

的同权，对于提升农村土地的财产价值，缓解城市建设用地的紧张，都有积极的作用。不过，有意见认为，农村集体经营性建设用地只占农村建设用地的一小部分①，亦远小于城镇建设用地规模，从宏观层面看，此部分土地的直接入市对于缓解城镇建设用地的紧张可能作用不是很大。

20 世纪 80 年代，家庭联产承包责任制的推广，成为推动中国城乡大变革的开端，而以产权改革为抓手，也成了中国改革的一条成功经验。新的时代背景下，土地改革是全面深化改革中的重要部分，是牵一发动全身、有系统重要性的改革举措，对于释放经济潜在活力，发展农村、农业，提升农民收入和财产权利，缓解城市建设用地的紧张，优化土地资源的配置，发挥土地最大的生产力，提升有效投资水平等，都具有十分重要的意义，土地制度层面的改革与创新，可成为未来十年经济发展和效率提高的又一推动力。

2019 年年底的中央经济工作会提出"改革土地计划管理方式"。2019 年 8 月 26 日，习近平总书记在中央财经委员会第五次会议上的讲话中指出，要加快改革土地管理制度，建设用地资源向中心城市和重点城市群倾斜②。在国土空间规划、农村土地确权颁证基本完成的前提下，城乡建设用地供应指标使用应更多由省级政府统筹负责。要使优势地区有更大发展空间。无论《土地管理法》的修订，农村土地入市，还是城乡建设用地供应指标使用应更多由省级政府统筹负责，都体现了政府土地管理方式的变革，是对土地的松绑，进而也将对理顺固定资产投资体制发挥积极的促进作用。

---

① 农村集体建设用地分为三大类：宅基地、公益性公共设施用地和经营性用地，其中前两项占主要，经营性用地根据一些估算只占约 10%。一些统计显示全国范围有农村集体经营性建设用地约 4200 万亩，占 2020 年全国建设用地控制规模 61079 万亩的比例为 7%。

② 习近平：《推动形成优势互补高质量发展的区域经济布局》，《求是》2019 年第 24 期。

# 第四章

# 对外经济形势分析与展望

2019 年中国的对外经济发展面临十分不利的外部因素，一方面中美贸易摩擦经历了两轮大规模的关税升级，另一方面全球经济增长由同步复苏转为同步减速。在此背景下，中国的对外经济形势也有所恶化，主要表现为对外贸易规模略有下降，双向跨境资本流动规模显著收窄，经常账户出现衰退式顺差的信号，同时资本账户逆差有所扩大，人民币汇率对一篮子货币小幅贬值，外储充足性小幅下降。展望 2020 年，随着全球经济增长和贸易形势回暖，中美贸易摩擦走向阶段性缓和，以及中国构建开放型经济新体制，推动更高水平的对外开放，对外经济形势有望保持平稳发展。

## 一 中美贸易摩擦的短期经济效应

2019 年 12 月 13 日晚，发改委、中央财经委、财政部、外交部、农业农村部、商务部等部门联合召开新闻发布会，宣布中美已就第一阶段经贸协议文本达成一致。与此同时，美国贸易代表办公室也宣布无限期推迟执行原定 15 日对中国输美商品加征关税的措施，这标志着中美贸易摩擦由对抗升级走向合作缓和。作为世界上最大的两个经济体和贸易国，中美贸易摩擦乃至经济"脱钩"（Decoupling）的前景，将导致全球制造业萎缩和产业链重新配置，不仅拖累中美两国的经济表现，还会对全球经济增长前景造成负面影响。

对中美贸易摩擦经济效应的估计大多基于一般均衡模型[①]。研究显示贸易摩擦并非零和博弈，而是双输之举。根据美国贸易代表办公室公布的对价值 5500 亿美元中国输美商品的征税清单，若实施则美国对华平均关税水平将升至 21.5%，由于制造业和出口在中国经济中所占份额较大，贸易摩擦对中国经济的负面影响略大于美国。

Amiti 等指出美国贸易政策的转向对美国国内价格和消费者福利造成的影响包括：中间产品和最终产品价格上升，供应链网络的大规模调整，进口多样性的减少，以及进口价格对国内消费者价格的传导效应等[②]。2018 年美国对约 2830 亿美元的进口商品加征了 10%—50% 的关税，贸易伙伴的反制措施主要来自中国、欧盟、墨西哥、俄罗斯和土耳其，共对约 1210 亿美元的美国商品加征了平均约 16% 的关税。模型估计显示，这些关税举措会导致美国的实际收入每月减少 140 亿美元，工业品价格上升约 1%。

Fajgelbaum 等研究发现加征关税对美国消费者和出口部门造成的福利损失约为 GDP 的 0.37%，但若将关税收入和进口部门获益考虑在内，福利损失则降至 GDP 的 0.04%，不过这一估计并未考虑到国内部门间因资源重配所导致的效率损失。此外，关税将导致美国的货物进口下降 32%，但由于美国商品的出口弹性较低，贸易伙伴的反制措施仅导致美

---

[①] IMF, 2019, "World Economic Outlook: Growth Slowdown, Precarious Recovery", International Monetary Fund; Amiti, M., S. J. Redding, & D. Weinstein, 2019, "The Impact of the 2018 Trade War on U. S. Prices and Welfare", NBER Working Paper No. 25672; Fajgelbaum, P. D., P. K. Goldberg, P. J. Kennedy, & A. K. Khandelwal, 2019, "The Return to Protectionism", NBER Working Paper No. 25638.

[②] Amiti, M., S. J. Redding, & D. Weinstein, 2019, "The Impact of the 2018 Trade War on U. S. Prices and Welfare", NBER Working Paper No. 25672.

国的货物出口下降 11%，因此美国的贸易逆差将获得改善①。此外，Fajgelbaum 等的研究支持了 Amiti 等的结论，即存在关税对进口价格的完全传递效应，也就是说加征的关税主要由美国消费者承担。

　　IMF 采用了 3 种一般均衡模型 GIMF、GTAP 和 CFRT 进行模拟，得到的结果令人担忧②。模型显示，若中美两国对货物贸易互征关税 25%，会造成美国 GDP 损失 0.3%—0.6%，中国 GDP 损失 0.5%—1.5%，并且由于外部需求放缓，两国的出口均会下降。其中，对中美双边贸易的模拟显示，中美双边贸易将会出现断崖式下跌。在短期中美双边贸易将缩减 25%—30%，而在中长期中国自美进口可能下降 77.6%，对美出口可能下降 71.3%，但依然保持顺差。

表 4 - 1　　　　　　　　　　中美贸易摩擦的重要事件

| 美国 | | 中国 | |
|---|---|---|---|
| 时间 | 制裁措施 | 时间 | 反制措施 |
| 2017 年 4 月 20 日 | 启动对华 "301 调查" | — | — |
| 2018 年 3 月 8 日 | "232 措施"：自 3 月 23 日起对华钢铝制品加征 25%、10% 关税 | 2018 年 4 月 2 日 | 对原产于美国的 128 项约 30 亿美元进口商品加征 15%—25% 关税 |
| 2018 年 4 月 16 日 | 宣布制裁中兴通讯 | — | — |
| 2018 年 6 月 15 日 | 第一轮：宣布对中国 500 亿美元输美商品加征 25% 关税，自 7 月 6 日起对其中 340 亿美元商品类目实施，自 8 月 23 日起对 160 亿美元输美商品加征 25% 关税 | 2018 年 6 月 16 日 | 第一轮：自 7 月 6 日起对美国 500 亿输华商品加征 25% 关税 |

---

　　① Fajgelbaum, P. D., P. K. Goldberg, P. J. Kennedy, & A. K. Khandelwal, 2019, "The Return to Protectionism", NBER Working Paper No. 25638.

　　② IMF, 2019, "World Economic Outlook: Growth Slowdown, Precarious Recovery", International Monetary Fund.

| 美国 | | 中国 | |
|---|---|---|---|
| 时间 | 制裁措施 | 时间 | 反制措施 |
| 2018 年 7 月 11 日 | 第二轮：宣布将对 2000 亿美元输美商品加征 10% 关税 | — | — |
| 2018 年 8 月 2 日 | 威胁将 2000 亿美元输美商品关税税率上调至 25% | 2018 年 8 月 8 日 | 自 8 月 23 日起对美国 500 亿美元商品清单中的 160 亿美元进口商品加征关税 |
| 2018 年 9 月 18 日 | 自 9 月 24 日起对 2000 亿美元输美商品加征 10% 关税 | 2018 年 9 月 18 日 | 第二轮：对美国 600 亿美元出口商品加征 5%—25% 关税 |
| 2019 年 5 月 7 日 | 第三轮：将中国 2000 亿美元输美商品关税税率由 10% 上调至 25% | 2019 年 5 月 13 日 | 第三轮：6 月 1 日起分类上调美国 600 亿美元出口商品关税税率至 25%、20%、10%，原加征税率为 5% 的商品税率不变 |
| 2019 年 5 月 19 日 | 将华为公司及其附属公司列入出口管制"实体名单" | — | — |
| 2019 年 8 月 1 日 | 第四轮：宣布将于 9 月 1 日起对中国 3000 亿美元输美商品加征关税 10% | 2019 年 8 月 6 日 | 暂停采购美国农产品 |
| 2019 年 8 月 13 日 | 对 3000 亿美元输美商品中的部分类别推迟征税至 12 月 15 日 | 2019 年 8 月 23 日 | 第四轮：对 750 亿美元美国商品加征 5%—10% 的关税，于 9 月 1 日和 12 月 15 日分两批执行 |
| 2019 年 8 月 23 日 | 宣布 10 月 1 日起对已征关税的 2500 亿美元商品上调税率至 30%，对 3000 亿美元商品征税将由 10% 提高到 15% | — | — |
| 2019 年 12 月 13 日 | 阶段性协议：保持对 2500 亿美元中国商品 25% 的关税，调降 1200 亿美元商品关税至 7.5%，无限期推迟原定 15 日加征关税的措施 | 2019 年 12 月 13 日 | 宣布已就中美第一阶段经贸协议文本达成一致，暂不实施原定 15 日对美方进口产品加征关税的措施 |

　　最新出炉的经济数据也印证了贸易理论和模型估计的结果，中美贸易摩擦对两国经济的负面影响正在显现①。2019 年前三个季度中国 GDP 增速逐季下滑，第三季度增速降至 6.0%，为 1992 年以来的最低值，

──────────

　　①　2018 年受抢出口、菜单成本等因素的影响，中美贸易摩擦并未对中国的出口形势造成显著的负面影响。

年增速也将低于 2018 年国家统计局的预计值 6.3%。此外，内外需的低迷导致中国贸易表现疲弱。以美元计，2019 年 1—11 月中国进出口总值下降 2.2%，出口下降 0.3%，进口下降 4.5%，增速较 2018 年同期分别下降 17.0、12.1 和 22.9 个百分点。贸易顺差扩大 28.4%，再次出现衰退式顺差的信号。其中，受摩擦影响中美双边贸易下滑明显。以美元计，1—11 月双边进出口总额下降 15%，对美出口下降 12.4%，自美进口下降 22.9%，对美贸易顺差收窄 7.2%。

贸易摩擦对美国经济的负面影响也不可忽视。美国正经历着史上最长的一次经济复苏，原本就已经处于扩张周期的尾声，而贸易逆风更进一步将其推至衰退的边缘。2019 年前三个季度美国 GDP 增速也逐季下滑，从第一季度的 3.1% 放缓至第二季度的 2.0%，再降至第三季度的 1.9%，表明美国经济增长在外部贸易局势变化和内部减税效应弱化的共同作用下已经开始趋缓。尽管美国失业率仍处于历史低位，但与中国的贸易摩擦已经造成宾夕法尼亚、密歇根等州的失业率回升，而固定资产投资和出口仍然疲软，总体通胀率和除食品、能源之外的核心通胀率也低于美联储的政策目标 2%。为防止经济滑入衰退，美联储于 7 月、9 月和 10 月连续 3 次进行了"预防性"降息。

两国金融市场的表现也从一个侧面反映出贸易摩擦的负面影响。Blanchard 和 Collins 分析了特朗普关于贸易摩擦的 71 条推特对中美两国股票市场的影响，发现标普 500 指数和富时中国 50 指数的相关系数为 0.58—0.81，每当美国威胁加征关税或中国宣布采取反制措施的时候（见表 4 - 1），在华有大量业务的美国企业股价便会应声下跌，两国股票市场均出现大幅波动，并呈现显著的联动性[1]。

此外，中美贸易摩擦还对全球经济有着显著的外溢效应。IMF 指出

---

① Blanchard, O., & C. G. Collins, 2019, "Markets Don't Believe Trump's Trade War is Zero-sum", Peterson's Institute of International Economics, https://www.piie.com/blogs/trade-and-invest-ment-policy-watch/markets-dont-believe-trumps-trade-war-zero-sum.

若贸易摩擦持续升级，可能导致全球制造业萎缩、产业链重配，位于产业链上下游的国家都会受到溢出效应的影响，在中长期对所有地区经济的累计影响均为负面①。尽管 Autor 等的研究表明，来自中国的进口商品导致了美国制造业约 1/4 的人的失业和工资收入的下降，但对来自中国的进口商品加税并不必然使制造业回流美国，更可能的结果是贸易转移至其他亚洲国家和墨西哥，有利于这些国家的投资、出口和经济增长②。同时，由于中美两国经济增速放缓导致需求下降，以及全球产业链调整布局，会对如德国、韩国等制造业占比较大、产业分工程度和贸易依存度较高的经济体造成一定的负面影响。

## 二　人民币汇率波动与外储充足性的考量

受中美贸易摩擦影响，人民币兑美元、一篮子货币汇率持续走低，波动性显著上升。尽管外汇储备仍保持稳定，但外储充足性呈下降态势，为此中国人民银行已经退出对外汇市场的常态化干预，转为通过定价机制进行波动性管理。现阶段保证外汇储备的充足性有着更为重要的意义，应进一步增加人民币汇率弹性，适时推进人民币汇率制度改革。

2019 年 8 月 1 日美国宣布将对 3000 亿美元中国输美商品加征关税，随后 8 月 5 日美国财政部宣布将中国列为"汇率操纵国"，人民币兑美元汇率 3 天内贬值 1500 个基点，快速跌破"7"这一心理关口，贬值幅

---

① 加拿大和墨西哥除外，因其位于北美自贸区内，且与美国的经济关系密切，将会从贸易转移中受益，成为中美贸易摩擦的最大受益国。参见 IMF, 2019, "World Economic Outlook: Growth Slowdown, Precarious Recovery", International Monetary Fund.

② Autor, D. H., D. Dorn, & G. H. Hanson, 2013, "The China Syndrome: Local Labor Market Effects of Import Competition in the United States", *American Economic Review*, 103 (6): 2121 – 2168; Autor, D. H., D. Dorn, G. H. Hanson, & J. Song, 2014, "Trade Adjustment: Worker-level Evidence", *Quarterly Journal of Economics*, 129 (4): 1799 – 1860.

度达 2.4%，引发对中美贸易摩擦扩大至金融领域的担忧。

事实上，中国当前采取的是盯住一篮子货币、有管理的浮动汇率制度，中国人民银行早在 2017 年便已经退出对人民币汇率的常态化干预，此次贬值主要是受市场力量的驱动，而非主动贬值。如图 4-1 所示，中美贸易摩擦开始以来，人民币兑美元汇率的波动性显著上升，每一轮美国宣布对华加征关税后都出现汇率大幅波动和贬值的情况。

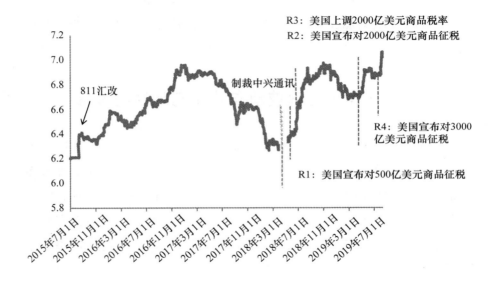

**图 4-1　中美贸易摩擦与人民币兑美元汇率波动**

数据来源：圣路易斯联邦储备银行（FRED），作者整理。

在中美贸易摩擦不断升级的阶段，人民币兑美元贬值幅度明显，但人民币对一篮子货币仅出现了小幅贬值。根据国际清算银行的数据显示，自 2018 年 4 月 16 日美国宣布制裁中兴通讯，截至 2019 年 8 月 9日，在岸人民币兑美元汇率贬值 12.5%，而同期人民币对一篮子货币（CFETS 指数）贬值仅为 5.6%，人民币名义有效汇率（NEER）贬值5.2%。如图 4-2 所示，近年来人民币名义与实际有效汇率的相关系数接近 1，二者高度拟合，即使出现偏离，幅度也很小并很快得到修正。这在一定程度上为中国人民银行减少汇率干预提供了佐证。

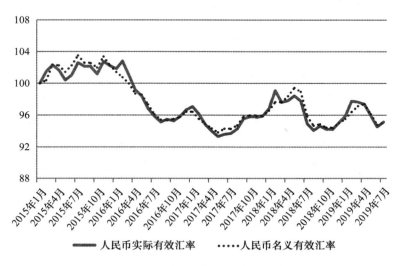

**图 4-2　人民币名义和实际有效汇率**

注：2015 年 1 月 =100。

数据来源：国际清算银行（BIS）、圣路易斯联邦储备银行（FRED）。

中国人民银行一直努力避免人民币汇率的大幅波动和贬值预期，这是因为汇率的剧烈波动可能会造成福利损失。一方面，汇率波动会通过价格传递效应、收入效应和支出转移效应对一国价格、出口、总需求产生影响。另一方面，汇率波动带来的不确定性会增加交易成本、提升风险溢价，对贸易与投资造成负面影响，而贬值预期则会强化这些影响，并在短期造成国际收支恶化。

但是，Ghosh 等、Gagnon 和 Hinterschweiger 以及 Frieden 研究表明，汇率波动不是长期经济增长或产出的重要影响因素，实行钉住汇率或浮动汇率制度国家的平均增长差异很小，并且汇率的波动往往不会完全反映在价格变动上，即价格传递效应不完全。对于许多发展中国家而言，浮动汇率与更高的通胀水平和价格波动相联系的主要原因是这些国家不稳定的货币政策[1]。此外，Bergin 等研究表明，汇率波动对贸易的影响有可能为良性，在大多数情况下汇率波动造成的福利损失可能小于货币当局为维护汇率稳定而付出的努力，如对国内经济造成的扭曲和外汇市场干预的成本[2]。只有对某些贸易依存度过高的小国，以及难以在国际资本市场以本币进行融资的国家，保持汇率稳定利大于弊。

鉴于中国现阶段具有的经济特性，中国人民银行应减少对人民币汇率，特别是人民币兑美元汇率的干预。一是中国经济的增长模式正在逐步转向内需驱动，对外贸易依存度逐渐下降，由 2006 年的高点 64% 下降至 2018 年的 33.7%；二是人民币汇率的价格传递效应不完全，名义汇率波动对中国宏观经济稳定性的影响较小；三是考虑到中美贸易摩擦的持久性，中美经济的相关性会逐渐下降，美元作为货币锚的重要性亦将进一步下降；四是受中美贸易摩擦和人口老龄化的影响，在短期和中长期中国的国际收支会趋于恶化，再加上近年来外债规模的快速上升和外资企业可能撤资的前景，现阶段保证外汇储备的充足性对于保障经济安全有着更为重要的意义。

根据国际货币基金组织"外汇储备充足性"标准，目前中国的外汇储备依然充足。如表 4 - 2 所示，考查外储充足性涉及的四个核心指标分别为：（1）满足偿还 30% 的短期外债需求。2019 年第三季度，中国全口径外债余额约为 2 万亿美元，其中 59% 为短期外债，66% 为外币

---

① Ghosh，A.，J. Ostry，& C. Tsangarides，2010，"Exchange Rate Regimes and the Stability of the International Monetary System"，IMF Occasional Paper 270，International Monetary Fund；Gagnon，J. E.，& M. Hinterschweiger，2011，*Flexible Exchange Rates for a Stable World Economy*，Peterson Institute Press；Frieden，J. A.，2014，*Currency Politics：The Political Economy of Exchange Rate Policy*，Princeton University Press.

② Bergin，P.，2004，"Measuring the Cost of Exchange Rate Volatility"，FRBSF Economic Letter，No. 2004 - 22，Federal Reserve Bank of San Francisco；Bergin，P.，& I. Tchakarov，2003，"Does Exchange Rate Risk Matter for Welfare?"，NBER Working Paper No. 9900.

外债，风险较大的为短期外币外债，但人民币外债同样有可能消耗外储①，因此需要外储约 3598 亿美元。（2）新兴市场国家需要满足 20% 其他资产组合负债流出需求。2019 年第三季度，境外投资者持有中国股票总额约为 2500 亿美元，需要外储约 500 亿美元。（3）满足 5%—10% 的国内居民资产流出需求。2019 年第三季度，中国广义货币 M2 约为 27.6 万亿美元。由于中国存在较为严格的资本管制，只需满足 5% 国内居民资产的流出需求，故需要外储约 1.38 万亿美元。（4）满足 3 个月的进口需求②。中国 2019 年第三季度的货物与服务贸易进口总额为 6360 亿美元，故大约需要外储 6360 亿美元以满足贸易的支付需求。

表 4-2　　　**中国外储充足性的估计（2019 年第三季度）**

| | 2019 年第三季度（亿美元） | 无资本管制 | | | | 资本管制 | | | |
|---|---|---|---|---|---|---|---|---|---|
| | | 固定汇率 | | 浮动汇率 | | 固定汇率 | | 浮动汇率 | |
| | | % | 亿美元 | % | 亿美元 | % | 亿美元 | % | 亿美元 |
| 短期外债 | 11994 | 30 | 3598 | 30 | 3598 | 30 | 3598 | 30 | 3598 |
| 其他债务 | 2500 | 20 | 500 | 15 | 375 | 20 | 500 | 20 | 500 |
| 广义货币 | 276018 | 10 | 27602 | 5 | 13801 | 5 | 13801 | 2.5 | 6900 |
| 进口 | 6360 | 10 | 636 | 5 | 318 | 10 | 636 | 10 | 636 |
| 安全值（亿美元） | | | 32336 | | 18092 | | 18535 | | 11635 |
| 安全值/当期外储（%） | | | 105 | | 59 | | 60 | | 38 |

数据来源：中国国家外汇管理局（SAFE）、中国人民银行（PBoC）和作者估算。

---

①　由于人民币尚不是可自由兑换的货币，并且海外人民币资产池仍缺乏深度和广度，一旦出现人民币贬值预期，境外投资人可能会向海外清算行要求兑换美元或其他外币。此时，海外清算行若不向中央银行购汇则自身会承担较大的汇率风险，而一旦向中央银行购汇便会消耗中国的外汇储备。

②　由于中国是新兴市场国家，但不是大宗商品出口国，外汇储备需要满足 3 个月的进口需求。若为新兴市场国家，且为大宗商品出口国，则外汇储备需要超过年出口额的 10%。

截至 2019 年第三季度，中国外汇储备约为 3.09 万亿美元。在无资本管制、固定汇率条件下，中国需要约 3.23 万亿美元的外汇储备，略高于中国目前的外储水平。而在较为严格的资本管制、固定汇率条件下，只需要约 1.85 万亿美元的外汇储备，约为当期外储的 60%，可以说基本不存在风险。若实行浮动汇率制度，则安全阈值进一步下降至 1.16 万亿美元，外储充足性将进一步提高。

但也应注意到，同资本流出最为严重的 2016 年相比，中国的外储充足性有所下降。若将外储的安全阈值与当期外储的比率视为风险指标，在无资本管制条件下外储充足性比 2016 年年底降低了 22 个百分点，在资本管制条件下外储充足性比 2016 年年底降低了 14 个百分点。考虑到中美贸易摩擦引致的产业转移和供应链重配，资本外流的压力始终存在，同时人口老龄化以及经济增速放缓等因素将会导致经常账户收支恶化，未来应稳步推进人民币汇率制度改革，并持续关注外储充足性的变动趋势。

# 三 跨境资本流动与对外资产负债状况

中美贸易摩擦持续升级和两国经济"脱钩"的可能前景对中美双边直接投资的负面影响十分显著，同时也使得中国的跨境资本流动形势出现恶化。从综合商务部和外管局等部门发布的数据来看，外商在华新增直接投资增速持续放缓，并出现了一定规模的外商撤资。在此背景下，中国的对外资产负债表已经告别过去的高速扩张阶段，进入了低速增长期，资产负债结构逐渐趋于平衡。

中美贸易摩擦对中美双边投资的负面影响较大。根据商务部的数据，中美双边投资已经连续 3 年下滑。2018 年中国企业在美直接投资 50.6 亿美元，同比下降 33.4%，2019 年 1—11 月则进一步下降 14.9%。截至 2019 年 10 月，美国企业在华直接投资为 27 亿美元，同比下降 10.6% 。

　　导致中美双边直接投资下滑的原因主要有三：一是投资者担忧贸易摩擦引起的两国经济增长放缓，以及贸易制裁和反制措施的扩大化增加投资的不确定性；二是美国以国家安全为由对中国企业的在美投资加以限制。美国《外国投资风险评估现代化法案》（FIRRMA）及其实施细则，使得对美国的基础设施、数字经济等核心领域的投资均受到严格的审查，同时美国推行的长臂管辖，对绕道其他国家进行投资也形成障碍；三是中国也加强了对本国资本流出的管制，虽然并没有特别针对美国。

　　由于存在以中国市场为导向的投资需求，加上进一步扩大开放、稳外资新政和优化营商环境的各项措施相继出台，新增外商在华直接投资仍保持小幅增长。2019 年 1—10 月全国新设外商投资企业约 3.3 万家，同比下降 32.6% ，实际使用外资 1107 亿美元，同比增长 2.9% ，增速较上半年进一步放缓 0.6 个百分点。分国别看，中国香港、新加坡、韩国、东盟、"一带一路"沿线国家对华直接投资均实现增长，增速分别为 6.8% 、26.0% 、20.5% 、16.9% 、14.3% ，而欧盟、美国、日本对华直接投资均下滑，其中欧盟投资下滑幅度最大，同比下降了 28% 。

　　从私人部门跨境资本流动的总体情况来看，2019 年中国为资本净流出，但贸易摩擦对中国跨境资本流动的影响总体可控。如表 4 - 3 所示，如果将国际收支平衡表上 2014 年以来的净误差与遗漏项计为本国资本流出，则 2014—2018 年中国私人部门均为资本净流出。而 2019 年前三个季度中国资本流出压力加大，本国资本净流出的规模呈逐季上升的态势，并且仅前三个季度的误差值已超过 2018 年全年的误差值，预计 2019 年全年误差值将超过 2000 亿美元，同 2015—2017 年水平相当。经误差调整后的中国前三个季度私人部门跨境资本净流出 1501 亿美元，超过 2017 年和 2018 年全年的水平。尽管如此，考虑到同期经常账户顺差为 1374 亿美元，储备资产增加 134 亿美元，中国的国际收支状况仍为基本平衡。

　　中国的跨境资本流动还有以下两个重要特征：一是双向跨境资本流动规模较 2018 年同期大幅收窄。本国资本净流出和外国资本净流入分别下降了 44.4% 和 58.6%，这不仅反映出中美贸易摩擦带来的不确定性和加强资本管制对国际投资活动的抑制，倘若成为趋势还将意味着中国在国际金融领域影响力的下降，这对中国经济的影响无疑是负面的。二是外商在华直接投资、证券投资项净流入均为负增长，增幅分别为 -34%、-30%，其他投资项为 -297 亿美元，在 2019 年 1—9 月全国吸收外商直接投资仍为增长 2.9% 的情况下，这表明存在一定规模的外商撤资。总之，2019 年中国的跨境资本流动形势较 2018 年有所恶化，这一变化的持续性值得继续关注。

表 4-3　　　　　　中国私人部门跨境资本流动规模估算　　　　单位：亿美元

| 年份 | 外国资本净流入 | 本国资本净流出 | 净值 | NEO | 本国资本净流出（修正）① | 净值（修正）② |
|------|------|------|------|------|------|------|
| 2012 | 2670 | -3030 | -360 | -871 | -3901 | -1231 |
| 2013 | 5633 | -2203 | 3430 | -629 | -2832 | 2801 |
| 2014 | 4115 | -4629 | -514 | -669 | -5298 | -1183 |
| 2015 | -1010 | -3335 | -4345 | -2130 | -5465 | -6475 |
| 2016 | 2596 | -6756 | -4161 | -2295 | -9051 | -6456 |
| 2017 | 4419 | -3324 | 1095 | -2130 | -5454 | -1035 |
| 2018 | 4838 | -3532 | 1306 | -1602 | -5134 | -296 |
| 2019 年前三个季度 | 1725 | -1520 | 205 | -1706 | -3226 | -1501 |

　　注：①根据国际收支恒等式，$CA = -KA = \Delta R - NFI = \Delta R - (FI_{inward} - FI_{outward})$，其中 $CA$ 为经常账户余额，$KA$ 为资本和金融账户余额；$\Delta R$ 为官方储备资产变动，这里同国际收支平衡表中的记账处理不同，储备资产增加为 "+"，减少为 "-"；$NFI$ 为私人部门资本净流入，$FI_{inward}$ 为资本流入，$FI_{outward}$ 为资本流出，则 $FI_{outward} = CA + FI_{inward} - \Delta R$。②净值为等式中的 $NFI$，即私人部门资本净流入，此处私人部门指企业与居民。

　　数据来源：国家外汇管理局；汤铎铎、张莹：《实体经济低波动与金融去杠杆——2017 年中国宏观经济中期报告》，《经济学动态》2017 年第 8 期；作者估算。

在对外部门资产负债表方面，由于当前中国跨境资本流动趋于平衡的局面是建立在加强本国资本流出管制和放宽外国短期资本流入的政策基础之上，这对资产负债表的直接影响是对外资产增速放缓，同时对外负债持续扩张，从而净资产增长缓慢甚至下降。

如图 4 - 3 所示，2019 年前三个季度中国对外资产、负债和净资产均小幅增加。其中，总资产增加了 1439 亿美元，增幅为 2.0%，总负债上升了 1179 亿美元，增幅为 2.3%，净资产增加 261 亿美元，增幅为 1.2%。其中，总资产和总负债增幅均显著低于 2006—2013 年的年平均增幅 22.4% 和 22.1%①。

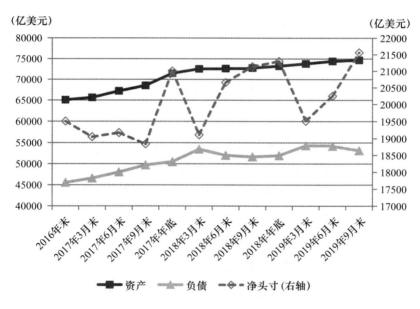

图 4 - 3　中国对外部门资产负债情况

数据来源：国家外汇管理局。

---

① 因统计标准和统计口径的调整，2014 年的数据不可用于比较。

此外，对外部门资产负债表还呈现出以下两个主要特征：一是资产持有者结构发生了显著变化。私人部门持有的对外资产在总资产中的占比自 2016 年首次超过 50% 后，2019 年第三季度进一步提升至 57.1%，而官方储备资产占比则下降至 42.9%，这反映出私人部门配置国外资产的需求仍在持续增加；二是国外投资者增持以人民币计价的股票、债券等资产，对中国对外负债的来源结构产生了较为深远的影响。外国在华证券投资从 2016 年年底的低点 8111 亿美元上升到 2019 年 9 月的 1.22 万亿美元，推动证券投资在总负债中的占比由 17.8% 上升至 23.0%，同时直接投资占比由 60.4% 下降至 52.3%。由于证券投资有顺周期特征，外国在华证券投资占比的提高将意味着资本流动波动性和汇率超调可能性的上升，也是一种潜在的风险因素。

## 四　2020 年对外经济形势展望

开放经济条件下，对外贸易与投资作为中国国际经济影响力的重要体现，对于中国宏观经济稳定增长的重要性不言而喻。考察对外贸易对中国国民经济的贡献，不能简单地看支出法 GDP 核算中的净出口项。当前进出口部门在中国 GDP 中的占比仍然在 1/3 左右，尽管中国的贸易依存度逐年下降，但依然远高于美国，仅靠内需来拉动经济增长，始终力不从心。同时贸易与投资关系紧密，而外商投资的技术外溢效应早已被证明是中国技术进步的重要来源之一。可以说，外贸与外资的稳定发展关系到中国的国民收入、投资、就业、国际收支、汇率、外汇储备等方方面面，可谓牵一发而动全身。

自 2017 年 4 月 20 日美国启动对华 "301 调查" 以来，中美贸易摩擦已经持续了 32 个月，在此期间两国进行了 13 轮高级别经贸磋商，在经历了 2019 年的对抗升级之后，中美双方都认识到，数十年全球化过程中形成的两国经济相互依存的局面在短期内不可能改变，无论是美国寻求制造业回归、调整全球产业链布局，还是中国实行进口替代、自主创新都需要时间，在短期"脱钩"会给两国经济造成冲击，并不符合中美两国人民的利益。

2019 年 12 月中美双方朝着解决分歧、达成协议走出了关键的一步。双方于美东时间 2020 年 1 月 15 日签署《中华人民共和国和美利坚合众国政府经济贸易协议》，该协议包括序言、知识产权、技术转让、食品和农产品、金融服务、汇率和透明度、扩大贸易、双边评估和终端解决、最终条款九个章节，双方均表示将朝着分阶段取消互相加征的关税、实现关税总水平由升到降的转变而努力。

2019 年中国的外贸形势总体平稳，稳中提质，外商投资结构持续优化，人民币汇率稳中有降，为国民经济社会的健康稳定发展做出了积极的贡献。而 2020 年随着中美第一阶段贸易协议的签署、《中华人民共和国外商投资法》的落地实施，中国将向着更高层次的对外开放迈进，对外经济也将继续保持平稳运行的态势。

第一，2020 年外部经济环境可能将好于 2019 年。中美第一阶段贸易协议的达成，将有利于减少全球经济发展的不确定性，助力全球经贸态势的回升。根据国际货币基金组织和世界贸易组织的最新预测，全球经济可能将走出低谷，全球贸易形势也将趋暖。2020 年世界货物贸易实际增速将比 2019 年上升 1.2—1.5 个百分点，发达经济体和发展中经济体的出口增速、发展中经济体的进口增速均将比 2019 年明显提升。除北美地区外，2020 年世界进口增速都将高于 2019 年。除中南美洲地区外，2020 年世界出口增速也都将高于 2019 年。因此，中国的外贸形势也将有望保持总体平稳，产业结构继续调整，加快实现外贸的转型升级。

第二，人民币兑美元汇率保持平稳，将在 6.8—7.1 之间波动。由于中美贸易摩擦的不确定性依然存在，近期人民币兑美元汇率一直在

"7"上下波动，但人民币汇率"破7"后市场上并未出现大量抢购外汇的操作，这说明市场对人民币汇率波动的适应性有所增强。2020年美联储和主要发达经济体的货币政策预计仍将保持宽松，利率维持在较低的水平，这些都为中国人民银行在保持适度宽松的货币环境的同时，稳定人民币汇率预期并推动汇率制度改革奠定了基础。若2020年中美贸易关系持续缓和，则随着中国金融市场和服务业的进一步对外开放，境外投资者的投资需求逐步释放，预计中国的跨境资本流动形势将较2019年有所改善，双向流动总规模将继续在低位运行，但会从净流出回归至基本平衡，外汇储备水平保持稳定，人民币汇率可能将稳中有升，预计人民币兑美元汇率将在6.8—7.1之间波动。

第三，做好中美贸易摩擦长期化和扩大化的准备。目前无论是国际还是国内，对中美合作依然保持着谨慎的预期，中国仍需做好贸易摩擦长期化和扩大化的准备。在2019年8月把中国列为"汇率操纵国"后，美国将在1年内与中国磋商改善汇率低估的问题。若1年内达不成协议，美国仍有可能通过限制中国的海外融资、政府采购歧视、在IMF发起对中国汇率政策的严格审查，以及协商双边贸易协定等多种方式向中国施压。根据日本、俄罗斯、伊朗等国的历史经验，美国可能采取的其他经济手段还包括：迫使目标国货币升值，助推并刺破目标国的资产泡沫，引发金融危机；在目标国经济疲弱时，做空该国股票和债券市场，引发资本外逃，导致汇率大幅贬值；利用SWIFT、CHIPS等金融基础设施制裁目标国金融机构、企业和个人，切断SWIFT结算与支付渠道，直接冻结资产；在目标国国际收支恶化的背景下，利用信用评级机构大幅下调目标国主权信用和企业信用评级，提高该国海外融资成本，引发债务危机等。

当前已经有一些在华美资制造业企业准备将生产部分或全部转移至其他国家，有更多的企业在考虑调整他们的供应链。截至2016年，美国跨国公司在华总资产超过6430亿美元，其中制造业占比约为37%①。这意味着，如应对不当可能会触发近千亿美元的资本外流，强化人民币贬值预期。虽然中国外汇储备仍较为充足，但链式反应一旦启动，干预成本可能较高，因此不能简单地将美资企业视为摩擦反制的工具，而是应多措并举稳定外资对中国经济的信心。

第四，扩大开放、综合施策，降低外部冲击的负面影响。当前中国经济面临的外部经济因素较为复杂，例如中美贸易摩擦造成的外部需求下降冲击，全球产业调整布局和金融开放带来的跨境资本流动冲击，国际收支恶化可能造成的汇率冲击，以及地缘政治关系紧张导致的国际能源价格波动造成的供给冲击等，这些无一不考验着中国经济的韧性，以及中国政府综合运用财政政策、货币政策和宏观审慎政策调控经济的能力。

从2019年年初审议通过《中华人民共和国外商投资法》，到《国务院关于进一步做好利用外资工作的意见》（国发〔2019〕23号）、《优化营商环境条例》、《市场准入负面清单（2019年版）》，再到12月26日《中华人民共和国外商投资法实施条例》的通过，中国对外商投资新政的出台频率和开放程度前所未有。扩大服务业开放、深化"放管服"改革、加强对外资合法权益的法律保障等举措，都为2020年稳外资目标的实现奠定了坚实的基础，预计2020年外商在华投资水平将会保持基本稳定。

2020年财政部、发改委、商务部等部门和地方政府应继续大力做好稳外贸、稳外资的工作，通过减税降费措施压低制度性交易成本，加快推动自贸区建设，拓展深化"一带一路"经贸合作，建设性参与全球经济治理。同时，加强建设法治化营商环境，压减外商投资负面清单，增补鼓励目录，进一步扩大市场准入，稳定外资预期。此外，中国

---

① Lovely, M. E., 2019, "Risks, Rewards and Results: US Companies in China and Chinese Companies in the United States", Testimony before the US-China Economic and Security Review Commission.

人民银行应管理好金融开放的节奏，稳步推进人民币汇率形成机制改革和资本项目可兑换改革，增加人民币汇率弹性，使汇率能够更好地发挥外部冲击缓冲器的作用，降低外部冲击对国内宏观经济和金融稳定的影响。

# 稳杠杆篇

　　信贷驱动增长自 20 世纪 70 年代以来几乎成为一个全球性现象。事实上，如果考察 1870 年以来早期工业化国家的发展历程，也能发现信贷的重要性。近半个世纪以来，全球范围内信贷增速相对经济增速的更快上升，令宏观杠杆率屡创新高，由此也导致一次又一次的金融动荡或危机。稳杠杆成为坚持底线思维防范金融风险的必然之选。

　　因应国际金融危机的冲击，2008 年以来中国杠杆率急速攀升，2008—2016 年的杠杆率年均增幅逾 12 个百分点，远超同期的全球杠杆率增速。在此背景下，2015 年 10 月中央首提降杠杆，政府强制性去杠杆进程由此拉开序幕。2017 年宏观杠杆率高速增长势头得到初步遏制，2018 年杠杆率甚至出现了下降。2019 年，杠杆率攀升了 6.1 个百分点。对比前两年去杠杆的成绩，2019 年宏观杠杆率的攀升有些超预期。这与中美贸易摩擦加剧导致经济下行压力加大，以及针对 2018 年去杠杆太猛产生较大负面作用的纠偏有关。

　　受新冠肺炎疫情的影响，2020 年杠杆率会出现较快攀升，其主要原因在于经济增长率的下滑。未来稳杠杆的重点仍是杠杆率内部结构的调整。

# 第五章

# 居民部门杠杆率分析

## 一 居民部门杠杆率是重要的风险预警指标

2018 年年底，国际清算银行估算的中国居民部门杠杆率为 52.6%，国家资产负债表研究中心估算的中国居民部门杠杆率为 53.2%。从绝对水平来看，居民杠杆率高于新兴国家的平均水平（39.9%），但远低于发达国家的平均水平（72.1%），略小于国际清算银行所统计的全球所有国家平均水平（59.7%），仍处于风险较低的区域。同期，美国、英国、德国和日本的居民杠杆率分别为 76.3%、87.1%、52.9% 和 58.1%，都高于国际清算银行所公布的中国居民杠杆率。这与第二次世界大战之后主要发达国家居民部门加杠杆的趋势是一致的。

第二次世界大战后，随着居民生活水平的提高、金融市场的创新以及房地产发展，主要发达国家的居民部门不断地有加杠杆冲动。美国居民部门的杠杆率在 20 世纪 50 年代仅有 20%，到 2008 年金融危机前的最高点已接近 100%。英国、德国、日本等国的居民部门在第二次世界大战后也经历过类似于美国这样杠杆率大幅上升的过程。截至国际金融危机前的 2007 年年底，美国、英国、德国和日本的居民杠杆率分别为 98.6%、92.2%、61.1% 和 58.7%，分别比 1970 年年底上升了 55.1、61.7、25.4 和 32.0 个百分点（见图 5-1）。

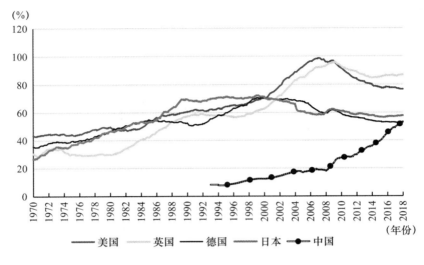

**图 5 - 1　各国居民部门杠杆率**

数据来源：国际清算银行、国家金融与发展实验室。

　　金融危机之后，以美英为代表的高杠杆国家随着房地产市场的回落而引发了居民部门去杠杆进程，但从全球总体水平来看，仍然是加杠杆的经济体多于去杠杆的经济体。从国际清算银行所统计数据完整的42个经济体来看，2007—2018年居民杠杆率上升的为31个，居民杠杆率下降的为11个。杠杆率上升最大的5个经济体分别为中国（33.8个百分点）、挪威（26.0个百分点）、韩国（25.4个百分点）、泰国（24.2个百分点）和瑞士（23.4个百分点）；杠杆率下降最大的5个经济体分别为爱尔兰（54.3个百分点）、西班牙（22.5个百分点）、美国（22.3个百分点）、葡萄牙（20.0个百分点）和匈牙利（12.1个百分点）。

　　国际横向对比来看，杠杆率上升并非中国独有的现象。根据国际清算银行公布的数据，其全部报告国家、发达国家和发展中国家2008—2017年实体经济总杠杆率平均分别上升了42.9、37.0和86.5个百分点。中国仅是略高于发展中国家的平均增速。杠杆率上升的本质是债务增速高于名义GDP增速；债务是微观经济体之间的信贷合约，也是资金在经济个体之间融通的最常见方式，其产生时间甚至早于货币[①]。事实上，债务本身也并非洪水猛兽，自有其存在的价值；债务增长也是金融深化的一种体现，发达国家的杠杆率水平普遍高于发展中国家。经济学家普遍认为债务水平对经济增长和金融稳定都会产生非线性的影响，一定的债务水平可以促进经济增长，但过高的杠杆率会影响金融稳定，也会增加实体经济的债务负担。

已有大量学术文献说明了居民杠杆率是金融周期向经济周期传导的主要途径，且居民债务增长过快往往会引发经济衰退和金融危机。英美等国的次贷危机已经说明了居民债务过快增长的危害。

## 二　居民杠杆率的典型化事实

### （一）居民杠杆率与经济增长

金融危机以来，除了英美等国有较为明显的去杠杆之外，许多国家的居民杠杆率仍显著上升。越来越多的经验事实已经说明，居民杠杆率与经济增长密切相关。在金融危机之前，主流理论普遍认为居民信贷可以促进经济增长。Dudley 和 Hubbard 通过实证分析认为美国金融市场工具的发展提高了资本与风险的配置[②]。Levine 在梳理大量文献后得出的结论是金融市场深化有利于经济增长，私人部门的杠杆率与经济增长正相关[③]。但这些观点在国际金融危机后受到了越来越多的质疑。Lombardi 等对国际金融危机之后的 7 年里 54 个国家或经济体居民杠杆率增加值与居民消费水平增速的研究显示，在短期内居民杠杆率的确

---

① ［英］大卫·格雷伯：《债：第一个 5000 年》，董子云、孙碳译，中信出版社 2012 年版，第 22 页；［英］凯恩斯：《货币论》（上卷），何瑞英译，商务印书馆 1986 年版。

② Dudley, W. C., & Hubbard, R. G., 2004, "How Capital Markets Enhance Economic Performance and Facilitate Job Creation", Global Markets Institute, Goldman Sachs, 1 – 26.

③ Levine, R., 2005, "Finance and Growth: Theory and Evidence", *Handbook of Economic Growth*, 1: 865 – 934.

可以促进消费，但长期来看居民杠杆对消费的拖累作用更明显（见图5-2)[1]。

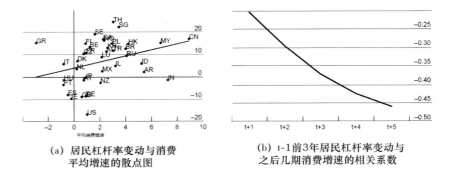

（a）居民杠杆率变动与消费　　　（b）t-1前3年居民杠杆率变动与
平均增速的散点图　　　　　　之后几期消费增速的相关系数

**图5-2　居民杠杆率增加对消费的短期和长期影响**

注：2007 年年中至 2014 年年底居民杠杆率变动水平。

数据来源：Lombardi, M. J., Mohanty, M. S., & Shim, I., 2017, "The Real Effects of Household Debt in the Short and Long Run", BIS Working Paper, No. 607。

考察居民债务对消费和 GDP 影响的文献大致可分为三类研究角度。第一类，居民债务对消费和 GDP 的拖累已得到了大量经验事实的验证。Schularick 和 Taylor 以及 Jordà 等都认为居民部门的高额债务可以起到预示金融危机的作用，同时债务规模对于危机之后的衰退程度也起到了决定性作用[2]。Drehmann 和 Juselius 发现居民部门的偿债负担对于发生了银行体系衰退国家的金融稳定性来说最为关键[3]。Mian 等认为居民杠杆

① Lombardi, M. J., Mohanty, M. S., & Shim, I., 2017, "The Real Effects of Household Debt in the Short and Long Run", BIS Working Paper, No. 607.

② Schularick, M., & Taylor, A. M., 2012, "Credit Booms Gone Bust: Monetary Policy, Leverage Cycles, and Financial Crises, 1870 – 2008", *American Economic Review*, 102（2）：1029 – 61；Jordà, Ò., Schularick, M., & Taylor, A. M., 2016, "The Great Mortgaging: Housing Finance, Crises and Business Cycles", *Economic Policy*, 31（85）：107 – 152.

③ Drehmann, M., & Juselius, M., 2014, "Evaluating Early Warning Indicators of Banking Crises: Satisfying Policy Requirements", *International Journal of Forecasting*, 30（3）：759 – 780.

率的上升对居民消费的拖累体现在 3 年之后①。

第二类研究将重点放于居民的微观行为分析，强调不同家庭的资产负债结构对消费的不同影响。Mian 等认为高债务率的家庭一般也有更高的边际消费倾向，当面对房价负向冲击的时候这些家庭更倾向于大幅削减消费来偿还债务，从而对经济产生更大的影响②。他们的实证分析认为美国居民中房屋的贷款价值比（LTV）为 90% 的家庭相对于这一比例为 30% 的家庭，其边际消费倾向要高出 3 倍。Dynan 认为在衰退中，高杠杆率的美国居民往往会过度削减消费以降低债务水平，主动去杠杆③。一些经济学家试图从理论模型上来解释这一现象，他们认为受到冲击后，不但居民会对未来现金流产生悲观的预期从而主动缩减债务，金融机构同样遭受资产负债表冲击而缩减对居民的贷款，从而使得居民债务有一个理论上的极限④。Eggertsson 和 Krugman 将居民划分为耐心者和非耐心者，前者将储蓄转化为对后者的贷款，此时债务极限周而复始的产生作用，使经济产生繁荣和萧条的周期⑤。

第三类研究着眼于债务对供给侧的影响。前两者主要还是从居民的消费需求入手，考察债务对消费的影响。在影响需求的同时，债务也会影响到实体经济的生产能力，从而对 GDP 产生直接的影响。Borio 等认为债务膨胀会引发资源错配，从而降低全要素生产力（TFP），这会使

① Mian, A., Sufi, A., & Verner, E., 2017, "Household Debt and Business Cycles Worldwide", *The Quarterly Journal of Economics*, 132（4）: 1755 – 1817.

② Mian, A., Rao, K., & Sufi, A., 2013, "Household Balance Sheets, Consumption, and the Economic Slump", *The Quarterly Journal of Economics*, 128（4）: 1687 – 1726.

③ Dynan, K., Mian, A., & Pence, K. M., 2012, "Is a Household Debt Overhang Holding Back Consumption?［with Comments and Discussion］", Brookings Papers on Economic Activity, 299 – 362.

④ Sufi, A., 2015, "Out of Many, One? Household Debt, Redistribution and Monetary Policy During the Economic Slump", Andrew Crockett Memorial Lecture, BIS.

⑤ Eggertsson, G. B., & Krugman, P., 2012, "Debt, Deleveraging, and the Liquidity Trap: A Fisher-Minsky-Koo Approach", *The Quarterly Journal of Economics*, 127（3）: 1469 – 1513.

实际经济增速在长期内受到影响①。

### （二）居民杠杆率与房地产价格

居民杠杆率除了对宏观经济产生整体影响外，其还会直接影响到房地产市场，尤其是居民杠杆率会对房地产价格产生直接影响。以美国为例，其居民债务中的住房抵押贷款占比始终稳定的维持在 60%—80%，消费性贷款占比较低，大部分时间都在 30% 以下。房产兼具消费品与投资品属性，当房价涨幅过快时，其投资品属性更为明显，居民在适应性预期下也倾向于购买更多房产，而银行也更愿意满足这部分房贷需求，从而加剧房价泡沫。居民部门杠杆率的上升，带来了房地产市场的空前繁荣，这种繁荣反过来促进居民购买更多房产，进一步推升杠杆率。美国 OFHEO 房屋价格指数从 1975 年的 60 一路飙升到 2018 年年底的 430，房地产价格在 40 年间翻了 7 倍。居民部门所拥有的房地产价值也从 1975 年的 1.7 万亿美元上涨到 2018 年年底的 29 万亿美元。居民杠杆率上升增大了金融风险，2007 年美国的次贷危机即由此引发。美国的房地产价格自 2000 年起进入高速增长时期，直至 2006 年，每年的同比增速都基本维持在 6% 以上，价格指数从 230 升至 380。房地产的繁荣推升了居民加杠杆购房的热情，居民杠杆率越加越高。到 2007 年，居民住房贷款余额占到其可支配收入的将近 100%。随着美联储在 2004 年开始进入加息周期，以及 2007 年房地产价格出现拐点，这部分居民贷款的偿付出现困难，随后便引发了次贷危机。美国居民部门杠杆率的顶点出现在 2008 年第一季度末，达到 98%。而在 10 年前，也就是 1998 年第一季度末，居民部门杠杆率只有 60%。居民部门杠杆率在 10 年里上涨了近 40 个百分点，平均每年上升近 4 个百分点，金融危机由

① Borio, C. E., Kharroubi, E., Upper, C., & Zampolli, F., 2016, "Labour Reallocation and Productivity Dynamics: Financial Causes, Real Consequences".

此爆发。

Adelino 等通过对美国次贷危机前房地产市场的研究，认为正是因为美国家庭有机会更便利的获得住房按揭贷款才造成了次贷泡沫，按揭贷款几乎是房地产价格上升的全部原因[①]。Favara 和 Imbs 认为由于 1994 年后金融业放松管制导致按揭贷款供给量上升，由此为房地产价格每年增速贡献了 3 个百分点[②]。以瑞士为例，Basten 和 Koch 认为按揭贷款余额与房地产价格具有较强的相关性[③]。

杠杆率与房价之间的高相关性可以从四个角度来解释。第一，房价上升为住房按揭贷款带来更大的需求。房价快速上升的时期，居民往往愈发不能通过过去储蓄的财富来实现同等质量的购房需求，这迫使更多居民向金融机构申请住房贷款。与此同时，由于适应性预期的作用，快速上升的房价会使更多的居民认为未来房价还会继续上涨，对住房的投资性需求更为强烈。由于具有价值上充足的抵押物，只要满足监管要求，银行通常会满足居民更多的按揭贷款需求。

第二，房价上涨促进金融机构的贷款供给上升。只要银行认为高房价可以持续，可抵押的实物资产就会更有价值，银行也更愿意对外放出贷款。Igan 和 Loungani 认为房地产是最重要的抵押品，抵押品价值上升会促使借款者主动放出更多贷款。这种观点符合金融加速器理论的前提假设[④]。Bernanke 等首先提出金融加速器理论，认为抵押品

① Adelino, M., Schoar, A., & Severino, F., 2012, "Credit Supply and House Prices: Evidence from Mortgage Market Segmentation", No. w17832, National Bureau of Economic Research.

② Favara, G., & Imbs, J., 2015, "Credit Supply and the Price of Housing", *American Economic Review*, 105 (3), 958 – 992.

③ Basten, C., & Koch, C., 2015, "The Causal Effect of House Prices on Mortgage Demand and Mortgage Supply: Evidence from Switzerland", *Journal of Housing Economics*, 30: 1 – 22.

④ Igan, D., & Loungani, P., 2012, "Global Housing Cycles", IMF Working Paper, Vol. 12, No. 2172.

价值上升会提高贷款者获得贷款的能力[1]。Almeida 等专门将金融加速器理论应用于住房按揭贷款市场[2]。Brueckner 等以及 Guren 通过建模和相应的经验分析认为一旦当前房价上升助长了大家对房价未来进一步上升的预期，这一金融加速器机制会加强，贷款供给量上升更快[3]。Mian 和 Sufi 认为房价上涨是居民债务扩张的放大器，由于拥有了更高的房地产价值，居民可以借入更高的债务从而扩大杠杆率水平[4]。

第三，房价与按揭贷款互为因果，按揭贷款上升也可以促进房价上升。假设在其他条件不变的情况下，银行调整其投资组合，增加住房按揭贷款的投放比例，这会促使更多住房市场的潜在买家进入市场，提升对房地产的需求，从而抬高房价。Geanakoplos 假设一部分购房者比另一部分购房者有更高的购房意愿，如果对这部分购房者增加信贷供给，则相比于将他们排斥在市场之外的情况会有更高的均衡房价[5]。Fostel 和 Geanakoplos 通过进一步分析认为杠杆率上升导致美国房价上涨，而信用违约互换（CDS）的引入会降低房价[6]。

第四，经济学家普遍认为信用供给上升是原始动力。这方面的实证文献可分为两条主要思路，一是从微观机制来考察信用供给的外生冲击

[1] Bernanke, B., Gertler, M., & Gilchrist, S., 1996, "The Financial Accelerator and the Flight to Quality", *The Review of Economics and Statistics*, 78 (1): 1–15.

[2] Almeida, H., Campello, M., & Liu, C., 2006, "The Financial Accelerator: Evidence from International Housing Markets", *Review of Finance*, 10 (3): 321–352.

[3] Brueckner, J. K., Calem, P. S., & Nakamura, L. I., 2012, "Subprime Mortgages and the Housing Bubble", *Journal of Urban Economics*, 71 (2): 230–243; Guren, A., 2014, *The Causes and Consequences of House Price Momentum*, Cambridge, MA.

[4] Mian, A., & Sufi, A., 2011, "House Prices, Home Equity-based Borrowing, and the US Household Leverage Crisis", *American Economic Review*, 101 (5): 2132–2156.

[5] Geanakoplos, J., 2010, "The Leverage Cycle", *NBER Macroeconomics Annual*, 24 (1): 1–66.

[6] Fostel, A., & Geanakoplos, J., 2012, "Tranching, CDS, and Asset Prices: How Financial Innovation can Cause Bubbles and Crashes", *American Economic Journal: Macroeconomics*, 4 (1): 190–225.

下房地产价格的反应[①]；二是从宏观上构建数量模型来分析信用供给对房价的影响[②]。Favilukis 等利用 11 个国家 2002—2010 年贷款机构的调查数据进行分析，认为"银行贷款行为的变化是房地产危机的根源"[③]。Mian 等采用 BR - VAR 模型分析了居民杠杆率和房价的关系，结果显示当居民杠杆率出现一个原始冲击时，房价会出现快速且大幅的上升，随后会有一个持续 4 年的均值回归过程；而当房价出现一个原始冲击时，居民杠杆率则会缓慢上升到一个新的水平，且之后不再会有周期性反复，杠杆率将保持在这个永久的高水平上[④]。关于房价和居民杠杆率更多的讨论详见 Mian 和 Sufi 的研究[⑤]。

## 三　居民债务对实体经济的影响

债务与经济周期之间的关系是宏观经济学领域的重要内容。债务

---

[①] Andersen, A. L., Economics, C. D., & Jensen, T. L., 2014, "Household Debt and Consumption during the Financial Crisis", *Monetary Review* 1st Quarter, 61; Favara, G., & Imbs, J., 2015, "Credit Supply and the Price of Housing", *American Economic Review*, 105 (3): 958 – 992; Di Maggio, M., & Kermani, A., 2017, "Credit-induced Boom and Bust", *The Review of Financial Studies*, 30 (11): 3711 – 3758; Mian, A., Sufi, A., & Verner, E., 2017, "How do Credit Supply Shocks Affect the Real Economy? Evidence from the United States in the 1980s", No. w23802, National Bureau of Economic Research.

[②] Favilukis, J., Ludvigson, S. C., & Van Nieuwerburgh, S., 2017, "The Macroeconomic Effects of Housing Wealth, Housing Finance, and Limited Risk Sharing in General Equilibrium", *Journal of Political Economy*, 125 (1): 140 – 223; Justiniano, A., Primiceri, G. E., & Tambalotti, A., 2019, "Credit Supply and the Housing Boom", *Journal of Political Economy*, 127 (3): 1317 – 1350; Landvoigt, T., 2016, "Financial Intermediation, Credit Risk, and Credit Supply during the Housing Boom", Credit Risk, and Credit Supply During the Housing Boom.

[③] Favilukis, J., Kohn, D., Ludvigson, S. C., & Van Nieuwerburgh, S., 2012, "International Capital Flows and House Prices: Theory and Evidence", In *Housing and the Financial Crisis*, University of Chicago Press, pp. 235 – 299.

[④] Mian, A., Sufi, A., & Verner, E., 2017, "Household Debt and Business Cycles Worldwide", *The Quarterly Journal of Economics*, 132 (4): 1755 – 1817.

[⑤] Mian, A., & Sufi, A., 2017, "Household Debt and Defaults from 2000 to 2010: The Credit Supply View", Evidence and Innovation in Housing Law and Policy, 257 – 288.

的扩张与收缩导致经济增长的波动甚至引发经济繁荣与衰退周期，在各国经济发展史中都是常见现象[1]。尤其是国际金融危机以来，关于如何在宏观经济模型中纳入债务和宏观杠杆率因素的作用，更加引起了学者们的广泛兴趣。就现有的研究成果而言，有几项结论可以基本达成共识。

第一，债务中的居民部门债务最为关键，是经济衰退和金融危机最有效的预警指标。Mian 和 Sufi 分别对美国各州和全球 30 多个主要国家 2002—2007 年居民杠杆率变动和 2007—2010 年失业率变动进行研究，发现这二者之间的正相关关系非常明显，居民杠杆增加是经济衰退的有效指标[2]。这一结论在多个国家都具有较强的稳健性。此外还有一系列文献都对此做出过研究，包括 Mian 和 Sufi、Glick 和 Lansing、Igan 等，以及 Martin 和 Philippon[3]。

第二，对居民债务影响机制的分析，需求侧的影响是最为关键的。这一机制可概括为"居民债务—总需求—经济增长"，具体来说包括三个方面。一是信用供给的扩张是导致经济活动出现扩张和紧缩周期的主要原因，这与技术冲击或者持久性收入冲击所带来的影响完全不同。二是信用周期中的扩张性阶段对经济周期的影响主要驱动力为居民需求，而不是企业的生产潜力。三是居民债务上升导致随后的总需求下降是导

---

① Kindleberger, C. P., & Aliber, R. Z., 2011, *Manias, Panics and Crashes: A History of Financial Crises*, Palgrave Macmillan; Minsky, H. P., 1986, *Stabilizing an Unstable Economy*, New York: McGraw-Hill.

② Mian, A., & Sufi, A., 2018, "Finance and Business Cycles: The Credit-driven Household Demand Channel", *Journal of Economic Perspectives*, 32 (3): 31 – 58.

③ Mian, A., & Sufi, A., 2010, "Household Leverage and the Recession of 2007 – 09", *IMF Economic Review*, 58 (1): 74 – 117; Glick, R., & Lansing, K. J., 2010, "Global Household Leverage, House Prices, and Consumption", *FRBSF Economic Letter*, 1: 1 – 5; Igan, D., Leigh, D., Simon, J., & Topalova, P., 2013, "Dealing with Household debt. Financial Crises, Consequences, and Policy Responses", Forthcoming; Martin, P., & Philippon, T., 2017, "Inspecting the Mechanism: Leverage and the Great Recession in the Eurozone", *American Economic Review*, 107 (7): 1904 – 1937.

致经济从繁荣走向衰退的原因，名义价格刚性、货币政策约束和金融部门的扭曲进一步放大了这种收缩[1]。

第三，对信用供给扩张原因的考察，主要影响因素是过剩的资本流入到金融市场，从而形成信用过剩。原始的冲击因素包括收入不平等的日益加剧[2]和新兴市场国家的大量储蓄，伯南克称之为"全球储蓄过剩"（Global Saving Glut）[3]。

### （一）居民债务是经济衰退和金融危机的有效预警指标

债务是描述金融周期的主要变量，关于金融周期的客观存在性已有大量文献进行了证明。首先是信用利差的周期性规律。López-Salido 等研究了美国从 1920 年开始的中等评级企业债券和美国国债之间的信用利差数据，发现利差的缩窄会紧随利差的扩大，信用利差周期是明显存在的[4]。与之类似，Krishnamurthy 和 Muir 分析了 19 个工业化国家自 19世纪以来的数据，发现了同样的规律[5]。Borio 对信用利差周期做了全面的总结，这代表了国际清算银行对此问题的研究结论[6]。另一类研究是考虑信贷规模的周期性规律，尤其是居民部门信贷规模的周期性规律。Mian 等分析了 30 个发达国家过去 40 年的经济数据，利用居民杠杆率、

---

① Mian，A.，& Sufi，A.，2018，"Finance and Business Cycles：The Credit-driven Household Demand Channel"，*Journal of Economic Perspectives*，32（3）：31 - 58.

② Kumhof，M.，Rancière，R.，& Winant，P.，2015，"Inequality，Leverage，and Crises"，*American Economic Review*，105（3）：1217 - 1245.

③ Bernanke，B. S.，2005，"The Global Saving Glut and the US Current Account Deficit"（No. 77）．

④ López-Salido，D.，Stein，J. C.，& Zakrajšek，E.，2017，"Credit-market Sentiment and the Business Cycle"，*The Quarterly Journal of Economics*，132（3）：1373 - 1426.

⑤ Krishnamurthy，A.，& Muir，T.，2017，"How Credit Cycles Across a Financial Crisis"，No. w23850，National Bureau of Economic Research.

⑥ Borio，C.，2014，"The Financial Cycle and Macroeconomics：What have We Learnt?"，*Journal of Banking & Finance*，45：182 - 198.

非金融企业杠杆率和实际 GDP 构造出 VAR 模型①。其结果显示，一个国家居民杠杆率的冲击会导致未来 3 年的居民杠杆率持续上涨，继而是持续 7 年的大幅度下降。这是居民杠杆率具有周期性规律的重要结论。

居民杠杆率是导致经济周期的重要因素，杠杆率上升可有效预警未来可能出现的经济衰退和金融危机。Mian 等利用 30 个国家 40 年数据研究发现居民杠杆率周期与经济周期的紧密关系，即居民杠杆率冲击会导致经济增长出现 2—3 年的上升，随之而来的是大幅下降②。IMF 利用 80 个国家自 1950 年以来的数据继续完善了这一研究，他们同样发现了居民杠杆率对经济周期的影响，并总结为"居民债务的上升在短期内促进经济增长，但在中期内会增加宏观经济和金融稳定性的风险"③。IMF 的研究包括了更多的发展中国家，结果显示发展中国家的这一影响也是存在的，只是没有发达国家显著。Drehmann 等利用 17 个发达国家 1980—2015 年的数据进一步分析了这一规律的背后机制，并认为是债务增加后的还本付息负担导致了居民债务对 GDP 的拖累作用④。值得一提的是，由于在宏观经济学分析传统范式中很少考虑债务问题，尤其是居民债务，一些对全球经济增速的专业预测都具有系统性偏差。Mian 等检验了 IMF 和 OECD 对经济增长的预测结果，认为在居民杠杆率水平较高的时期，预测总是被系统性的高估了，在预测模型中加入居民杠杆率的因素可显著改善其估计准确度⑤。

---

① Mian, A., Sufi, A., & Verner, E., 2017, "Household Debt and Business Cycles World-wide", *The Quarterly Journal of Economics*, 132 (4): 1755 – 1817.

② Ibid. .

③ IMF, 2017, "Household Debt and Financial Stability", In *Global Financial Stability Report*, *October* 2017: *Is Growth at Risk*, IMF.

④ Drehmann, M., Juselius, M., & Korinek, A., 2017, "Accounting for Debt Service: The Painful Legacy of Credit Booms", Bank of Finland Research Discussion Paper, (12).

⑤ Mian, A., Sufi, A., & Verner, E., 2017, "Household Debt and Business Cycles World-wide", *The Quarterly Journal of Economics*, 132 (4): 1755 – 1817.

### （二）居民债务主要从需求侧影响经济周期

1. 债务周期是通过居民杠杆率渠道进行传染的

信用周期对经济周期的作用可能通过两个渠道产生影响：一是供给侧的影响，信用扩张通过促进企业增加投资并雇佣更多的劳动力从而提高企业的生产能力；二是需求侧的影响，信用扩张增强了居民的消费能力从而提高宏观经济的总支出。从已有的文献来看，总需求的影响渠道更为重要。

Mian 等同时分析了居民杠杆率、企业杠杆率和政府杠杆率的上升对经济周期的影响，并发现这三者的作用结果完全不同[①]。居民杠杆率上升的效果最为明显，消费率和进口规模都会随着居民杠杆率的提高而上升，但投资率并无显著变化。进一步，消费率的上升并不会导致经济增速随后的下降，但伴随居民杠杆率上升的消费率上升则明显预示着未来经济增速的下降。IMF 认为居民杠杆率对消费所产生的周期性影响比对 GDP 的周期性影响还要显著。除了对经济增长周期的影响外，居民债务对经济衰退和金融危机也起到了很好的预警作用[②]。Jordà 等利用 17 个工业化国家 1870 年以来的数据作分析，发现第二次世界大战之后居民杠杆率的上升对金融危机起到了很好的预警作用，而其中的按揭贷款杠杆率能更好地预测出经济衰退程度[③]。

对于发展中国家来说，这一规律也非常明显。Bahadir 和 Gumus 研究了阿根廷、巴西、智利、韩国、墨西哥、南非、泰国和土耳其的经济规律，发现自 20 世纪 90 年代开始这些国家的居民杠杆率都有显著的上升，

---

[①] Mian, A., Sufi, A., & Verner, E., 2017, "Household Debt and Business Cycles Worldwide", *The Quarterly Journal of Economics*, 132 (4): 1755 – 1817.

[②] IMF, 2017, "Household Debt and Financial Stability", In *Global Financial Stability Report*, October 2017: *Is Growth at Risk*, IMF.

[③] Jordà, Ò., Schularick, M., & Taylor, A. M., 2016, "The Great Mortgaging: Housing Finance, Crises and Business Cycles", *Economic Policy*, 31 (85): 107 – 152.

与之相对应的是其企业部门杠杆率并未有较大幅度变化[1]。伴随居民部门杠杆率上升，产出、消费和投资等实际经济变量出现了显著的联动性，实际汇率也明显上升。相反，企业部门杠杆率并未与实体经济表现出这种联动性。基于这一发现，他们构造了一个两部门模型，说明当居民杠杆率上升时，消费支出会增加从而促进短期的经济增长，这种促进作用在不可贸易部门更为显著，因此实际汇率和不可贸易部门的就业率都会上升。

Mian 等研究了 36 个国家自 1970 年以来的数据，发现居民杠杆率上升的同时也伴随着不可贸易部门和可贸易部门三个比例的上升：就业比率、产出比率和价格比率，而企业部门杠杆率的上升则并无此规律[2]。他们进而发展了 Bahadir 和 Gumus[3] 的模型，说明信用周期主要是通过需求侧的渠道来影响经济周期。他们还讨论了金融放松管制环境下金融周期对经济周期的影响，结果显示 20 世纪 80 年代全球普遍出现的金融放松管制环境中，放松的程度会影响经济周期的波幅。具体来说，1983—1992 年经济周期的波动幅度在最早放松管制的国家中更大，而受到最大影响的是不可贸易部门和建筑部门。进一步，最早放松管制的国家中的可贸易部门就业率并未发生显著变化，即使这类部门中的某些行业受银行信贷的影响更大。这些国家的名义工资在这个时期也经历了较大幅度的上升，这都说明了信贷扩张对以居民消费为核心的需求侧的影响机制。他们继而讨论了欧洲边缘国家 2002—2007 年的情况，这些国家在此期间也经历了居民杠杆率快速上升和实际利率下降。其结果是不可贸易部门和建筑部门的就业率上升了 12—14 个百分点，而可贸易部门的

---

[1] Bahadir, B., & Gumus, I., 2016, "Credit Decomposition and Business Cycles in Emerging Market Economies", *Journal of International Economics*, 103: 250 – 262.

[2] Mian, A., Sufi, A., & Verner, E., 2017, "How do Credit Supply Shocks Affect the Real Economy? Evidence from the United States in the 1980s", No. w23802, National Bureau of Economic Research.

[3] Bahadir, B., & Gumus, I., 2016, "Credit Decomposition and Business Cycles in Emerging Market Economies", *Journal of International Economics*, 103: 250 – 262.

就业率反而下降了 7 个百分点，名义工资和通胀水平都显著上升。

与之相类似的研究是 Kalantzis 对 1970—2010 年 40 个样本国家的分析，他从中抽取了 47 个国际资本大量流入的样本，包括 20 世纪 70 年代和 90 年代的拉丁美洲、80 年代的北欧、90 年代的亚洲作为研究对象①。通过与参照组的对比，他认为国际资本流入导致资源从可贸易部门流入不可贸易部门，不可贸易部门规模相应上涨了 4%。

2. 债务周期对经济周期影响的机制

Fisher 最早提出了"债务—通缩"理论，指出随着债务规模的上升，经济的实际负担也上升，从而拉低总需求并使经济陷入衰退。对于这一理论也出现了大量的实证分析，尤其说明了居民债务对经济周期的影响②。Mian 和 Sufi 通过对美国 2008 年金融危机的分析，发现在 2008 年 9 月危机正式爆发前其居民的消费支出已经出现较大幅度的下降③。IMF 研究了更多国家的样本，同样发现了债务上升会导致居民支出的下降④。这两项研究都发现了在那些居民杠杆率上升更快的地区，其消费支出下降的幅度也更大。对微观家庭个体的分析也支持这一结论，繁荣时期加杠杆更多的家庭在随后的萧条时期降低消费的幅度越大。这方面的研究包括 Bunn 和 Rostom 对英国的研究，Andersen 等对丹麦的研究，以及 IMF 对部分欧洲国家的研究⑤。

---

①　Kalantzis, Y., 2015, "Financial Fragility in Small Open Economies: Firm Balance Sheets and the Sectoral Structure", *The Review of Economic Studies*, 82 (3): 1194 – 1222.

②　Fisher, I., 1933, "The Debt-deflation Theory of Great Depressions", *Econometrica: Journal of the Econometric Society*, 337 – 357.

③　Mian, A., & Sufi, A., 2010, "Household Leverage and the Recession of 2007 – 09", *IMF Economic Review*, 58 (1): 74 – 117.

④　IMF, 2017, "Household Debt and Financial Stability", In *Global Financial Stability Report*, October 2017: *Is Growth at Risk*, IMF.

⑤　Bunn, P., & Rostom, M., 2014, "Household Debt and Spending", Bank of England Quarterly Bulletin, Q3; Andersen, A. L., Economics, C. D., & Jensen, T. L., 2014, "Household Debt and Consumption during the Financial Crisis", *Monetary Review 1st Quarter*, 61; IMF, 2017, "Household Debt and Financial Stability", In *Global Financial Stability Report*, October 2017: *Is Growth at Risk*, IMF.

　　为加强这一结论的信服度，一些学者专门讨论了在危机中降低居民债务负担的影响。Di Maggio 等发现当居民按揭贷款的还本付息负担下降50%后，其汽车消费会上升35%，并且低收入和低房地产资产的家庭在按揭贷款负担下降时消费的上升更大①。Agarwal 等研究了美国不同区域实行不同的房贷负担调整计划（Home Affordable Modification Program）和房贷负担再融资计划（Home Affordable Refinancing Program）后的表现，发现降低按揭贷款支出可有效增加居民总需求，并且这种相关性对于债务负担更深的家庭具有更大的效果②。

　　另一部分文献从微观机制上讨论了居民债务导致经济周期的内在原因：贷款者比借款者具有更高的边际消费倾向。Mian 等的研究显示，在 2006—2009 年美国经历相同的房价下跌时，居住在更高居民杠杆率地区的居民往往会更大幅度地缩减消费开支③。Baker 也同样发现在金融危机时期，美国债务负担更多的家庭消费支出下降越大，主要是由于债务负担会增加居民的边际消费倾向④。

　　3. 对长期经济增长潜力的影响

　　杠杆率上升在长期内还会导致经济产生扭曲，降低全要素生产率以及长期内的经济增长潜力。Charles 等研究了美国房地产价格泡沫时期劳动力流动的情况，认为由于零售和建筑部门的繁荣导致就业率上升，劳动力大量流入这些部门，一些本该进入职业学院进行深造的学生也对

---

　　① Di Maggio, M., Kermani, A., Keys, B. J., Piskorski, T., Ramcharan, R., Seru, A., & Yao, V., 2017, "Interest Rate Pass-through: Mortgage Rates, Household Consumption, and Voluntary Deleveraging", *American Economic Review*, 107（11）: 3550 - 3588.

　　② Agarwal, S., Amromin, G., Ben-David, I., Chomsisengphet, S., Piskorski, T., & Seru, A., 2017, "Policy Intervention in Debt Renegotiation: Evidence from the Home Affordable Modification Program", *Journal of Political Economy*, 125（3）: 654 - 712.

　　③ Mian, A., Rao, K., & Sufi, A., 2013, "Household Balance Sheets, Consumption, and the Economic Slump", *The Quarterly Journal of Economics*, 128（4）: 1687 - 1726.

　　④ Baker, S. R., 2018, "Debt and the Response to Household Income Shocks: Validation and Application of Linked Financial Account Data", *Journal of Political Economy*, 126（4）: 1504 - 1557.

继续教育失去兴趣而是选择直接就业①。而在繁荣时期结束后，这些劳动力虽然失业但也不会重新进入职业学院学习，这使得人力资本出现持久性的下降。另一种影响渠道是信用繁荣时期劳动力向低生产潜力的部门移动。Borio 等发现美国的劳动力在信用扩张时期系统性地流入到了低产出增长的部门，这必然也导致了在经济进入衰退时期后更低的经济增速②。Gopinath 等研究了 1999—2012 年西班牙信用扩张时期的直接资本流动情况，发现信用扩张导致资本向高资产净值但低生产能力的部门流动③。

### （三）对居民债务上升原因的考察

虽然对于信用扩张所导致的经济周期等现象在学术界具有广泛的讨论，但关于信用扩张的初始原因探讨的文献并不多。并且这方面的讨论由于很难做出实证性的经验分析，大多都停留在理论假说阶段，争议也比较大。Mian 和 Sufi 认为，从宏观经济理论上来看，对信用水平产生扩张式的初始冲击的根本原因在于"金融过剩"（financial excess），或者说是储蓄供给相对于投资需求过剩④。具体包括三个主要原因：全球储蓄过剩、本国贫富差距拉大和金融管制放松。

1. 全球储蓄过剩

Bernanke 等将全球储蓄过剩描述为"发展中世界在国际资本市场中

① Charles, K. K., Hurst, E., & Notowidigdo, M. J., 2018, "Housing Booms and Busts, Labor Market Opportunities, and College Attendance", *American Economic Review*, 108 (10): 2947 – 2994.

② Borio, C. E., Kharroubi, E., Upper, C., & Zampolli, F., 2016, "Labour Reallocation and Productivity Dynamics: Financial Causes, Real Consequences".

③ Gopinath, G., Kalemli-Özcan, Ş., Karabarbounis, L., & Villegas-Sanchez, C., 2017, "Capital Allocation and Productivity in South Europe", *The Quarterly Journal of Economics*, 132 (4): 1915 – 1967.

④ Mian, A., & Sufi, A., 2018, "Finance and Business Cycles: The Credit-driven Household Demand Channel", *Journal of Economic Perspectives*, 32 (3): 31 – 58.

从信用的需求方转变为供给方"①。20 世纪 90 年代末出现的亚洲金融危机使众多新兴国家政府意识到官方外汇储备，特别是以美元计价的外汇储备的重要性，从而开始大规模增加储备外汇。这使得全球利率趋于下降、美元资产规模上升、发达国家经常账户出现赤字。随后一些实证文献得出结论认为，全球储蓄过剩是众多发达国家 2000—2010 年经济繁荣和衰退的重要原因②。

导致全球储蓄过剩的另一个原因是石油价格上涨引起的 OPEC 国家资本积累。Pettis 认为"在 20 世纪 70 年代早期，石油价格上涨使 OPEC 国家积累了大量剩余资本，并将这些资本存放在国际银行，这些银行被迫在国际市场寻找买家使得这一循环得以持续，而最终他们找到的借款者主要是中等收入的发展中国家，尤其是大量拉美国家"③。这既导致了全球储蓄上升，也是拉美债务危机的直接根源。Devlin 也发现 1973—1974 年石油价格的上涨是信贷供给扩张的原因。由于石油生产国过剩美元储备进入了国际私人银行系统，进而"银行成为更积极的贷款者，其业务范围极大扩张"④。Folkerts-Landau 同样也认为"1973 年石油价格上涨导致国际支付体系出现不均衡，这为国际信贷市场的扩张提供了前所未有的机会"⑤。Bernal 估计发展中国家中非石油生产国的外债水平从 1973 年的 97 万亿美元上升至 1982

① Bernanke, B., Gertler, M., & Gilchrist, S., 1996, "The Financial Accelerator and the Flight to Quality", *The Review of Economics and Statistics*, 78 (1): 1 – 15.

② Alpert, D., 2014, *The Age of Oversupply: Overcoming the Greatest Challenge to the Global Economy*, Penguin; Wolf, M., 2014, *The Shifts and the Shocks: What we've Learned have still to Learn—From the Financial Crisis*, Penguin.

③ Pettis, M., 2017, "Is Peter Navarro Wrong on Trade?", China Financial Markets.

④ Devlin, R., 2014, *Debt and Crisis in Latin America: The Supply Side of the Story*, Vol. 1027, Princeton University Press.

⑤ Folkerts-Landau, D., 1985, "The Changing Role of International Bank Lending in Development Finance", *Staff Papers*, 32 (2): 317 – 363.

年的 505 万亿美元，银行贷款相对于 LIBOR 的溢价也从 1.6% 下降到 0.7%[1]。"到 1977 年，不仅对拉美的信用贷款继续上升，整体信用环境也普遍体现出买方市场的特征，信贷利差大幅下降，久期普遍拉长到 5 年以上，这成为 1978—1980 年的主要特征。"[2]

2. 本国贫富差距拉大

开放条件下的全球储蓄过剩是解释信贷扩张冲击的重要因素，但国内因素同等重要，居民间收入差距拉大也是信贷扩张的原因。Kumhof 等通过对两次大危机的研究，发现危机前贫富差距都有所加大且伴随居民杠杆率的提升，尤其是中低收入居民的杠杆率提升最多。在他们的模型中假设高收入家庭具有更高的财富积累偏好和更低的边际消费倾向，收入差距拉大使得更多资本流入到金融市场，从而使得向中低收入家庭的信贷供给扩张。模型的推论是收入分配差距上升导致居民借款利率下降，这与经验事实是一致的[3]。

3. 金融管制放松

导致信贷供给扩张的另一个重要原因是金融自由化发展和金融管制放松，对于小国开放经济体，这个因素尤其重要。Kindleberger 和 Aliber 认为"近期对系统最特别的冲击就是在日本、北欧、墨西哥和俄罗斯发生的金融自由化和金融放松管制，这导致了货币扩张、借入外债和投机性投资"[4]。一些学者对美国各州的情况进行研究，发现在总信用扩张

---

① Bernal, R., 1982, "Transnational Banks, the International Monetary Fund and External Debt of Developing Countries", *Social and Economic Studies*, 71 – 101.

② Devlin, R., 2014, *Debt and Crisis in Latin America: The Supply Side of the Story*, Vol. 1027, Princeton University Press.

③ Kumhof, M., Rancière, R., & Winant, P., 2015, "Inequality, Leverage, and Crises", *American Economic Review*, 105 (3): 1217 – 1245.

④ Kindleberger, C. P., & Aliber, R. Z., 2011, *Manias, Panics and Crashes: A History of Financial Crises*, Palgrave Macmillan.

阶段，放松管制力度更强的州出现的信贷供给扩张幅度也最大[1]。20 世纪 80 年代的拉美债务危机出现之前也有过大规模的金融放松管制，这也被认为是信用扩张的重要原因[2]。McKinnon 认为 20 世纪 70 年代到 80 年代早期出现了过度借债，使其陷入债务危机，与此同时产生更大影响的是发达国家对银行风险管制的放松，让这些银行对国内外的贷款同时上升[3]。

20 世纪 80 年代末到 90 年代初的北欧银行危机同样出现在银行放松管制之后。Englund 通过对挪威、芬兰和瑞典的研究，总结得出"1985 年后对信用市场的放松刺激了金融机构之间的竞争性，使其将扩张摆在了最优先的位置"[4]。Jonung 等研究了瑞典和芬兰的银行危机，并认为"由金融市场放松管制导致的繁荣衰退周期，使得资本流入并为消费和投资提供融资"[5]。

# 四　中国居民部门杠杆率风险

随着中国居民杠杆率的快速攀升以及杠杆率水平的不断提高，对家庭部门债务风险的担心也越来越多。本书认为，居民部门的杠杆率风险

① Di Maggio, M., & Kermani, A., 2017, "Credit-induced Boom and Bust", *The Review of Financial Studies*, 30 (11): 3711 - 3758; Mian, A., Sufi, A., & Verner, E., 2017, "How do Credit Supply Shocks Affect the Real Economy? Evidence from the United States in the 1980s", No. w23802, National Bureau of Economic Research.

② Diaz-Alejandro, C., 1985, "Good-bye Financial Repression, Hello Financial Crash", *Journal of Development Economics*, 19 (1 - 2): 1 - 24.

③ McKinnon, R. I., 1984, "The International Capital Market and Economic Liberalization in LDCs", *The Developing Economies*, 22 (4): 476 - 481.

④ Englund, P., 1999, "The Swedish Banking Crisis: Roots and Consequences", *Oxford Review of Economic Policy*, 15 (3): 80 - 97.

⑤ Jonung, L., Kiander, J., & Vartia, P., 2009, "The Great Financial Crisis in Finland and Sweden: The Dynamics of Boom, Bust and Recovery, 1985 - 2000", The Great Financial Crisis in Finland and Sweden: The Nordic Experience of Financial Liberalization, 19.

总体上是可控的，但如果不能有效地抑制居民债务增速，就可能出现失控局面。

### （一）居民杠杆率的主要风险在于攀升过快

近年来，中国居民部门杠杆率持续上升（见图5-3）。2019年前三个季度，居民杠杆率持续上升，从2018年年底的53.2%增加到2019年第三季度的56.3%，累计上升3.1个百分点，前三个季度分别增长1.1、1.0和1.0个百分点。自2008年以来，居民部门杠杆率持续上升，2008—2018年年均增幅达3.53个百分点。这一增速在国际清算银行所统计的全部经济体中位列第一，与美国金融危机前10年的增速较为接近。增速过快是居民部门杠杆率的主要风险。

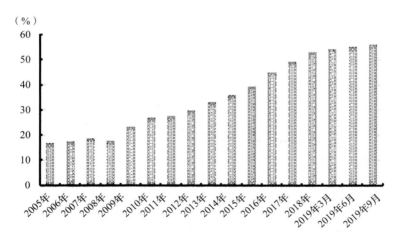

图5-3　居民部门杠杆率

数据来源：中国人民银行、国家统计局、Wind、国家资产负债表研究中心。

### 1. 居民杠杆率上升与房地产市场繁荣密切相关

居民杠杆率与房地产市场的发展是密不可分的。以美国为例，其居民债务中的住房抵押贷款占比始终稳定在60%—80%，消费性贷款占比较低，大部分时间都在30%以下。正是住房市场的快速发展拉动了居民的住房抵押贷款，才带来了居民杠杆率的不断上升。2000—2007年美国居民杠杆率攀升最快的时期，也是次贷发展非常迅速的时期。

中国居民部门杠杆率的上涨也是与房地产市场的繁荣直接相关的。中国居民的债务主要由消费性贷款和经营性贷款构成。2018年年底居民全部贷款余额为47.9万亿元，经营性贷款余额仅为10.5万亿元，占居民债务的21.9%，且增速较低，对居民杠杆率的影响力较小。居民债务的主体是住房按揭贷款，2018年年底居民住房按揭贷款为25.8万亿元，占居民债务的53.8%，占居民非经营性贷款的69%（见图5-4）。

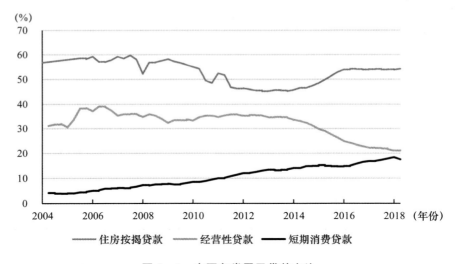

图5-4　中国各类居民贷款占比

数据来源：中国人民银行、国家金融与发展实验室。

**2. 短期消费贷款骤增推动居民杠杆率上升**

近几年来，短期消费性贷款过快的上升速度不容忽视。2018年年底居民短期消费贷款余额为8.8万亿元，占全部居民贷款的18.4%；相比2017年年底增长了2.0万亿元，同比增速达到29.4%。由此可见，虽然短期消费性贷款仍不能构成决定居民杠杆率变化的主要因素，但其边际性影响越来越大。

从积极方面来看，短期消费性贷款对应着真正的居民消费，是中国由投资驱动的经济增长模式转向消费驱动模式的催化剂。经营性贷款和住房贷款对应着传统意义上的投资概念，对居民消费并无直接的促进作用。而以车贷、信用卡贷款为主要形式的短期消费性贷款则起到真正促进居民消费的作用。尤其是在房屋交易量的大幅上升后，也带动了住房装修方面的消费。

但从风险角度来看，这部分快速增长的短期消费性贷款并非全部对应着居民的真实消费，而是有相当大一部分仍然是住房贷款的替代形式。2017年各地纷纷推出住房限贷政策，银行收紧了房地产贷款额度，批贷周期也相应拉长。这限制了部分购房者的购房能力，在当时也出现了大量用非按揭贷款来支持房屋交易的现象。这既包括用短期消费贷来付首付（首付贷），也包括由于批贷周期拉长而出现的用于资金暂时周转的过桥贷。区别于传统住房按揭贷款具有足够的抵押品以及相应低成本的性质，消费性贷款对于银行来说风险更高，对于居民来说成本过高，这都增加了居民杠杆率的风险。

3. 平均意义上的居民杠杆率掩盖了结构性风险

理论上，居民部门财富分配越均匀，债务的风险度越低。在一个极端的情况下，假设全部居民的财富分配比例完全相同，那么只要整个居民部门的总资产高于负债，则完全可以靠存款来覆盖债务。英美两国在次贷危机爆发时，其居民的资产负债率也是低于20%的，整个部门的资产完全可以抵销债务。但由于财富分配并不平均，部分拥有负债的家庭并没有相应的资产作为覆盖（典型的是所谓"次贷"），一旦其收入流出现问题，就会出现违约风险。

西南财经大学的中国家庭金融调查（CHFS）进一步显示，中国家庭债务负担分布极度不均，低收入家庭债务负担过重，家庭债务负担差距超过了收入差距。IMF 数据显示，2013 年美国家庭（有债务家庭）的债务收入比在最低收入 20% 组约为 3，在最高收入 20% 组约为 2，两组差异不大，说明美国各收入组家庭根据各自收入水平举债，负债较为均匀；而中国家庭债务收入比在最低收入 20% 组为 5.6，在最高收入 20% 组仅为 1.4，差距明显大于美国。低收入家庭负债过高，再加上其收入流可能不稳定，面对外部冲击，非常脆弱，加大违约风险。

4. 居民杠杆率的攀升速度逼近美国次贷危机前的最快增速

第二次世界大战以后，主要发达经济体都经历了居民杠杆率的快速攀升过程。其中，美国居民杠杆率在 20 世纪 50 年代仅为 20%，到 2008 年金融危机前的最高点已接近 100%。其中上升最快的一段时间是 2000—2007 年，仅 7 年便上升了 28 个百分点，年均增速为 4 个百分点。

根据中国社会科学院国家资产负债表研究中心（CNBS）的数据，1998—2008 年，中国居民部门杠杆率从 11.7% 上升到 17.9%，10 年上升 6.2 个百分点，每年仅上升 0.62 个百分点。此后居民杠杆率快速攀升，从 2008 年的 17.9% 上升到 2018 年的 53.2%，10 年上升了 35.3 个百分点，每年攀升 3.53 个百分点，逼近美国次贷危机前年均 4 个百分点的最快增速。

### （二）居民杠杆率风险总体可控

1. 较高的居民储蓄率是居民部门抵抗金融风险的"压舱石"

中国居民部门由于具有较高的储蓄率，在过去积累了大量的财富。虽然居民部门的债务在不断上升，但居民资产同样以较快的速度增长。居民部门大量的资产来源于居民部门的高储蓄。根据笔者的估算，2018 年中国居民可支配收入 55.9 万亿元，居民消费为 34.8 万亿元，居民储蓄率为 38%。中国居民储蓄率在 2009 年达到接近 40% 的顶峰后开始出现回落，如图 5-5 所示，一方面这是由投资拉动型经济向消费驱动型经济转型的必然过程，未来储蓄率也将无可避免地继续回落。但从国际比较来看，其他几个主要发达国家的储蓄率均低于 20%，居民具有更强的消费倾向，中国的居民储蓄率仍远高于这些国家。居民的储蓄自然成为居民部门净资产的增量，较高的储蓄率虽然支持了投资拉动型的经济结构，在一定程度上也是造成中国经济结构扭曲的原因，但对居民部门而言却显著降低了债务风险。

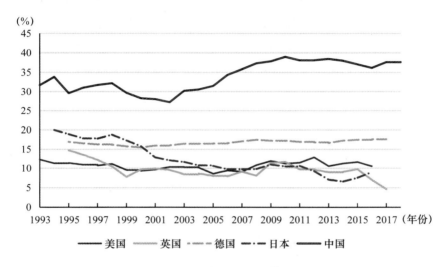

图 5-5 各国居民储蓄率

注：储蓄率＝居民总储蓄/居民可支配收入。

数据来源：各国统计部门。

2. 债务与可支配收入之比仍在可控区间

居民债务偿还的主要来源是可支配收入，只要收入本身可以承担每年还本付息压力，则居民债务便不会对金融稳定性产生影响。根据笔者的估算，2018 年中国居民可支配收入为 55.9 万亿元，居民债务与可支配收入之比达到 86%。与居民杠杆率上涨的趋势类似，居民债务与可支配收入之比在近 10 年内也有着非常明显的上升趋势，且激增的速度更为突出。2008—2018 年这一指标从 31% 增至 86%，上升了 55 个百分点（见图 5 - 6）。

　　根据笔者的计算，在金融危机之前，美国和英国的居民债务与可
支配收入之比均超过了 130%，中国目前这一指标与之相比尚有一段
距离，并没有像某些媒体所言的已接近美国次贷危机前的水平。本书
认为之前某些媒体所报道的中国居民债务与可支配收入之比之所以如
此之高，原因在于混用了国民经济核算中的可支配收入数据和住户问
卷调查中的可支配收入数据，错误地将微观调查数据替代了宏观核算
数据，从而导致了误导性的结论。从债务与可支配收入比率这一指标
来看，本书认为其并未表现出比居民杠杆率更多的经验事实，其当前
绝对水平尚处于可控区间，但同样是增速较快。在对于居民债务风险
的分析中，将其列成观测对象具有一定意义，但当前并不是非常重要

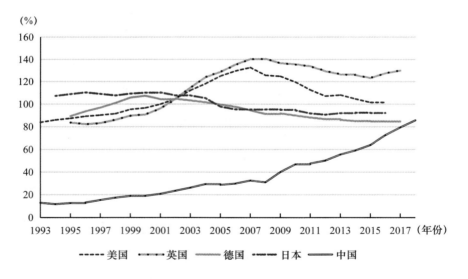

**图 5 - 6　各国居民债务与可支配收入比率**

　　数据来源：除中国外，各国居民债务取自国际清算银行，居民可支配收入取自欧洲统
计局（EuroStat）；中国居民债务数据来自国家资产负债表研究中心，居民可支配收入数据
来自国家统计局。

的指标。部分媒体或研究团队用这个指标来指示居民部门杠杆风险过大，有失偏颇。

3. 中国居民资产负债率显著低于其他国家

中国居民部门资产存量规模较大，且高流动性的金融资产占比较高，有利于抵御风险。根据国家资产负债表研究中心的最新估算，2016年中国居民部门总资产为 358.0 万亿元，其中金融资产 180.8 万亿元。由此所得出的居民债务与总资产之比为 9%，居民债务与金融资产之比为 18%。居民资产对债务的覆盖程度较深。从国际比较来看，这一比例也低于其他几个主要发达国家，其相对风险有限。

中国居民部门金融资产中债权类占比较高，也有利于应对风险。由于中国居民普遍具有较低的风险偏好，在居民的金融资产中存款和现金等债权类资产占比较高，而股权类资产占比较低。从资本市场结

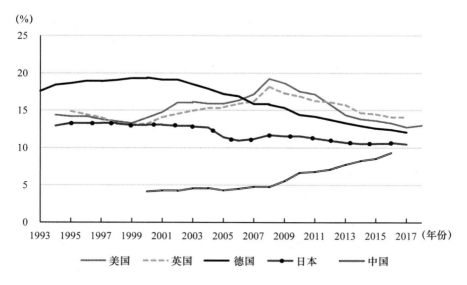

**图 5 - 7　各国居民债务与居民总资产的比率**

数据来源：除中国外，各国居民债务取自国际清算银行，居民总资产取自各国统计当局；中国居民债务和总资产数据来自国家资产负债表研究中心。

构角度来说，中国资本市场发展不健全，使得居民缺乏有效的股权投资渠道，居民只能以大量类存款性质的金融工具（现金、存款、银行理财、货币型基金）来持有金融资产。但从居民自身风险的角度来看，这些债权类资产具有较高的流动性和较低的波动性，使其在必要时更容易变现，以此来实现对债务的清偿。权益类资产具有强烈的顺周期性，发生金融危机时其价值缩水较快，也就为整个金融体系带来更大的风险。由此，就居民部门自身而言，具有更强的抗风险能力。以美国为例，其2018年年底居民部门的金融总资产为85.0万亿美元，其中现金与存款余额仅为11.1万亿美元，占比13.1%，而居民持有的股权和投资基金份额达到38.7万亿美元，占比45.6%。而中国在2016年这两种资产占居民全部金融资产的比例分别为52.0%和28.8%。

4. P2P、互联网金融等新生金融工具对居民杠杆率影响不大

随着互联网金融的发展，以P2P、小额贷款等形式出现的网贷规模上升，这部分贷款很多是以对居民个人贷款的形式出现的，势必增加了居民部门整体的债务水平，拉升了居民部门的真实杠杆率。部分媒体及研究者也基于此认为居民部门蕴含了更大的金融风险，应引起高度重视。但本书认为虽然互联网金融抬升了部分居民的债务水平，但其规模有限，且绝大部分债务都属于居民部门内部的债权债务关系，并未影响到整个金融体系，因此不会带来太大的金融风险。

首先，居民部门的债务来源大头依然是银行，从非银行体系获得的信贷支持有限。从"网贷之家"所统计依法合规的P2P待还款余额来看，2018年5月这一规模达到峰值，超过了1万亿元。但随着监管力度的加强以及2018年去杠杆进程的推进，这一规模逐渐缩小，2019年6月末，P2P余额仅为7000亿元，不足GDP的1%。从中国人民银行所统计的小额贷款余额来看，2014年第三季度超过了9000亿元规模，但之后始终都没有出现进一步增长，2019年第一季度末也

仅为9300亿元。从证券业协会公布的股权质押式回购业务中待购回的金额看，2017年年底余额为1.6万亿元。这几个主要的居民部门从非银行系统所获得的信用规模有限，因此不会对整体金融风险产生过大影响。

其次，不同于银行贷款，这些新型金融工具都属于非银行信用，并没有通过银行中介，是民间借贷行为（除券商的股权质押式回购业务）。这类信用的本质是民间的非中介式融资，是民间的左口袋和右口袋之间的转移，一旦出现违约一般不会影响到金融体系（但会产生社会问题）。

5. 各地区居民杠杆率分布不均衡

根据国家统计局所发布的70个大中城市目录，并基于数据的可得性等因素对各地区的居民杠杆率水平进行估算，如图5-8所示。在统计的34个城市中，居民杠杆率高于80%的城市有5个，分别为杭州、厦门、温州、海口、深圳。从杠杆率指标来看，这些城市居民部门所蕴含的金融风险较大，这些城市的住房价格也都较高。这也说明居民杠杆率与房地产的高度相关性。

从分省统计来看，各省之间的差距相对不大。居民杠杆率最高的3个省（直辖市、自治区）分别为浙江、内蒙古和上海，均高于70%；最低的两个省为山西和青海，均低于30%。但需要说明的是，虽然统计主要城市及各省居民杠杆率具有一定意义，也能揭示不同地区居民部门所面临的风险，但分地区的居民杠杆率与全国总居民杠杆率并不可比。

首先，分省GDP加总与全国GDP并不一致。1993年，中国开始完全摒弃物质平衡表体系（MPS），正式实行国民经济核算体系（SNA），统计核算制度逐步与国际接轨。中国自建立核算制度以来，始终采用分级核算制度，即国家统计局核算全国GDP，各地区自行核算该区域GDP。由于各地区统计数据来源不一致、统计方法与口径存在差异、统

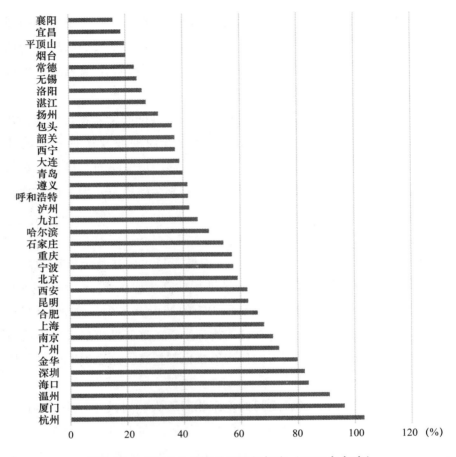

**图 5 - 8　全国大中城市的居民杠杆率（2018 年年底）**

数据来源：中国人民银行、国家统计局、Wind、国家资产负债表研究中心。

计能力不平衡等原因，各省（直辖市、自治区）之和与全国核算数值存在缺口。1993—2018 年，全国 GDP 与各地区 GDP 差额整体呈"抛物线"演进趋势，其中 2003 年成为二者缺口由负转正的"转折年"，即在 2003 年之前，全国 GDP 小于各省（直辖市、自治区）GDP 之和，2003 年之后，全国 GDP 大于各省（直辖市、自治区）GDP 之和，这种现象的根源在于由"发展是硬道理"衍生出的地方政府 GDP 锦标赛等经济竞争。全国 GDP 与各地区 GDP 差值不断上升，并于 2011—2014 年达到峰值，差值占全国 GDP 的比例约为 6.5%，近年来，随着核算制度不断完善、统计口径逐渐统一、监管力度逐步加强，地区与全国生产总值数据不衔接的问题得到明显改善，全国 GDP 与各地区 GDP 之和的缺口已不断缩小，二者差额占 GDP 的比重在 2018 年下降至 1.6%。

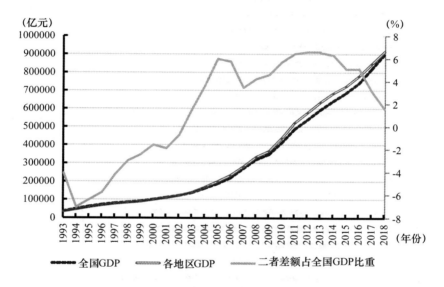

**图 5-9　各省 GDP 加总与全国 GDP 的比较**

数据来源：国家统计局、Wind、国家资产负债表研究中心。

其次，某些省市限购限贷要求较松，尤其是在房地产具有涨价预期的环境下会吸引其他地区居民按揭购买。这会形成当地的居民杠杆率，但由于购房者并不在此地工作生活，也就没有形成相应的 GDP。因此这部分外地购房者占比较大的省市便形成了较高的居民杠杆率，但这并不一定对应着较高的金融风险。

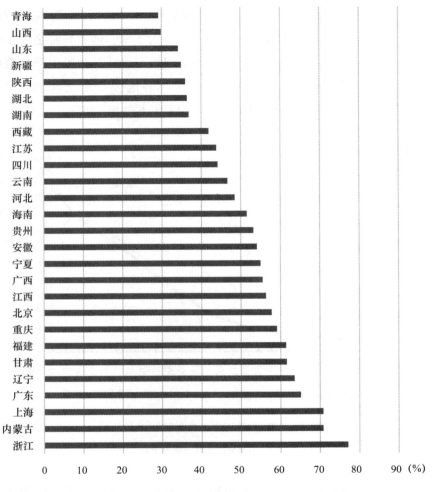

图 5 - 10　全国分省居民杠杆率（2019 年第二季度末）

注：天津、吉林和黑龙江 3 个省（直辖市）数据缺失。

资料来源：中国人民银行、国家统计局、Wind、国家资产负债表研究中心。

## （三）稳定房地产市场，抑制居民杠杆率快速攀升

抑制居民杠杆率的快速攀升需多措并举，稳定房地产市场是关键。

首先，从政策层面来说，不再主要依靠居民加杠杆来实现稳杠杆的

目标。在中央提出结构性去杠杆和稳杠杆的背景下，由于政策着力点在于政府部门与企业部门去杠杆，居民杠杆率的攀升成为实现稳杠杆目标的重要支撑。从未来看，中央政府要加杠杆，以缓解居民加杠杆的压力。

其次，抑制居民杠杆率快速上涨的核心在于稳定房地产市场的预期。一是坚持"房住不炒"，因城施策，控制住房市场的投机性需求；二是加强保障房、共有产权房等政府对低收入群体的住房供给，加大一二线城市的土地供应；三是推进住房租赁市场的发展，真正做到租售同权，适度降低居民对住房的刚需；四是适时推出房地产税。

再次，在居民短期消费贷与长期抵押贷款之间建立"防火墙"，防止居民短期消费贷（以及个体经营贷）进入住房抵押市场。这样既有利于缓解居民借短用长的风险，也可使得短期消费贷能真正起到促进居民消费的作用，从而拉动经济增长。

最后，通过税收等各项手段，逐步缩小居民收入与财富差距，使得在居民杠杆率总体水平较高的情况下，缓解因为收入与财富差距过大导致出现局部的结构性风险的情况。

# 第六章

# 企业部门杠杆率分析

大量研究从理论和实证上说明了企业杠杆率与经济增长之间的关系。

Fisher 曾提出"债务—通缩"理论，认为金融运行本身尤其自身的周期性，随着债务不断积累，企业杠杆率上升，由于利率最直接影响企业家的投资决定，这样的"债务—通缩"循环并不能自我调整回充分就业的均衡状态①。该理论的逻辑是：（1）在经济发展的一定时期，企业家认为投资前景极好从而过度负债；（2）到经济发展到一定阶段，债权人会出于谨慎而高压式清收债务；（3）由于清收债务存款货币减少，货币流通速度下降，通货紧缩；（4）由于存款货币减少、通货紧缩，使得资产价格大幅下降；（5）资产价格大幅下降使得企业利润下降或亏损；（6）企业利润下降转为亏损，引发破产和失业；（7）企业破产和失业使人们的信心丧失；（8）人们的信心丧失，使得货币和商品的流通速度继续下降；（9）在以上 8 个进程中，利率受到影响，名义利率下降，实际利率上升。由于利率最直接影响到企业家的投资决定，这样的债务通缩循环并不能自我调整回充分就业的均衡状态，只能逐渐

---

① Fisher I., 1933, "The Debt-Deflation Theory of Great Depressions", *Econometrica*, 1 (4): 337 – 357.

走入经济萧条，爆发经济危机。

Minsky 提出了金融脆弱性假说，进一步将金融周期划分为"对冲性融资""投机性融资"和"庞氏融资"三个阶段[①]。在经济复苏阶段，企业会增加融资扩大产能，但随着融资规模逐渐扩大，企业还本付息的压力增加。当债务积累到只能依靠借新还旧的阶段，便到了庞氏融资阶段。这种债务规模无法长久持续，最终导致企业的资不抵债和破产清算，严重时会产生系统性金融风险。

企业债务规模的积累是造成金融风险的重要因素，也是衡量当前金融稳定性的重要指标。因此，企业部门杠杆率分析至关重要。

# 一　中国非金融企业部门杠杆率现状

过去 20 多年，非金融企业部门杠杆率与总杠杆率的变动态势基本一致。自 2017 年开始，中国非金融企业部门已处于去杠杆进程之中。2019 年前三个季度，非金融企业杠杆率共上升了 2.0 个百分点，从 2018 年年底的 153.6% 上升到 155.6%，前三个季度分别增长了 3.3、-1.2 和 -0.1 个百分点。第三季度末的非金融企业杠杆率与第二季度末水平基本一致。

非金融企业杠杆率增量与 PPI 高度相关。图 6-2 和图 6-3 分别是企业杠杆率增量与工业生产者出厂价格指数（PPI）的对比。前者是非金融企业季度杠杆率的年度增量与 PPI 同比增速，杠杆率年度增量对于 PPI 同比增速具有明显的先行作用。每当企业杠杆率转向后，PPI 同比一般都会在滞后四季度内出现拐点。由于 2019 年前三个季度企业部门杠杆率的跌幅逐渐收窄，本书预期 PPI 的同比增速将在 2019 年由负转正。

---

① Minsky H. , 1986, *Stabilising an Unstable Economy*, Yale University Press.

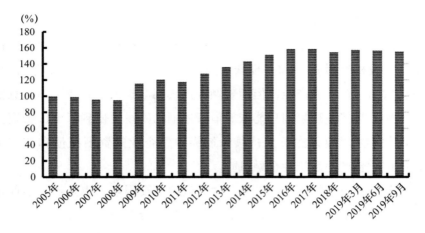

**图 6-1 非金融企业部门杠杆率**

数据来源：中国人民银行、国家统计局、Wind、国家资产负债表研究中心。

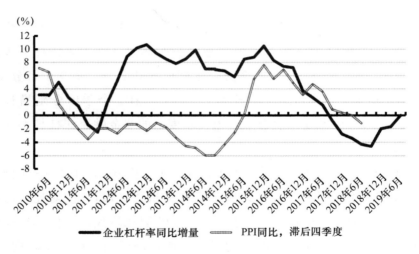

━━━ 企业杠杆率同比增量 ──── PPI 同比，滞后四季度

**图 6-2 非金融企业部门杠杆率年度增量与 PPI 同比**

数据来源：中国人民银行、国家统计局、Wind、国家资产负债表研究中心。

图 6-3 是企业杠杆率季度增量与 PPI 季度环比增速的对比。由于 PPI 环比增速对经济环境的反应更为灵敏，企业杠杆率的先行周期更

短。从图 6-3 中可以看出，在大部分时间里企业杠杆率会领先 PPI 环比增速约一个季度。由于 2019 年第三季度企业杠杆率已基本企稳，笔者预测 PPI 环比增速将在第四季度由负转正。

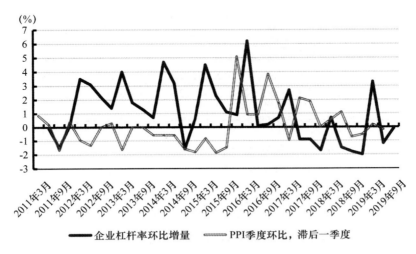

**图 6-3　非金融企业部门杠杆率季度增量与 PPI 季度环比**

数据来源：中国人民银行、国家统计局、Wind、国家资产负债表研究中心。

## 二　融资工具视角下的非金融企业杠杆率

从融资工具结构来看，最显著的变化在于表外融资持续下降。2019 年前三个季度，信托贷款、委托贷款和未贴现银行承兑汇票分别下降了 1660 亿、6257 亿和 5225 亿元。三者之和与名义 GDP 之比从 2018 年年底的 26.7% 降至 23.9%，是非金融企业部门去杠杆的主要动力。非金融企业的银行贷款余额仍保持着较高增速。前三个季度分别上涨了 4.4 万亿、1.8 万亿和 1.9 万亿元，其中中长期贷款的增量最高，贷款结构得到改善。银行贷款在第一季度拉动杠杆率上升了 3.2 个百分点，而在第二、第三季度未引起杠杆率变化。

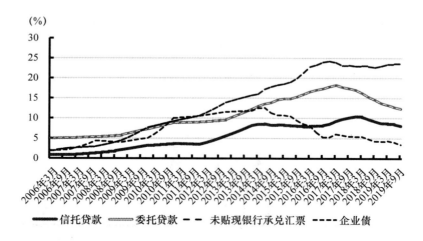

**图6-4 各类非金融企业非标融资余额占 GDP 比例**
数据来源：中国人民银行、国家统计局、Wind、国家资产负债表研究中心。

　　融资工具结构的变化对应着融资结构的进一步改善。第一，中长期贷款具有更高的稳定性，中长期贷款意味着对未来宏观经济稳定的预期以及更为稳定的资金需求。第二，表内的贷款融资有效避免了表外信用的套利行为，同时也有利于降低融资成本。表外融资的下降显示出影子银行资产规模下降以及真实资金成本的下降。第三，利率市场化改革引入 LPR 贷款定价机制后，整体贷款利率具有下降的趋势，企业融资结构向表内的中长期贷款转移将进一步有利于企业部门降低融资成本。

　　企业债券融资持续增加，对金融机构具有一定吸引力。但债券违约事件频发，2019 年企业债违约事件发生频率已超过 2018 年。截至 10 月底，已有 140 只企业债券发生违约，违约规模超过 1000 亿元。企业债券违约数量已经超过 2018 年全年之和，违约规模也已经接近 2018 年全年的水平。2018 年全年共有 125 只企业债发生违约，涉及规模 1209.6 亿元；而 2015—2017 年这 3 年里企业债违约规模总和仅有 846 亿元。宏观经济增速下行是企业债券违约的主要原因。本书认为未来企业债违约事件频发将成为常态，但并不会造成太大的金融体系风险。中国债券市场整体的违约规模和违约率仍处于较低水平，2018 年年底的企业债存量规模为 20.1 万亿元，而违约债券所涉及的规模仅为 1209.6 亿元，占比为 0.6%，远低于银行的不良贷款率。资本市场也将逐渐适应企业债违约的常态化。

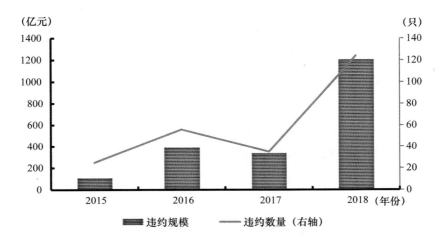

**图 6-5　企业信用债违约规模**

数据来源：Wind、国家资产负债表研究中心。

2019 年第三季度末非金融企业债券余额 22.6 万亿元，其中城投债 8.5 万亿元，占比为 37.6%。但前三个季度城投债新增规模为 0.8 万亿元，非金融企业债务新增 1.9 万亿元，新增城投债占比 42.1%。由此可见，在新增企业债券中，城投债比例是有所提升的，而相应的民营企业占比相应会有所下降。

## 三　融资主体视角下的非金融企业杠杆率

### （一）国有企业与民营企业的分化

从融资主体来看，国有企业和民营企业的资产负债率保持稳定，但国有企业债务占比进一步提高。从国有企业和非国有企业杠杆率和资产负债率角度来看，2018 年以来出现了两重分化。

第一重分化是国有企业资产负债率下降，而民营企业资产负债率上升。国有企业资产负债率从 2017 年的 65.7% 下降到 2018 年年底的 64.7%，2019 年进一步下降到第一季度末的 64.4% 和第二季度末的 64.5%。而以民营企业为主的工业企业资产负债率从 2017 年的 55.5% 上升至 2018 年年底的 56.5%，2019 年也略有上升。其中私营工业企业资产负债率更是从 2017 年的 51.6% 提高到 2018 年年底的 56.4%，而国有工业企业却从 2017 年的 60.4% 下降至 2018 年年底的 58.7%。这些指标都显著地反映出国有企业和民营企业的资产负债率出现分化，国有企业下降的同时，民营企业有所上升（见图 6-6）。

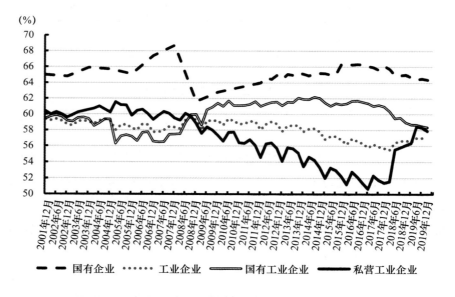

**图 6-6 国有企业与工业企业资产负债率**

数据来源：国家统计局、财政部、Wind、国家资产负债表研究中心。

第二重分化是民营企业债务增速下降，但国有企业依然保持较高增速，这导致了国有企业债务占比在不断上升。根据笔者的估算，国有企业债务在非金融企业债务中的比例由 2017 年的 61.4% 上升至 2018 年年底的 66.9%，2019 年前两个季度的占比进一步提高到 69%，如图 6 - 7 所示。从负债规模的同比增速来看，国有企业全年上升了 16.0%，而民营企业为主的工业企业仅上升了 2.9%。由此产生了国有企业和民营企业杠杆率的第二重分化，即国有企业债务增速相对较快的环境下实现了资产负债率的下降。

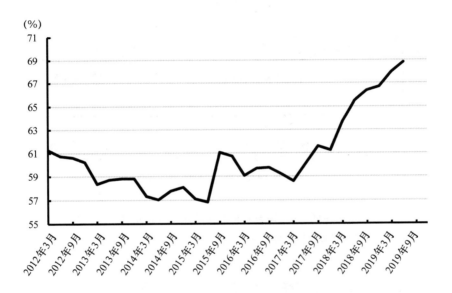

**图 6 - 7　国有企业债务在非金融企业中的占比**

数据来源：中国人民银行、财政部、Wind、国家资产负债表研究中心。

笔者认为，产生这一分化的主要原因在于国有企业的扩表和民营企业的缩表，微观企业的资产负债率并不能反映宏观上的去杠杆过程。2018 年全年，国有企业总负债上升了 16.0%，而总资产也相应上升了 17.8%；相比而言，工业企业总负债上升了 2.9%，而总资产仅上升了 1.1%。对于民营企业而言，虽然负债方的增速已经接近于

0，但资产方出现了更低的增速，导致了民营企业资产负债率被动上升。而对于国有企业来说，资产的贡献度更大，其规模在国民经济中的比例扩大。

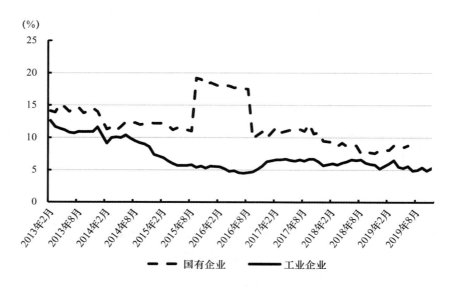

**图 6-8 国有企业和工业企业债务增速**

数据来源：国家统计局、财政部、Wind、国家资产负债表研究中心。

### （二）非金融企业杠杆率分化的主要影响因素

从影响资产负债率的具体因素来看，2019 年第二季度末，非金融企业资产端，国有企业总资产相比于 2018 年年底环比增长了 9.1%，而工业企业仅环比增长了 0.6%；负债端国有企业总负债相比 2018 年年底环比增长了 8.8%，而工业企业仅环比增长了 1.5%。从总体来看，国有企业依然在快速扩表，而以工业企业为代表的民营企业则增速缓慢。具体到第二季度单季来看，国有企业的资产和负债增速都有所减慢，而工业企业与第一季度增速基本相当，二者分化的走势得到一定缓解。可以说 2018 年的结构性去杠杆主要体现在国有企业资产负债率下降这一特征上，这种下降主要来自于国有企业资产端更快速的扩张，而这在一定程度上可以归因于 2016 年以来由供给侧结构性改革（强制去产能、环保限产）引发的利润分配格局的改变。在强制限产导致的供给收缩过程中，上中游行业利润保持了可观的增速。由于国有企业在上中游行业中的占比较高，相应带动了国有企业利润增速的明显改观，进一步造成了权益资本累积进而资产扩张。笔者认为，这种去杠杆路径并不具有可持续性，也不利于经济结构的健康转型。

负债的上升导致了非金融企业债务负担加重。比较总负债与营业收入的比值，国有企业的状况尚未好转，这一比值从 2017 年年底的191.0% 上升至 2019 年 6 月末的 208.0%，而工业企业虽然在 2018 年也有所上升，但当前仅为 62.7%，远低于国有企业。因此，仅从偿付能力来看，国有企业的债务风险依然较重。但需要警惕的是，2019 年以来工业企业的这一指标也在恶化，宏观经济风险压力加大。

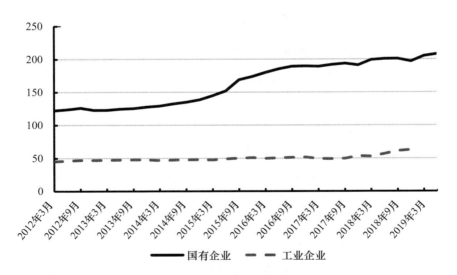

**图 6-9　国有企业与工业企业总负债与营业收入之比**

数据来源：国家统计局、财政部、Wind、国家资产负债表研究中心。

2018 年下半年宏观经济政策发生相机微调后，密集出台了多项有针对性的举措，对降低小微企业融资成本做出了具体部署，商业银行也在积极主动地加强对小微企业的信贷支持，推动降低小微企业融资实际利率和综合成本。从实际效果来看，利率中枢已经整体下移，2019 年第二季度末贷款加权平均利率为 5.66%，同比下降了 0.28 个百分点。并且小微企业的融资成本也趋于降低，第二季度末五大行新发放的普惠型小微企业贷款平均利率为 4.78%，低于贷款平均利率，也比 2018 年全年平均值下降了 0.66 个百分点。可见，在减小民营企业、小微企业的融资成本方面，无论从中国人民银行的货币政策工具，还是从商业银行的具体政策执行上，都取得了一定进展，但这些进展主要体现在利率价格方面。由于国有企业的债务以更快的速度增加，从数量上来看，民营企业的债务占比仍在下降。这也在一定意义上表明，在利用多种手段解决民营小微企业"融资贵"的问题时，如果风险溢价不能得到合理补偿，或会在某种程度上加剧"融资难"的问题。

### （三）国有企业债务中地方政府隐性债务的影响

根据笔者对杠杆率的估算，2018 年年底非金融企业债务规模为 138.2 万亿元，其中有企业债务占比为 66.9%，即 92.5 万亿元。本书的后文中，笔者专门对地方政府隐性债务进行了估算，形成地方政府隐性债务的工具包含了银行贷款、信托贷款、委托贷款、融资平台债券、券商资管产品、基金专户产品、融资租赁，以及专项建设基金、政府引导基金等，这其中的大部分形式上都是非金融企业的债务。2018 年年底，笔者估算的地方政府隐性债务中银行贷款、信托贷款、委托贷款和城投债的总规模为 37.9 万亿元，占国有企业债务的 40.9%。换言之，在全部非金融企业债务中约 66.9% 为国有企业债务，而在全部国有企业债务中约有 40.9% 为地方政府隐性债务。如图 6-10 所示，总体上看国有企业债务占比是在上升的，而地方政府隐性债务在国有企业债务中的占比也经历了一个先上升再下降的过程。这里需要说明的是，这里所提到的地方政府隐性债务是一个宽口径概念①。

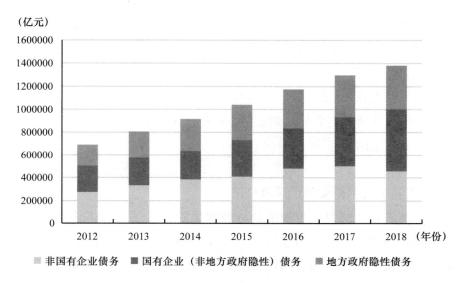

**图 6 – 10　非金融企业债务分解**

数据来源：国家统计局、财政部、Wind、国家资产负债表研究中心。

　　通过对非金融企业债务的分解，可以得出两条主要结论。第一，非国有企业的宏观杠杆率不高，且自 2017 年开始已经启动了去杠杆进程，2018 年其债务余额的绝对水平也出现了下降。也就是说，将国有企业去掉以后，中国的非金融企业杠杆率与国际上的杠杆水平差不多。由此可见结构性去杠杆提法的重要性，中国宏观杠杆率最大的问题在于国有企业债务和地方政府的隐性债务。

　　第二，公共部门的杠杆率过高，其原因在于中国经济增长的"三位

————————

　　①　在本书后文中专门对地方政府隐性债务的分析中特别给出了宽口径、与审计署一致的窄口径、调整后的中间口径三种对这类债务的估算结果。

一体"矛盾。将国有企业、地方政府隐性债务，以及政府部门显性债务相加后，公共部门的杠杆率水平较高①。"三位一体"是指国有企业的结构性优势、地方政府的发展责任与软预算约束、金融机构的体制性偏好。这种经济发展模式既带来了中国高速增长，也积累了大量风险。核心的原因就在于它们之间的关系复杂，政府最后会兜底，国有企业结构性的优势还没有打破，包括硬约束的问题没有建立起来，最后形成"有组织的不负责任"。也就是说，这样一个运行多年看起来还非常有效的制度，但是实际上它会导致非金融企业杠杆率居全球之冠的风险，政府很难做到完全的兜底。

### （四）非金融企业外债风险可控

非金融企业的内债与外债具有较大区别。外债一般来讲比内债风险更大，原因在于外债是刚性的，需要有硬资产（为外国接受）以及出口创汇能力。而内债，刚性较弱，可以采取多种手段来应对，如发新债还旧债。无论是拉美债务危机，还是亚洲金融危机，都和大量的外债无法偿还有很大关系。美国有大量外债，但美元是国际储备货币，因此，其外债相当于内债，即印钞票就可以解决；日本内债多而外债少，因此，尽管总杠杆率很高，但其风险并没有其杠杆率所呈现的那么高。从这个角度，如果内债增加，外债减少，实际上也会带来风险的下降。

根据笔者的估算，2018 年年底非金融企业外债余额约 5.2 万亿元，占当年 GDP 的 5.4%，与 2017 年基本持平（见图 6－11）。从趋势上看，企业外债近几年的增速有所放缓，内保外贷行为基本得到控制，中国整体对外债务规模有限，风险可控。

---

① 本书后文中关于政府部门杠杆率和地方政府隐性债务的分析中将有详细介绍。

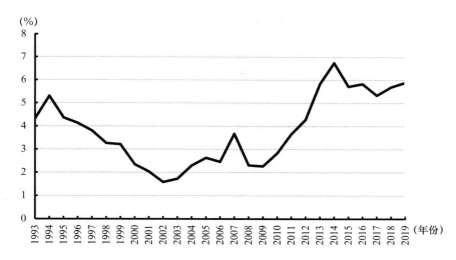

**图 6 - 11　企业外债/GDP**

数据来源：外管局、BIS、国家资产负债表研究中心。

## 四　非金融企业杠杆率过高的主要原因

相较于全球其他主要发达国家，中国政府部门与居民部门的杠杆率并不算高，但非金融企业的杠杆率畸高。2008 年之前，中国非金融企业的杠杆率一直稳定在 100% 以内，国际金融危机后，加杠杆趋势非常明显。非金融企业杠杆率由 2008 年的 95.3% 提升到 2016 年年底的最高点 159.0%，猛增了 63.7 个百分点。通过国际比较发现，中国非金融企业部门杠杆率是最高的，其隐含的风险值得关注（OECD 国家非金融企业部门杠杆率的风险阈值是 90%）。因此本书所说的去杠杆，主要是指非金融企业部门去杠杆，而这其中更重要的是国有企业和地方政府融资平台去杠杆。

根据审计署对于地方政府性债务的两次审计报告，地方政府债务中存在大量的隐性债务，其中以地方政府融资平台、国有企业等为最主要的举债主体。而国有企业债务和地方政府隐性债务也正是结构性去杠杆工作的主要内容。2018 年 4 月 2 日中央财经委员会第一次会议首次提出"结构性去杠杆"。会议强调，打好防范化解金融风险攻坚战，要坚持底线思维，坚持稳中求进，抓住主要矛盾。要以结构性去杠杆为基本思路，分部门、分债务类型提出不同要求，地方政府和企业特别是国有企业要尽快把杠杆降下来，努力实现宏观杠杆率稳定和逐步下降。当年 5 月 11 日中央深改委第二次会议，提出加强国有企业资产负债约束，推动国有企业降杠杆。会议强调，加强国有企业资产负债约束，是落实党的十九大精神，推动国有企业降杠杆、防范化解国有企业债务风险的重要举措。要坚持全覆盖与分类管理相结合，完善内部治理与强化外部约束相结合，通过建立和完善国有企业资产负债约束机制，强化监督管理，做到标本兼治，促使高负债国有企业资产负债率尽快回归合理水平。至此，结构性去杠杆成为防控金融风险工作的核心。而结构性去杠杆就是在宏观杠杆率得到有效控制的情况下，通过改善部门内部杠杆率结构来降低风险。就当前而言，去杠杆的重点在于国有企业与地方政府（隐性债务）。这二者都体现在非金融企业的杠杆率之中。

中国非金融企业部门的杠杆率畸高主要有三个原因。一是高储蓄结构。2017 年国内部门总储蓄率达到了 46.6%，其中居民部门和政府部门的储蓄率分别为 36.2% 和 19.0%，如图 6 - 12 所示。这一比率远高于多数国家通常 20% 左右的国民储蓄率，也高于以"高储蓄"著称的日本、韩国等东亚经济体的水平，成为世界上储蓄率最高的国家之一。从资金流量表反映的净金融投资格局看，家庭部门是主要的净储蓄来源方，而企业部门则为净借贷方。家庭部门的高储蓄率意味着大量的储蓄盈余可以转化为企业部门的投资。

二是企业的资本结构错配，即企业以银行信贷融资为主而较少股权融资，从而债务占比较高。在社会融资规模存量的总量中，95% 为债务融资，股权融资仅占不到 5%。高储蓄率和低股权融资的结合，意味着

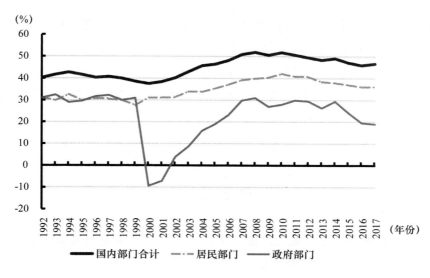

**图 6 – 12 各部门储蓄率**

数据来源：国家统计局。

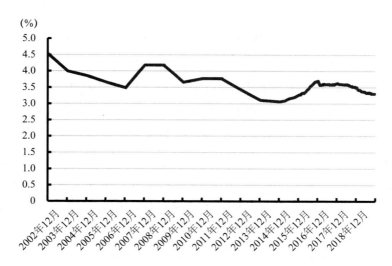

**图 6 – 13 社会融资规模存量中股权融资占比**

数据来源：中国人民银行。

当家庭部门的储蓄盈余转化为企业部门的投资过程不能通过直接融资实现时，就会导致企业部门积累更多的债务。

三是企业的"杠杆错配"。这是指一些效率较高的企业杠杆率并不算高，甚至存在加杠杆的障碍，而另外一些效率低下的企业（如大量"僵尸企业"），由于地方希望其存活，银行还被迫"输血"，导致一方面债务在累积攀升，另一方面，其对国民产出并没有什么贡献。

# 五 非金融企业去杠杆的着力点

## （一）企业去杠杆要与清理"僵尸企业"和国有企业改革结合起来

不同部门不同主体负债能力与运行效率是不一样的，从而其承担风险的能力也不一样。在企业部门内部，能够做到低效率企业去杠杆，而高效率企业加杠杆，则更能保证在总杠杆率相对稳定的情况下，将杠杆风险降低。

本轮去杠杆，国有企业与民营企业的"待遇"是完全不同的。在近两年严厉去杠杆政策下，企业部门杠杆率出现了下降：2017 年回落 0.3 个百分点，2018 年更是骤降 4.6 个百分点。这可以看作企业部门对整体去杠杆的贡献。不过，细究发现，这方面的贡献主要是由民营企业做出的。2015 年以来，国有企业债务在全部企业债务中的占比一路攀升，由 2015 年第二季度的 57%，上升到 2019 年第二季度的 69%。这就是说，目前的杠杆率配置中，有七成左右配置给了国有企业。一般而言，国有企业效率要低于民营企业，这样的杠杆率配置会导致资源的误配置，从而制约了产出上升并带来稳增长的压力。破解这一困境，需要突出竞争中性，从效率出发，将杠杆与效率匹配起来，扭转杠杆率错配局面，优化债务资金配置，实现稳增长与稳杠杆的动态平衡。

当前非金融企业去杠杆的工作重点在于国有企业去杠杆，尤其是"僵尸企业"去杠杆。但直至当前，去杠杆的主要成绩仍局限在民营企业领域，国有企业的债务规模仍然高高在上，这与结构性去杠杆的要求背道而驰。2017 年 7 月的全国金融工作会议明确"把国有企业降杠杆作为重中之重，抓好处置'僵尸企业'工作"，及至 2018 年第三季度，先后出台两份文件都指向了加快"僵尸企业"出清的问题。2018 年 8 月，发改委等 5 部门印发的《2018 年降低企业杠杆率工作要点》（发改财金〔2018〕1135 号），强调要加快推动"僵尸企业"债务处置。9 月，中共中央办公厅、国务院办公厅印发的《关于加强国有企业资产负债约束的指导意见》也明确要支持国有企业依法对扭亏无望、已失去生存发展前景的"僵尸企业"进行破产清算。12 月，发改委等 11 部门联合发布《关于进一步做好"僵尸企业"及去产能企业债务处置工作的通知》（发改财金〔2018〕1756 号），要求积极稳妥处置"僵尸企业"和去产能企业债务，加快"僵尸企业"出清，并要求 2020 年年底前完成全部处置工作。2019 年 7 月，发改委等部门共同发布《2019 年降低企业杠杆率工作要点》（发改财金〔2019〕1276 号），进一步强调推动市场化法治化债转股、推进企业战略重组和股权融资以及完善企业债务风险防控机制等降杠杆的措施。这在破解非金融企业部门杠杆率畸高问题上值得期待。

　　企业去杠杆要与清理"僵尸企业"和国有企业改革结合起来。去杠杆如果只是指望宏观上杠杆率的变化，没有微观机制以及制度环境的转换，是难以实现的。或者，企业杠杆率只是暂时的下降，一段时间以后，重又上升，旧病复发。因此，对于"僵尸企业"的清理就变得非常重要。"僵尸企业"占用大量资金、土地等宝贵资源，却不产生经济效益。无论从去产能还是从去杠杆的角度，清理"僵尸企业"都是必经之途。并且，"僵尸企业"倒闭也是结构调整和创造性破坏的一个自然的结果。政府应采取兜底的方式，出台配套的失业保障措施，让破产重组能顺利推进。清理"僵尸企业"，一方面，使得企业部门的负债水平下降（银行、股市不需要给"僵尸企业"继续"供血"），另一方面，从"僵尸企业"释放出的闲置资源，还能够得到更好的利用，从而使得 GDP 上升，这样一来，分子减少（债务下降），分母上升（GDP 增加），结果就是企业杠杆率的下降，达到去杠杆的目的。降低企业的杠杆还有赖于国有企业改革。一方面，国有企业的杠杆率往往高于民营企业，另一方面，很多"僵尸企业"本身就是国有企业。因此，要把企业去杠杆与国有企业改革结合起来。特别是要改变国有企业软预算约束的痼疾；以债转股的方式解决企业债务问题，也要注意可能引发的道德风险和相关监管标准，不能把债转股变成国有企业"最后的盛宴"。

在降低民营企业融资成本的同时，要增加民营企业债务的占比，有效抑制国有企业占比提高这一趋势。这既需要继续加快推进对"僵尸企业"的出清，支持国有企业依法对扭亏无望、已失去生存发展前景的"僵尸企业"进行破产清算，在提高债务资金使用效率的基础上，修复国有企业部门的资产负债表并降低负债率；同时也需要通过解决信用资质差异中的扭曲性问题、加快重塑支持中小微企业的金融业态等手段进一步加大对民营企业的信贷支持力度。

### （二）推进金融供给侧结构性改革

深化金融供给侧结构性改革有利于金融更好地服务于实体经济、服务于中小民营企业，从而缓解杠杆率（在民营企业与国有企业之间）错配的局面。

一是进一步放松金融服务领域的市场准入，积极发展专门服务于民营经济的中小金融机构和非国有金融部门。特别地，对影子银行不能单纯采取"堵"的方式，由于它在一定程度上解决了民营企业的资金可得性问题，应通过疏堵结合，在有效防范风险的前提下，使其在相对自由的市场环境中为民营经济提供更好的金融服务。

二是进一步发展更具包容性的资本市场，有效支持民营企业进行直接融资。应以科创板和试点注册制为契机，加强资本市场基础制度建设，改善民营经济的融资便利性。在发展股权融资的同时，也应进一步拓宽中小微企业的债券融资渠道，包括支持中小企业集合债的发行，发展中小企业高收益债券、私募债，探索小微企业金融债等，并通过鼓励小微企业贷款资产证券化等举措，推动债务融资工具创新。

三是推动利率体系"两轨合一轨"，改善对金融机构服务民营经济的定价激励。当前在利率形成机制上面临的一个突出矛盾是仍存在比较严重的双轨制问题。一方面，货币市场定价机制的改革推进得相对深入一些，利率市场化程度已经处于比较高的水平；另一方面，在存贷款利率方面仍由中国人民银行公布基准利率作为指导，实际定价是以此为基础加减点形成。这种两轨并存的情况表明，货币市场利率向信贷利率的传导并不畅通；而且会刺激套利行为，加剧资金体内循环，弱化金融资源对实体经济的支持力度。为此，应尽快实现存贷款基准利率与货币市场利率的并轨，把定价权真正交给金融机构，显著提高存贷款利率与货币市场利率之间的相关度，逐步形成统一的"内部资金转移定价"（FTP）曲线，改变目前定价分割的现状，增强金融机构服务实体经济的意愿。

# 第七章

# 政府部门杠杆率分析

## 一 政府部门杠杆率对经济增长的影响

Reinhart 和 Rogoff 用描述性的统计数据说明公共部门杠杆率对实际经济增速起决定性影响[①]。一般来说，当公共部门杠杆率高于90%，经济增速将大幅放缓。根据他们对所选定的 20 个发达国家自 1946—2009 年长达 50 年时间里的经验观察，一旦公共债务超过了 GDP 的 90%，平均实际 GDP 增速会从 3% 下降到 2%。对于发展中国家来说，这一规律也是成立的，当公共杠杆率超过 90%，实际 GDP 增速平均下降 2 个百分点。图 7 - 1 为他们所给出的统计结论，可以清晰辨别出 90% 是政府杠杆率的门槛。

政府杠杆率对长期经济增长的负面作用可以从三个角度进行解释。第一，公共债务通过数量上的挤出效应压制私人投资水平。高债务率抬高了政府每年还本付息压力，由于政府收入一般都来自于税收和发债，更多的债务意味着政府只能提高税收水平或发行更多的债务。这都会导致私人部门可支配收入下降，从而挤出私人投资。此外，政府对现金流

---

① Reinhart, C. M., & Rogoff, K. S., 2010, "Growth in a Time of Debt", *American Economic Review*, 100（2）：573 –578.

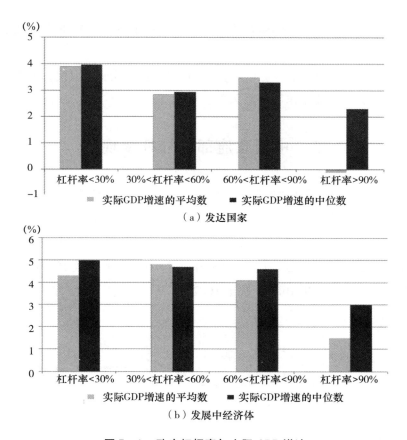

图 7 - 1 　政府杠杆率与实际 GDP 增速

数据来源：Reinhart, C. M., & Rogoff, K. S., 2010, "Growth in a Time of Debt", *American Economic Review*, 100（2）：573－578。

需求的上升也更容易导致非中性的税收制度，对实体经济造成扭曲，从而造成全要素生产率的下降。

第二，公共债务通过价格上的挤出效应压制投资。过高的政府债务会引发公众对于政府违约的担忧，从而抬升长期国债收益率。Elmeskov 和 Sutherland 认为长期国债收益率对全社会无风险利率水平具有重要的指示作用，国债收益率上升也意味着无风险利率的上升，其对公共投资和私人投资都具有一定的挤出效应[①]；并且对于研发投资的下降也会对经济增长产生长期影响。

第三，公共债务上升会引发公众对恶性通货膨胀的担忧，而恶性通胀对经济增长的破坏作用是巨大的。

# 二 中国政府部门杠杆率现状

近年来，政府部门杠杆率上升幅度较缓。2019 年前三个季度，政府部门杠杆率共上升了 2.2 个百分点，从 37.0% 升至 39.2%，每个季度分别增长 0.7、0.8 和 0.7 个百分点。其中地方政府杠杆率在第三季度增长了 0.5 个百分点，从 22.0% 升至 22.5%，中央政府杠杆率增长了 0.2 个百分点，从 16.5% 升至 16.7%。

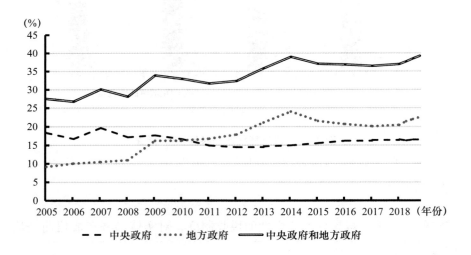

**图 7 - 2 政府部门杠杆率**

数据来源：中国人民银行、国家统计局、财政部、Wind、国家资产负债表研究中心。

---

① Elmeskov, J. , & Sutherland, D. , 2012, "Post-crisis Debt Overhang: Growth Implications across Countries", SSRN 1997093.

2019 年全国人大批准的新增地方政府债务限额为 3.08 万亿元，其中新增一般债务限额为 9300 亿元，新增专项债务限额为 2.15 万亿元。国务院常务会议要求 2019 年限额以内的地方政府专项债务要确保在 9 月底全部发行完毕，10 月底前全部拨付到项目上，督促各地尽快形成实物工作量。根据笔者的统计，2019 年前三个季度，新增一般债务与专项债务规模分别为 9046 亿和 21242 亿元，共计增加了约 3.03 亿元，已经基本完成了全年限额（见表 7 - 1）。

表 7 - 1　　　　　　　　　　地方政府债务余额　　　　　　　　单位：亿元

| | 债券 | | | 非债券存量债务 | | | 债券与其他债务合计 | | |
|---|---|---|---|---|---|---|---|---|---|
| | 一般 | 专项 | 合计 | 一般 | 专项 | 合计 | 一般 | 专项 | 合计 |
| 2018 年年底余额 | 108040 | 72671 | 180711 | 1899 | 1252 | 3151 | 109939 | 73923 | 183862 |
| 2019 年第三季度末余额 | 117095 | 94329 | 211424 | 1890 | 836 | 2727 | 118985 | 95165 | 214150 |
| 增加额 | 9055 | 21658 | 30713 | -9 | -416 | -424 | 9046 | 21242 | 30288 |
| 新增债务限额 | — | — | — | — | — | — | 9300 | 21500 | 30800 |

数据来源：财政部、Wind、国家资产负债表研究中心。

另据国家统计局在 2019 年 9 月 16 日透露，2020 年新增的专项债务额度将在 2019 年提前发行。根据全国人大的批准，2019 年年初至 2022 年年底，当年新增地方政府债务限额的 60% 以内可以提前下达到下一年度的新增限额。也就是说在 2020 年两会前，地方政府具有约 1.8 万亿元的债务发行额度。本书统计 10 月 1—27 日，地方政府债券发行量为 5742.5 亿元，但由于部分债券到期，地方政府债券余额下降了 342.3 亿元。

在政府债务率上升的同时，政府存款也在快速增长。2019 年前三个季度政府存款共增长了 3.0 万亿元，其中财政性存款增长了 0.8 万亿元，机关团体存款增长了 2.2 万亿元。政府存款增加的规模（3.0 万亿

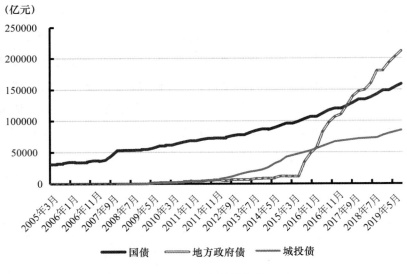

**图 7 - 3 政府债券规模**

数据来源：Wind、国家资产负债表研究中心。

元）占政府债务增加规模（4.0 万亿元）的一大部分。政府部门的债务
虽然仍在上涨，但其存款也相应上涨，且二者涨幅极为相似。图 7 - 4
构造了政府净债务的概念，即用政府债务减去政府存款（包括财政存款
和机关团体存款）来表示政府的净债务，并计算政府净债务与名义 GDP
之比。从图 7 - 4 中可以看出自 2011 年以来政府净债务与名义 GDP 之
比出现大幅下降，也就是说 2011 年之后虽然政府杠杆率还在提高，但
政府债务并没有相应支出，而是形成了政府存款。2015—2018 年政府
净债务与 GDP 之比进一步下降，大部分时期净债务小于 0，即债务存款
小于存款。政府部门虽然靠发债融资弥补了部分资金缺口，但另一部分
政府资金并没有被有效支出，而是形成了存款资产。这一问题在 2019
年有所缓解，但政府资金利用效率仍然不高。

增加地方政府支出，拉动需求，对于应对当前经济下行压力具有重
要意义。2018 年全年基建投资仅为 1.8%，其中不含电力的基建投资增

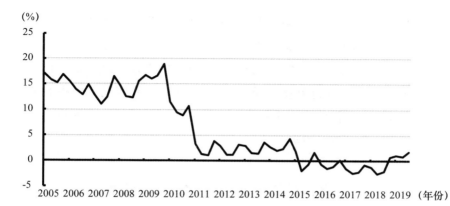

**图 7 - 4 政府净债务与 GDP 之比**

数据来源：中国人民银行、国家统计局、财政部、Wind、国家资产负债表研究中心。

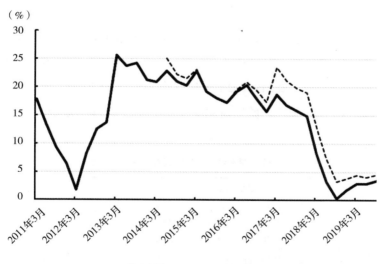

**图 7 - 5 固定资产投资及分项的同比增速**

数据来源：国家统计局、Wind、国家资产负债表研究中心。

速为 3.8%，2019 年 9 月末这两类投资增速分别恢复至 3.4% 和 4.5%。虽然增速有回暖趋势，但整体依旧较为缓慢，增速仍处于历史较低水平。基建投资的增长势头主要取决于政府资金的支撑，这也是提前下达 2020 年地方专项债发行额度的重要原因。面对这种情况，中央政府一方面需相应增加支持力度，来稳定基建投资的增长；另一方面提高政府资金的利用效率也至关重要。

## 三 地方政府债务的发展与监管

理解政府部门杠杆率的核心在于理解地方政府债务。截至 2019 年第三季度末，地方政府债券总规模为 21.1 万亿元。其中 2019—2020 年即将到期的债务规模约为 2.3 万亿元，占比约为 11%；之后 2021—2022 年到期的债务占比约为 26%。集中到期高峰位于 2023—2024 年，将有约 29% 的当前债务规模到期。当前城投债余额约为 8.5 万亿元，2019—2020 年到期规模占比为 23%，2021—2022 年到期规模占比为 39%，2023—2024 年到期规模占比约为 30%。城投债到期日基本都在 2024 年之前。

表 7 - 2　　　　　　地方政府债券和城投债到期规模及占比

| | 地方政府债券 | | 城投债 | | 合计 | |
|---|---|---|---|---|---|---|
| | 规模<br>（亿元） | 占比<br>（%） | 规模<br>（亿元） | 占比<br>（%） | 规模<br>（亿元） | 占比<br>（%） |
| 2019—2020 年到期 | 22790 | 10.8 | 19624 | 23.0 | 42414 | 14.3 |
| 2021—2022 年到期 | 53934 | 25.5 | 33002 | 38.7 | 86935 | 29.3 |
| 2023—2024 年到期 | 60461 | 28.6 | 25145 | 29.5 | 85606 | 28.9 |
| 2025—2030 年到期 | 66471 | 31.4 | 6810 | 8.0 | 73281 | 24.7 |
| 2031—2050 年到期 | 7768 | 3.7 | 643 | 0.8 | 8411 | 2.8 |
| 总计 | 211424 | 100 | 85224 | 100 | 296648 | 100 |

数据来源：Wind、国家资产负债表研究中心。

纵观中国地方政府债务的发展与监管过程，其周期性规律是较为明显的，本质上具有宏观调控的作用。

地方政府债务大规模发展是在 2008 年国际金融危机之后。2009 年由中央财政代发地方债开始，每年新增 2000 亿元的规模，这是地方政府显性债务的开端。更重要的是，2009 年 3 月，中国人民银行和银监会在《关于进一步加强信贷结构调整、促进国民经济平稳较快发展的指导意见》（银发〔2009〕92 号）中提出了"支持有条件的地方政府组建融资平台，发行企业债、中期票据等融资工具，拓宽中央政府投资项目的配套资金融资渠道"。同年 10 月财政部也出台了《关于加快落实中央扩大内需投资项目地方配套资金等有关问题的通知》（财建〔2009〕631 号），督促中央扩大内需投资项目地方配套资金的落实。地方政府融资平台大量出现，地方政府也通过给平台担保的方式积累了政府隐性债务。

债务规模的上升造成了风险的积累，这一问题日趋受到重视。审计署在 2011 年和 2013 年分别公布了两次对地方政府性债务的审计结果：2010 年年底地方政府负有偿还责任、担保责任和救助责任的三类债务共计 10.7 万亿元，其中融资平台债务达 5.0 万亿元；2013 年 6 月末三类债务规模增至 17.9 万亿元，其中融资平台的债务达 7.0 万亿元。这些债务中的绝大部分比例都不是以地方债形式存在的，隐性债务规模远超以地方债为主的显性债务。

2014 年国务院出台了《关于加强地方政府性债务管理的意见》（国发〔2014〕43 号），正式开启了地方政府债务的治理。其中规定融资平台回归商业化运行，不能新增政府债务；地方政府被赋予适度的举债权限，地方债是唯一的融资渠道；对存量债务进行甄别，其中政府负有偿还责任的债务将以新增地方债来置换；鼓励通过"政府与社会资本合作"（PPP）的形式促进社会资本参与基础设施建设。

2015 年宏观经济出现了较大的下行压力，对地方政府债务的监管又有所放松。《关于妥善解决地方政府融资平台公司在建项目后续融资问题意见的通知》（国办发〔2015〕40号）要求银行配合融资平台在建项目的后续融资，不得盲目抽贷、压贷、停贷。《关于在公共服务领域推广政府和社会资本合作模式指导意见的通知》（国办发〔2015〕42号）也放松了对PPP的监管，允许融资平台作为社会资本参与到PPP项目中，这为PPP成为地方政府隐性债务的新"马甲"提供了便利。新"马甲"的出现使得债务的透明度更低，大量明股实债的产业基金和PPP加剧了杠杆结构的复杂度，加大了对债务识别的难度。与此同时，金融领域出现了银行理财和券商资管等表外业务的快速扩张，为地方政府债务提供了充足的资金支持。

2017年，随着宏观经济的企稳，监管的方向再次发生变化。财政部、发改委等6部委联合发布了《关于进一步规范地方政府举债融资行为的通知》（财预〔2017〕50号），要求全面组织开展地方政府融资担保清理整改工作，明确融资平台自2015年起的新增债务不属于地方政府债务，对PPP和政府出资的各类投资基金也做出规定，要求政府不能向社会资本承诺本金及收益。这可以看作对2014年《关于加强地方政府性债务管理的意见》的进一步强调。随后继续出台了一系列配套监管政策，包括《关于坚决制止地方以政府购买名义违法违规融资的通知》（财预〔2017〕87号）规范政府购买服务行为，《中国银监会关于规范银信类业务的通知》（银监发〔2017〕55号）要求根据实质重于形式原则约束银行资金借影子银行通道流入融资平台等限制领域。在"堵后门"的同时，也进一步"开前门"，《关于试点发展项目收益与融资自求平衡的地方政府专项债券品种的通知》（财预〔2017〕89号）支持发展项目收益与融资自求平衡的专项债。2017年年底中国人民银行出台了《关于规范金融机构资产管理业务的指导意见（征集意见稿）》，并于2018年由中国人民银行等4部委共同推出了《关于规范金融机构资产管理业务的指导意见》（银发〔2018〕106号），在统一监管的大背景下彻底控制住了影子银行对地方政府隐性债务的支持。2017 年也被称作金融监管元年，资管新规的出台有效地堵住了违规流入地方政府的资金，政府隐性杠杆率也得到控制。同时，宏观经济也进一步表现出下行的压力，政府不得不缩减支出，导致2018 年基建投资增速掉落至 1.8%。

由于经济下行压力较大，地方政府隐性债务风险突出，监管空间自2018 年开始又出现了放松的迹象。2018 年国务院发布的《关于保持基础设施领域补短板力度的指导意见》（国办发〔2018〕101 号）已明确要求保证隐性债务还本付息的稳定性，必要时可通过展期、债务重组等方式来保持经济平稳健康发展。2018 年年底的中央经济工作会议提出"积极的财政政策要加力提效，较大幅度增加地方政府专项债券规模"，强调了宏观政策的逆周期调节功能。2019 年年初便有新闻报道了镇江市隐性债务的化解方案：由国开行的贷款进行置换，持续两年，每年置换 200 亿元。3 月沪深交易所的窗口指导放松了融资平台发行公司债的申报条件。6 月中共中央办公厅、国务院办公厅印发了《关于做好地方政府专项债券发行及项目配套融资工作的通知》，允许在一些重大项目中由专项债券作为一定比例的项目资本金。无论是新一轮的隐性债务置换，还是专项债可充当资本金的规定，都是在充分认识到地方政府隐性债务大量存在以及债务到期还本付息压力较大的事实基础上，防范债务违约导致系统性金融风险的应有举措。这些措施旨在防范和化解地方政府隐性债务的风险，避免出现债务违约而引发的金融体系风险，同时对隐性债务的监管略有放松。

从债务发展和监管的周期性规律可以明显看出，中国地方政府债务问题并非孤立的存在，而是关系到宏观经济增长、金融体系稳定以及政府债务可持续性的重要环节。地方政府债务的监管与宏观逆周期调节具有较强的一致性，而地方政府的基建投资也是维持宏观经济稳定的重要组成部分，因此防范和化解地方政府债务风险，对于地方稳增长和结构性去杠杆要有所兼顾。

# 四　地方政府债券市场尚未健全

2015 年债务置换之后，地方政府显性债务主要是指政府债券。当前地方政府债务余额中仅有 3151 亿元以非政府债券形式存在，地方政府债务置换工作已基本结束。从地方政府债券的用途来看，绝大部分都被用作了稳增长的相关支出。根据《2019 年国务院政府工作报告》的要求，全年将安排发行专项债 2.15 万亿元，比 2018 年增加了 0.8 万亿元的额度，主要是为重点项目提供资金支持，避免地方政府债务风险的暴露。专项债加速发行有效缓解了地方政府资金的压力，尤其是部分隐性债务到期还本付息的压力。对地方政府债务的管理中，地方政府债券市场的健康发展是关键的环节。但目前中国地方政府债券规模的快速上涨并没有与更完善的管理相对应，规模发展虽快但市场发展相对缓慢，出现了关于地方债的流动性、定价机制和监管框架等方面的问题。

一是流动性问题。中国地方债券二级市场的流动性偏低，市场参与者少，不利于形成市场化定价。2018 年全年地方债换手率仅为 8%，相比国债 66% 的换手率而言流动性非常差。导致流动性偏低的直接原因是地方政府债券的持有主体过于单一，缺乏足够的做市商。截至 2019 年 6 月末，全部地方政府债券中有 86% 的比例都是被商业银行所持有，这非常不利于地方政府债券市场化建设。在商业银行的资产负债表中，地方政府债券与居民按揭抵押贷款具有类似的性质：既缺乏市场流动性，难以转移出表，同时也普遍具有较长的期限，加剧银行资产负债表错配。地方政府债券的剩余期限虽然集中在近 5 年，但在可预见的一个时期内都有着借新还旧的需求，与长期资金的性质更为类似。

二是定价机制问题。地方政府债券主要由地方政府信用担保，相对于国债来说一般都具有一定的风险溢价，且债券评级会随着地方政府财务状况的变化而随时调整。澳大利亚和加拿大的地方政府债券风险溢价都在 0.5% 左右，美国 2000—2014 年的风险溢价中位数虽然为负，但不同地方政府之间的差距较大[①]。而中国地方债最大的风险溢价仅为0.3% 左右，且不同省之间的差距非常小。Lam 和 Wang 用中国各省地方政府债券的风险溢价对代表各省经济发展程度和财政能力的变量（包括经济增速、债务率、财政收支等）进行回归研究，结果发现风险溢价与这些变量之间并无明确的相关关系[②]。而其他国家的实证结果表明这种关系是存在的，即使在德国这样的单一制国家，风险溢价与经济增速也呈现出一定的显著性。分析结果还表明，中国不同省份之间的地方债利差主要反映的是流动性溢价而不是风险溢价。可见地方政府债券缺乏完善的定价机制，损害了其正常市场化流动的基础。

三是信用评级问题。从对地方政府债券的评级结果看，中国地方政府债券，无论是发达地区，还是欠发达地区，目前全部是 AAA 的最高信用评级。这无法体现出地方政府偿债能力和信用风险的差别，不利于通过地方政府债券发行利率充分体现出债务风险。其根本原因还在于缺乏一个明晰的违约清算机制。中国政府体系属于单一制，地方政府不存在破产机制，市场普遍预期在危机来临时中央政府会对地方政府实施救助。但新《中华人民共和国预算法》中又明确说明了中央对地方政府债券违约的不救助准则。这种认识上的混淆，扰乱了地方政府债券的信用评级基础，使得评级机构难以对其形成有效的评级。

四是信息披露问题。相比于美国市政债发行时普遍都有数百页的发行说明书，中国地方政府债券相关的信息披露文件一般仅有十多页，相关的债券评级报告也不过三十页左右，披露的信息极为有限。另外，中国尚未编制出各省级地方政府的资产负债表，缺乏最为关键的资产负债

①　Sola M. S. , & Palomba M. G. , 2015 , "Sub-National Government's Risk Premia: Does Fiscal Performance Matter?", IMF Working Paper, No. 117.

②　Lam, W. R. , & J. Wang, 2018 , "China's Local Government Bond Market", IMF Working Paper, No. 18/219.

规模与结构、债务负担规模和财政风险等相关信息。

五是债务风险管理问题。中国地方政府债券规模发展过快，但尚未建立起与现有规模相适应的监管框架。尤其是在地方政府出于发展经济的需要而产生融资需求时，可能会与金融体系的长期稳定相冲突。与此同时，地方债所涉及的监管当局较多，有些领域存在重合，有些领域则并未被完全覆盖。地方债交易存在场内与场外两个市场：场外市场是银行间交易，目前是地方债最主要的交易市场；场内市场是证券市场交易，活跃度也在上升。涉及地方政府债券的监管部门包括了中国人民银行、银保监会、证监会、财政部、审计署、全国人大、地方政府和市场评级机构。财政部和地方政府是地方债发行、运行和偿付的最主要管理机构，他们共同对债券发行规模负责。银行间市场和证券市场的交易分别由中国人民银行和证监会负责监管。银保监会既负责银行和保险机构持有地方政府债券的风险资本权重管理，同时也会涉及未来可能涉及的债券违约互换衍生品的监管。

## 五　地方政府债务存在的原因

笔者认为，地方政府债务大量存在的主要原因可归纳为三点：地方财权和事权不匹配的体制扭曲、地方政府发展经济的冲动和地方财政配合宏观调控的需要。一是地方财权与事权的不统一。1994年分税制改革导致地方政府的收支严重不匹配，地方财政收入占比从1993年的78%降至1994年的44%，之后长期在40%—50%之间波动，而地方财政支出占比则始终保持在较高的水平上，2018年达到85%。地方政府并未由于本级财政收入的下降而减少支出，相反其财政支出在全国财政支出的占比及与GDP之比都是在上升的。从图7-6中可以看出2015年以来，地方财政收支缺口不断拉大，成为地方政府举债融资的重要原因。

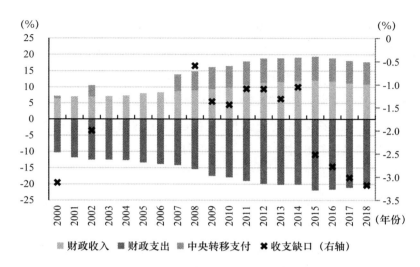

**图7-6 地方政府财政收支及缺口与名义 GDP 之比**

注：中央转移支付和地方收支缺口数据部分年份缺失。

数据来源：CEIC、国家资产负债表研究中心。

二是地方政府在经济发展中所起的关键作用。中国地方政府除了提供公共服务类支出外，还在宏观经济中扮演着准公司的角色，通过开展大规模公共投资来促进经济增长。尤其是国际金融危机以来，中国经济快速恢复得益于大规模的财政刺激，而资金来源也主要是通过地方政府的举债。大量实证分析已经发现，基层政府之间的竞争是解释中国经济增长奇迹的重要因素①。

三是地方政府还承担着重要的宏观调控任务。每当经济出现下行需要逆周期调控时，地方政府总是充当关键的角色。李扬认为在数十万亿元地方政府债务中，约有40%是配合宏观调控而被动产生的②。其中最典型的是地方政府融资平台，自1992年上海成立首家融资平台以来，

---

① Song Z., Storesletten K., & Zilibotti F., 2011, "Growing Like China", *American Economic Review*, 101（1）：196－233.

② 李扬：《将地方债务关进制度笼子》，《中国金融》2019年第13期。

直至 2008 年全国仅成立了 6000 多家平台，然而为了配合中央大规模刺激计划的实施，2009 年 1 年间便成立了 2000 家平台公司。

只有从解决这三个问题入手才能彻底化解地方政府债务风险，否则难免头痛医头、脚痛医脚，且很难收到较好的效果。第一，地方政府承担了过多支出责任，但并未有相应的财政收入相对应。虽然中央政府的转移支付弥补了一定的缺口，但这并不利于发挥地方政府的积极性，抑制了地方的活力。第二，地方政府依靠举债投资来拉动经济增长具有相当强的内生动力，既带动当地经济增长财政收入，更能促进地区就业增长。这也是自 2014 年以来虽然中央多次出台措施管控地方政府的违规举债行为，但这一问题仍屡禁不止，各类花样翻新的地方政府隐性债务仍层出不穷的原因。第三，逆周期的宏观调控是处理好稳增长和防风险之间平衡的重点。经济增速下行过快，不但没有实现稳增长目标，各类风险也更容易暴露。习近平总书记在 2019 年 2 月关于金融供给侧改革的讲话中指出"实体经济健康发展是防范金融风险的基础。要注意在稳增长的基础上防风险，强化财政政策、货币政策的逆周期调节作用，确保经济运行在合理区间，坚持在推动高质量发展中防范化解风险"①。财政收缩对经济下行具有乘数效应，稳增长的目标无法达到则会降低 GDP 增速，反而拉升政府杠杆率。

因此，解决地方政府债务问题并非一味地堵住政府的融资来源，而是应疏堵结合，"开前门、堵后门"，既要控制债务风险，同时也要满足地方政府合理的资金来源需求。首先是继续"开前门、堵后门"。本书估算地方政府融资平台每年的利息支出约有 3 万亿元，而当前地方债新增额也为 3 万亿元左右，这一额度明显不足。尤其是

---

① 《习近平主持中共中央政治局第十三次集体学习并讲话》，新华社，http：//www. gov. cn/xinwen/2019 – 02/23/content_ 5367953. htm。

在短期内，由于地方隐性债务的还本付息压力较大，既限制了地方政府新增基建投资支出，也增加了城投债务的违约风险。进一步"开前门"，尤其是增加中央政府的杠杆率将有助于缓解这一矛盾。其次是进一步盘活政府资产。截至2019年第三季度末，中国政府存款规模达到35.7万亿元，其中财政性存款为4.9万亿元，机关团体存款为30.8万亿元，共占到名义GDP规模的37.5%。如此大规模的政府存款，并没有被政府有效利用。虽然政府存款以机关团体存款为主，并非中央财政可直接调动，但可以通过加强对执行进度的考核等方式来督促这些部分提高资金运用效率。如果能够盘活这部分政府存款，便可以在不增加政府杠杆率的条件下增加政府支出，拉动经济增长。

## 六　优化中央与地方财政关系是关键

中华人民共和国成立以来的经验已经反复证明了地方政府的积极性是经济增长的关键。地方政府不仅仅是宏观调控的执行者、地方经济运行的干预者，甚至直接扮演着准公司的角色，直接参与到生产过程之中。这包括地方政府对土地的调节与限制、通过城投公司直接参与经济建设，以及通过各类产业政策来调节经济结构等。同时，自1994年分税制改革以来，中国地方财政资金来源受到约束，对中央政府转移支付的依赖性较强，地方财政的收支缺口也相应拉大。地方政府只能依靠各类"费用"、土地收入和地方政府融资平台来弥补这一缺口，这是当前地方政府债务规模如此之高的直接原因。

解决这一问题的关键在于优化中央与地方的财政关系。这既需要放松地方政府债务的资金来源，使其可以在市场上进行多元化融资，各类融资之间彼此竞争以形成完善的市场体系；也需要将地方政府债务关进制度的笼子中，通过科学的制度设定和指标体系来约束其债务规模。

第一，放开地方政府的资金来源，在财政收入上应适当向地方政府偏斜。中国改革开放的一大重要特征就是加强了市场在资源配置中的功能，而相对于中央政府，地方政府更贴近于市场，更了解当地市场环境适合哪种类型的政府支出以及哪种类型的税收政策。相关的税基、税率和税收收入都应适当向地方政府倾斜，来发挥地方政府和市场的积极性。此外，在对地方政府债务的管理上，也应提高地方权责的对等程度。这里最重要的是继续推进表外债务向表内回归，满足经济发展需要所必需的地方政府融资需求。根据 IMF 的估算，增扩的赤字率约占 GDP 的 10% 左右。笔者认为，应该结合当前中国经济发展的客观要求以及政府债务可持续发展的实际情况来正确估算中国应有的赤字率水平，在表内债务中预留充足的空间来实现表外债务的表内化。

第二，要继续加强对地方政府的预算约束，将地方政府债务关进制度的笼子中。2018 年年底，中国显性地方政府债务仅有 18.4 万亿元，占 GDP 的比例仅为 20.4%，远低于大部分发达国家，也低于国际上公认的警戒线。但地方政府隐性债务的规模较大，本书所统计的城投公司总负债已占到 GDP 的 60%。其中究竟有多少应归于地方政府类债务，多少归于国有企业类债务是很难划分的，但总的来说，地方政府隐性债务规模是较为庞大的。同时，随着新《中华人民共和国预算法》对传统融资平台类债务的控制，新型的"马甲"（如政府引导基金、政府购买服务、PPP 等）又相继出现。地方政府存在为这类债务提供担保措施的情况，这进一步弱化了地方的财政约束。从国际经验来看，债务规模并非产生金融风险的核心因素，债务的管理水平和债务的可持续性才是关键。管理地方政府债务风险的当务之急在于加强债务的有效管理机制，完善地方政府资产负债统计，建立基于存流量指标的全方位监控体系，将地方政府债务关进制度的笼子中①。

---

① 李扬：《将地方债务关进制度笼子》，《中国金融》2019 年第 13 期。

# 第八章

## 金融部门杠杆率分析

### 一　金融杠杆率是金融稳定的核心

金融杠杆是关乎金融稳定的核心，金融机构之间的杠杆危机也是金融危机最主要的表现形式。2007 年开始的国际金融危机最初起源于美国非银行金融机构所持有次级债的崩溃，负面冲击在金融机构之间通过金融杠杆关系传递，初始损失被成倍放大，最终造成波及全球的金融危机。越来越多的学者已经意识到金融杠杆率过高是导致危机产生并传染的重要推动力。

随着金融创新以及"发起—分销"（Originate and Distribute）模式的盛行，金融部门内部结构愈发复杂，金融机构间形成的资产负债规模加大，资产负债链条加长[1]，这也体现为金融杠杆率的迅速攀升。自 2009 年以来，中国影子银行迅速发展，金融部门杠杆率也出现了快速攀升，商业银行同业资产占 GDP 的比例由 2008 年的 27.6%上升至 2016 年的 78.2%。金融杠杆率的上升既体现了微观金融机构同时增加同业资产和同业负债，最大化分散风险的考虑，同时也加大了金

---

①　Philippon T. , 2015, "Has the US Finance Industry Become Less Efficient? On the Theory and Measurement of Financial Intermediation", *American Economic Review*, 105（4）: 1408 – 1438.

融部门作为一个整体的系统性风险。金融杠杆率过高会破坏金融稳定性。

在这一背景下，自 2017 年起监管部门已开始了对金融部门的强监管，2018 年中国人民银行等几部委发布了《关于规范金融机构资产管理业务的指导意见》（银发〔2018〕106 号），进一步治理资产管理业务中存在的多层嵌套、刚性兑付、政策套利等问题。当前宏观经济出现一定困难，结构性去杠杆也会略向稳增长让步，特别是 2018 年第三季度以来，中国人民银行发布《关于进一步明确规范金融机构资产管理业务指导意见有关事项的通知》，随后与资管新规配套的几个重要文件，包括《商业银行理财业务监督管理办法》《证券期货经营机构私募资产管理业务管理办法》和《商业银行理财子公司管理办法》也先后出台，表明面对不断增大的经济下行压力，需要消除市场之前的不确定性，金融监管政策相应做出了一些柔性化处理。但金融部门去杠杆是引导资金"脱虚向实"的重要手段，必须持续推进。金融部门杠杆率自 2016 年年底达到峰值后，近几年来降幅明显。由于各项严监管政策，银行表外业务收缩明显，"脱实向虚"基本得到遏制，金融去杠杆成效逐步显现。2019 年第三季度，金融去杠杆的速度放缓，尤其是从负债方所统计的金融杠杆率还略有上升，显示金融系统内部拆借活动的增加。

## 二　金融杠杆率的概念辨析

不同于实体经济杠杆率，金融杠杆描述的是金融机构的债务关系，直接反映了金融机构自身的债务风险。由于宏观视角下对金融杠杆问题的考察是近几年才提出的问题，在学术界也存在大量概念混用的现象。最初金融杠杆（Financial Leverage）概念指代的是企业的融资杠杆率，就是企业的资本结构，即资产负债率。Modigliani 和 Miller 提出在完美的资本市场与固定的投资政策下，企业资本结构并不会影响到企业价值，即 MM 定理①。随后在放宽资本市场和税收假设的条件下，出现了企业的最佳融资杠杆理论。这一融资杠杆率概念的本质是各类微观企业的资产负债率，并非从宏观上所关心的金融杠杆。

除了关注单个企业的资产负债率，我们更关心宏观视角下的总债务水平。有众多的证据表明，全社会总债务规模占 GDP 的比例是预示金融稳定性的重要指标②，其自身也表现出强烈的周期性特征③。这是宏观维度上实体经济杠杆率的概念，包括居民部门杠杆率、非金融企业部门杠杆率和政府部门杠杆率。

除此之外，从宏观上对金融部门杠杆率的描述也很重要，但描述方法却不同于实体经济部门。估算杠杆率的主要目的是评估风险，而金融部门最主要的债务是实体经济在银行的各类存款和通货，这类债务的风险很小，并不构成金融部门的主要风险④。通货与存款是广义货币（M2）最主要的组成部分。在现代金融体系下，货币是由银行对外贷款所产生的，而银行贷款又是实体经济债务的最主要组成部分，因此金融部门的这部分债务既不代表金融部门的风险，也与实体经济杠杆率存在很大程度上的重合，不应被计算在内。

由于其特殊性，学界对宏观金融杠杆率尝试做出一些更有意义的定义。马勇和陈雨露用私人信贷/GDP 作为衡量金融杠杆的指标，这实际上是直接将实体经济杠杆率当作金融杠杆率⑤。这一概念用法也被一些

---

① Modigliani, F., & M. Miller, 1958, "The Cost of Capital, Corporate Finance, and the Theory of Investment", *American Economic Review*, 48：261 – 297.

② Jordà, Ò., M. Schularick, & A. M. Taylor, 2013, "When Credit Bites Back", *Journal of Money, Credit and Banking*, 45（s2）：3 – 28.

③ Borio, C., 2014, "The Financial Cycle and Macroeconomics：What have we Learnt?", *Journal of Banking & Finance*, 45：182 – 198.

④ 李扬等：《中国国家资产负债表 2015：杠杆调整与风险管理》，中国社会科学出版社 2015 年版。

⑤ 马勇、陈雨露：《金融杠杆、杠杆波动与经济增长》，《经济研究》2017 年第 6 期。

学者所接受，谭海鸣等用全社会债务/GDP 来表示金融杠杆率①，王爱俭和杜强用 M2/GDP 和私营部门信贷/GDP 来表示金融杠杆率②。笔者认为，这一定义混淆了金融部门杠杆率与实体经济杠杆率之间的区别，采用信贷/GDP 的概念在本质上表示的仍是实体经济杠杆率，而如果采用 M2/GDP 概念则是选取了金融部门负债中风险度最低的那部分，不足以表明金融部门的风险。

另一类文献采用的是金融部门发行的债券余额与 GDP 之比作为金融部门杠杆率。李扬等采用了这一概念定义，主要依据在于金融部门作为一个整体，其对外负债除了存款和通货外，剩余的主要部分就是金融债券，这部分债务的流动性风险和违约风险明显高于存款和通货，也更能反映出金融机构部门所面对的风险③。一些学者也接受这一概念并以此来分析金融部门的风险④。这一衡量方法与实体经济杠杆率的表示比较统一，并且也能反映出金融机构部门的债务负担，但仍面临两方面缺点。第一，大量金融债券都是被金融机构部门内部所持有，并未流入到实体经济部门。例如国开债、政策性银行债等债券主要是被商业银行和各类证券投资基金所持有，这属于金融部门内部的债权债务关系，虽然其规模也能反映出金融部门整体风险程度，但这与实体经济的债务主要都由其他部门持有的特征是不一致的。第二，金融债券的发行在很大程度上受到监管当局政策和债券市场发展程度的影响，并不能完全反应风险程度。债券往往比存款具有更长的久期，对发行机构来说是更稳定的资金来源。无论对于其发行机

① 谭海鸣、姚余栋、郭树强、宁辰：《老龄化、人口迁移、金融杠杆与经济长周期》，《经济研究》2016 年第 2 期。

② 王爱俭、杜强：《经济发展中金融杠杆的门槛效应分析——基于跨国面板数据的实证研究》，《金融评论》2017 年第 5 期。

③ 李扬等：《中国国家资产负债表 2013：理论、方法与风险评估》，中国社会科学出版社 2013 年版；李扬等：《中国国家资产负债表 2015：杠杆调整与风险管理》，中国社会科学出版社 2015 年版。

④ 马建堂、董小君、时红秀、徐杰、马小芳：《中国的杠杆率与系统性金融风险防范》，《财贸经济》2016 年第 1 期。

构，还是对于持有机构，其风险都是有限的。因此，这种衡量方式既不能体现出真实的金融杠杆，与金融部门债务风险的关系也不大。

麦肯锡提出的方式是加总银行同业资产和对非银金融机构债权，用其与 GDP 的比例来表示金融杠杆率①。这种方法完全不同于其他几类从金融机构对外负债出发的衡量口径，而是从资产方角度考虑金融机构持有其他金融机构的短期债权，是对金融机构内部资产负债关系的考察。已有大量研究显示，金融机构的风险越来越相关于金融体系内部的资产负债网络，各个金融机构之间通过资产负债表相互连接，牵一发而动全身②。从宏观审慎管理角度看，金融机构"太关联而不能倒"（Too-Con-nected-to-Fail）风险与"太大而不能倒"（Too-Big-to-Fail）风险同等重要③。随着中国影子银行业务的增长，金融内部资产负债不但表现为对风险分散的需求，还受到各类监管套利的驱动。"金融机构之间的关联性日趋紧密，也成为了我国金融部门系统性风险隐患。在股权结构、债务结构、资产结构、交易平台四个方面，金融机构之间你中有我，我中有你，风险牵一发而动全身，这种日益复杂的关联结构加大了金融风险防治和处置的难度，处置时也容易造成系统性风险发生的概率增加。在国际上关联复杂也是造成危机升级的一个主要原因。"④ 因此本书更为认同麦肯锡的这一估算方法，金融杠杆率考察的就是金融部门内部机构间资产负债交叉持有的规模与 GDP 的比例。此外，由于金融部门对内的资产与负债相互对应，也可以从负债方考虑金融杠杆率，即将银行的

---

① McKinsey Global Institute（MGI），2015，"Debt and（not much）Deleveraging"，http：// mckinsey. com/mgi.

② Acemoglu，D.，et al.，2015，"Systemic Risk and Stability in Financial Networks"，*American Economic Review*，105（2）：564 - 608.

③ Chan-Lau，J. A.，2010，"Balance Sheet Network Analysis of Too-connected-to-fail Risk in Global and Domestic Banking Systems"，IMF Working Paper，No. 107.

④ 殷勇：《金融领域风险防范存在四大短板》，金融风险防范与财富管理市场发展论坛讲话，2017 年。

同业负债与银行发行的金融债券加总，这一方法也被张晓晶等①所采用。在这一概念下，从2017年开始我们已经看到了非常明显的金融去杠杆趋势，金融部门风险已有显著的下降。

## 三 中国金融部门杠杆率现状

2019年第三季度，中国从资产方统计口径的金融部门杠杆率由第二季度末的58.7%继续下降至55.8%，下降了2.9个百分点；负债方口径的金融部门杠杆率由第二季度末的58.7%升至59.4%，上升了0.7个百分点。从全年前三个季度来看，资产方口径杠杆率下降了4.8个百分点，负债方口径杠杆率下降了1.5个百分点。金融去杠杆的速度有所减慢。

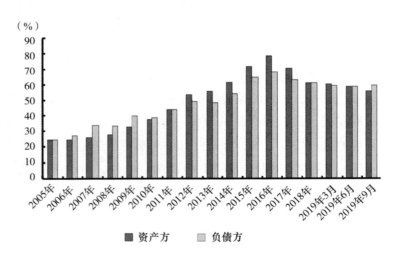

**图8-1 宽口径金融部门杠杆率**

数据来源：中国人民银行、国家统计局、财政部、Wind、国家资产负债表研究中心。

———————————

① 张晓晶、常欣、刘磊：《结构性去杠杆：进程、逻辑与前景——中国去杠杆2017年度报告》，《经济学动态》2018年第5期。

金融部门杠杆率自 2016 年年底达到峰值后，近几年来降幅明显。由于各项严监管政策，银行表外业务收缩明显，"脱实向虚"基本得到遏制，金融去杠杆成效逐步显现。2019 年第三季度，金融去杠杆的速度放缓，尤其是从负债方所统计的金融杠杆率还略有上升，显示金融系统内部拆借活动的增加。

从银行的角度来看，第三季度商业银行总资产同比增速为 8.2%，相较 2018 年年底上升了 1.4 个百分点，其增速见底回升也反映出金融体系的监管环境出现缓和。但从同业资产和负债来看，其在银行总资产中所占比例依然在下降。银行同业资产占总资产的比例从 2018 年年底的 20.5% 下降至 18.7%，银行同业负债占总负债的比例从 20.6% 下降至 19.9%。2010—2016 年，银行同业资产和负债占总资产的比例呈现不断上升趋势，这一现象导致金融机构内部不合理的资产负债链条拉

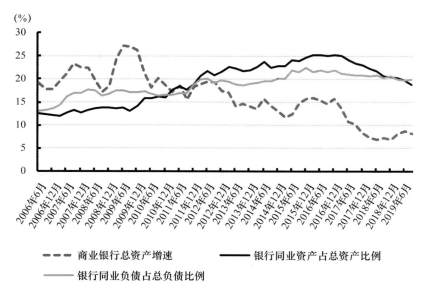

**图 8-2 商业银行总资产增速及同业资产与负债占比**

数据来源：中国人民银行、Wind、国家资产负债表研究中心。

长，各类监管套利、政策套利活动增多。随着监管力度的加强，银行同业资产和同业负债自 2017 年开始呈现同时收缩的趋势，银行业资产质量保持稳定，促使金融业回归本源，更有效地服务实体经济。

从国际比较来看，国际金融危机后全球各国都在经历实体经济和金融部门共同去杠杆的过程，金融杠杆率已有较大幅度下降。全球平均金融杠杆率在 2009 年第一季度达到峰值 93.4%，2016 年年底已回落至 83.5%。而中国的杠杆率却从 2009 年开始上升，2016 年的高点相比于 2009 年上升了两倍以上，中国金融部门去杠杆进程与全球的步伐出现背离。

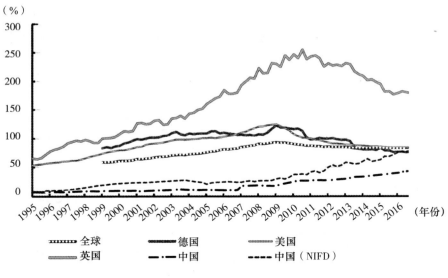

**图 8 - 3　各国金融部门杠杆率**

注：各国数据来源于国际金融协会（Institute of International Finance）。对中国金融部门杠杆率的估算，我们同时列出了 IIF 和国家金融与发展实验室（NIFD）的数据，二者走势基本一致，但绝对数值有所不同。

数据来源：IIF、国家资产负债表研究中心。

影响杠杆率走势最重要的因素是经济周期，大量实证研究表明杠杆率具有明显的顺周期性。Nuño 和 Thomas 通过实证总结了金融机构微观杠杆率的四个特征：（1）在对金融机构资产负债表的周期性贡献中，债务比股权的作用更大；（2）金融机构债务、股权和总资产的波动性都要大于 GDP 波动性；（3）金融机构的债务与股权呈负相关关系；（4）杠杆率与金融机构总资产及 GDP 全部正相关。这四个特征都指向了金融杠杆率的顺周期性[1]。

Adrian 和 Shin 最早提出金融杠杆与总资产之间的正相关性，并提出了相应的解释[2]。他们认为金融机构大量资产采用公允价值计价法，使得在经济扩张阶段抵押品价值增加，从而倾向于借入更多的债务；而在经济衰退期间，抵押品价值下降，只能降低杠杆率。Laux 和 Rauter 利用美国的银行资产负债表数据，也发现在账面价值计价的原则下银行总资产与 GDP 增速同样保持正相关关系[3]。Beccalli 等认为这一顺周期性在证券化较深的银行体现得更为明显[4]。国际金融危机之后，主要发达国家的宏观经济进入衰退周期，金融杠杆率自然也以相同的步伐进入去杠杆周期。

为应对国际金融危机后所产生的经济衰退，各国所采取的应对措施有所不同。美国和欧洲主要依靠以量化宽松为代表的货币政策，通过中央银行购买债券和信贷资产，扩张资产负债表。但这一政策起到的效果有限，各国经济也陷入了较长时间的增长停滞，直至近两年才开始走出

---

① Nuño, G., & C. Thomas, 2017, "Bank Leverage Cycles", *American Economic Journal*: *Macroeconomics*, 9（2）: 32 –72.

② Adrian, T., & H. S. Shin, 2010, "Liquidity and leverage", *Journal of Financial Intermediation*, 19（3）: 418 –437.

③ Laux, C., & T. Rauter, 2017, "Procyclicality of Us Bank Leverage", *Journal of Accounting Research*, 55（2）: 237 –273.

④ Beccalli, E., A. Boitani, & S. Di Giuliantonio, 2015, "Leverage Pro-cyclicality and Securitization in US Banking", *Journal of Financial Intermediation*, 24（2）: 200 –230.

衰退。而中国则是在 2009 年采取了 4 万亿财政刺激政策，随后伴随影子银行的发展大规模扩张信用，实体经济和金融部门杠杆率都有较大的上升。可见，宏观经济周期是造成中国和全球去杠杆进程错位的主要因素。

除金融杠杆率的变化外，各国金融部门的内部结构也经历了较大变化。由于发达国家的量化宽松政策，其中央银行资产负债表变化较大，其中日本央行的总资产规模已超过 GDP 的 90%。横向比较来看，中国人民银行的资产负债表规模高于美联储和欧央行。这主要是由于中国的法定准备金率较高使得货币乘数较低，从而需要较大规模的基础货币。另外，中国过去由于外汇储备增长过快，再通过央行票据进行对冲的操作，同时扩张了央行资产负债表的资产方和负债方规模。

## 四　2016 年之前金融杠杆率攀升的逻辑

中国自 2009 年以来金融杠杆率快速攀升，其最重要的推动因素在于影子银行与银行同业业务的快速发展，资金在金融体系内部出现大量空转的现象。

影子银行体系与银行作为金融中介相比，具有一些特征。第一，影子银行可以创造信用，但不创造货币。信用创造是更为广义的概念，包括银行通过贷款所进行的信用创造，也包括各类资管产品向企业投资后所形成的各类投资基金和受益权等。只有银行贷款和银行购买债券才能创造出新的货币，而影子银行所创造的信用并不能同时派生出银行存款，不会影响到货币总量。第二，由于并不具备货币创造职能，影子银行受货币政策和金融监管政策的约束相对较小。传统央行的数量控制政策主要盯住广义货币，而对全社会总信用的创造给予的关注度较小。此外，由于影子银行并不需在央行保有存款准备金，且创新速度很快，金融监管政策对其影响也更小。第三，影子银行所造成的金融不稳定性更为严重。由于没有相应的存款准备金制度，且较大量持有金融部门内部的资产，影子银行更易遭遇流动性冲击的风险。在遭遇流动性风险时，影子银行无法顺利获得中央银行所提供的流动性支持，只能抛售短期资产，缩紧资产负债表，从而对整个金融系统带来系统性冲击。Krishnamurthy 等的研究指出，美国的影子银行在遭受最初损失后，偏向于抛售抵押资产短期的逆回购或资产抵押商业票据（ABCP），叠加对未来流动性环境的悲观预期，更容易促发金融体系内债务滚动续借的停止，造成金融体系的被动去杠杆，资产负债表收缩并最终影响到实体经济[①]。

在影子银行发展的同时，商业银行与影子银行之间开展各类金融创新活动，导致资金在金融体系内部空转而加杠杆。金融机构的本意在于汇集资金，并投向经济效率最高的领域，达到资源优化配置的目的。但由于监管政策不完善，金融机构为了规避监管，获取监管套利，通过业务创新让资金在金融领域循环空转。房地产、地方融资平台、高污染高耗能等被限制债务融资规模的企业转而从影子银行获取资金，然而这部分资金依然来自于传统商业银行，只是增加了从商业银行到影子银行之间的各类通道。这导致了金融杠杆率的提高。

与此同时，商业银行之间的债权债务关系也开始增加。不同银行在负债端获取资金的能力有所不同，国有银行和股份制银行由于已经建立起密集的零售网点，具有更多接触客户的机会，更容易直接从储蓄者手中拿到存款。这些通过零售业务获得的存款久期更长，分散更高，流动性也更为稳定。但由于银行自身的风控差别以及对大银行的严格监管，一些资金通过银行同业渠道流入了获取零售资金能力相对较差的一类银行。这些渠道包括传统的同业拆借、买入返售、质押回购以及同业存单、同业理财等。这都表现在银行同业资产和负债占比上升的趋势上。

---

① Krishnamurthy, A., S. Nagel, & D. Orlov, 2014, "Sizing up Repo", *The Journal of Finance*, 69（6）：2381 – 2417.

　　金融杠杆率上升的主要原因在于三点。第一，由于存在刚性兑付问题导致金融市场不健全，居民偏向于低风险但收益率还较高的产品。银行理财和信托产品是这种存在刚性兑付的金融产品的典型代表，它们的存在限制了金融市场的发展和居民的投资选择。第二，监管套利催生了大量影子银行资产，银行的一些资金可以借道影子银行投入那些被限制的行业。第三，金融业竞争不充分，无法为社会提供各类风险偏好和预期收益的产品，银行在整个金融体系中仍具有垄断地位。正是这三个因素导致居民的资金大量流入银行体系，再通过影子银行投入国有企业、地方政府以及其他产能过剩领域，同时导致了国有企业、地方政府和金融的杠杆率快速上升。

　　由于金融加杠杆，金融资产大幅度上升，套利链条拉长，出现了严重的期限错配，金融膨胀速度也远大于实体经济。笔者以资产方和负债方两个口径所统计出的金融部门杠杆率均在 2009 年之后有了较大幅度上涨。

　　近年来，金融体系的扩张已超过实体经济负债的扩张程度，并且资金空转现象更为严重。2009 年之前金融部门杠杆率/实体经济杠杆率（即金融体系内部债务与流向实体经济的信贷之比）不超过 20%，但 2016 年这一比例达到了 33%（见图 8-4）。可以简单地将金融体系内部债务看作资金空转行为，那么 2016 年资金空转的比例大约是 1/3。资金空转是金融体系内部的资产负债行为，虽然不会影响到实体经济最终获得融资的数量，但每空转一次就会相应增加一层利差，最终这些利差堆积在一起形成了实体经济的融资负担。中国金融行业增加值占全部 GDP 的比例在 2015 年超过了 8%，甚至超过了美国的金融行业增加值占比。正因为如此，监管部门曾多次提及抑制资金空转的行为。

　　由于影子银行和表外资产的发展，商业银行的资产负债表也经历了高速增长阶段。同业资产一方面有利于规避监管，绕开严监管政策将资金投放到限制投资行业；另一方面也通过表外渠道放大了信贷乘数，增

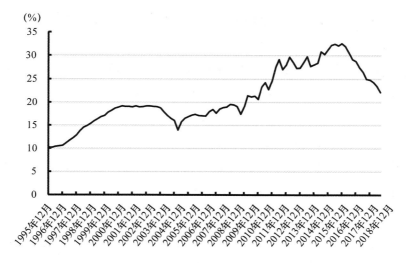

**图 8－4　金融部门杠杆率/实体经济部门杠杆率**

数据来源：国家资产负债表研究中心。

大了整体信贷规模。这一过程体现为银行总资产增速过高和银行同业资产占比上升。2013 年之前，银行总资产增速均在 15% 以上，既高于经济增速，也高于债务增速，与之相伴随的是同业资产在总资产中占比从 10% 升至接近 20%。

## 五　2017 年之后金融去杠杆的进展

中国的情况恰好相反，金融杠杆率上升的同时，中国人民银行并未扩表，只是商业银行和影子银行的资产负债表在扩张。中国人民银行的主要资产是外汇储备，未来也并不存在大规模扩张或收缩的基础。所以，中国金融去杠杆过程与发达国家并不一致，相对也更为缓和。

在 2009 年金融加杠杆以来，银行与影子银行顺畅的扩表，既意味着实体经济流动性相对充裕，也意味着金融体系内部的流动性堆积。资产与负债间存在着正基差，实体经济融资成本被推高。同时，金融加杠杆的过程也推升了资产价格泡沫，破坏了金融系统的稳定性。

2017 年被称作金融监管元年，金融部门杠杆率开始下降。资产方统计口径金融部门杠杆率由 2016 年的 78.2% 下降到 69.7%，下降了 8.5 个百分点；负债方统计口径杠杆率由 2016 年的 67.7% 下降到 62.9%，下降了 4.8 个百分点。且资产方口径杠杆率与负债方口径杠杆率之间的差距继续收窄，表现出表外业务向表内回归。

2017 年第一季度，中国人民银行将银行表外理财业务纳入 MPA 考核，造成同业理财业务的收缩。4 月银监会着手打击监管指标套利、空转套利和关联套利的"三套利"行为，金融机构的通道业务受到影响。11 月中国人民银行又下发了《关于规范金融机构资产管理业务的指导意见（征求意见稿）》，强调监管的统一性，打破资金刚兑，避免通道。在这样的背景下，银行理财和同业业务明显收缩。在中国人民银行 2017 年第四季度的《货币政策执行报告》中，提到了"有效抑制金融体系杠杆"，并且"随着金融体系内部去杠杆深入推进，资金在金融体系内部循环、多层嵌套的情况大幅减少"。2018 年，全面深化改革委员会第一次会议中通过了《关于规范金融机构资产管理业务的指导意见》，对资管产品的刚性兑付、投资者合格性、多层嵌套以及资金来源穿透性等方面加以严格限制。由此，金融部门杠杆率也出现了显著下降。截至 2019 年第三季度末，资产方统计下的金融部门杠杆率从 2016 年年底的 78.5% 下降至 55.8%，负债方统计下的金融部门杠杆率从 2016 年年底的 68.0% 下降至 59.4%，下降幅度均较大。

金融监管与金融去杠杆属于宏观审慎政策，与货币政策有所区别。在传统新凯恩斯模型中，中央银行通过利率调节可同时实现稳定的低通胀环境和充分就业下的产出增长[1]。但金融危机的出现使越来越多的经

---

[1] Blanchard, O., & J. Galí, 2007, "Real Wage Rigidities and the New Keynesian Model", *Journal of Money, Credit, and Banking*, 39 (1)：36–65.

济学家意识到宏观审慎监管（包括金融机构重组的准备金率、金融杠杆率限制及逆周期的资本缓冲要求等）是不可或缺的①。由于道德风险，单纯盯住通胀的货币政策极容易导致经济个体加杠杆过度投资的行为②，破坏金融稳定性。引入宏观审慎监管，作为传统货币政策的补充，已经成为新的共识。

但在实践过程中，宏观审慎很难与货币政策实现有效的分离。机构设置上，许多国家的货币政策当局同时也成为宏观审慎监管当局，这更使得二者进一步纠缠不清。个体的行为机制上，大量文献认为利率环境与金融机构加杠杆的行为密切相关，低利率环境总是与高金融杠杆率相伴随③。因此金融去杠杆势必会对实体经济造成影响，尤其是在短期内的影响作用更大。

第一，金融去杠杆会阻碍部门资金向实体经济流动的途径。虽然金融部门杠杆率上升和资金空转在理论上并不影响其对实体经济的信贷规模，但几乎所有空转现象并非真的完全空转，而是通过各类资管产品的多层嵌套最终绕过监管流向被政策限制投资的实体经济领域。金融杠杆率的提升是这一监管套利过程的客观结果。因此，限制这类多层嵌套行为在降低金融杠杆率的同时，也将这些资金流向实体经济的渠道堵死了，客观上降低了实体经济可以获得的信贷规模。

第二，金融去杠杆使得大部分金融机构面临着流动性冲击，主动收缩资产负债表，导致市场利率水平上升。金融机构之间通过复杂的金融网络相互连接，一个机构的同业资产对应着另外一个机构的同业负债。因此一个机构主动缩表降杠杆的行为也会造成其他机构被动缩表降杠

---

① Bayoumi, M. T., M. G. Dell'Ariccia, M. K. F. Habermeier, M. T. M. Griffoli, & F. Valencia, 2014, "Monetary Policy in the New Normal", IMF Working Paper.

② Farhi, E., & Tirole, J., 2012, "Collective Moral Hazard, Maturity Mismatch, and Systemic Bailouts", *American Economic Review*, 102 (1): 60 – 93.

③ Dell'Ariccia, G., L. Laeven, & G. A. Suarez, 2017, "Bank Leverage and Monetary Policy's Risk-taking Channel: Evidence from the United States", *The Journal of Finance*, 72 (2): 613 – 654.

杆，从而导致整个金融体系内的流动性短缺。这也会使得市场利率在短期内有所上升。在中性的货币政策环境下，7 天期上海银行间同业拆放利率（Shibor）从 2016 年年中的 2.3% 抬升到 2017 年年底接近 2.9% 的水平。

第三，流动性紧缩会使得金融机构主动收缩对实体经济的信用供给，尤其是对中小企业的信贷。在流动性紧缩的环境下，金融机构更偏向于安全度和流动性更高的资产配置，因此会主动抬升对实体经济的放贷门槛。而门槛抬升后，受冲击影响最大的就是小微企业。在过去金融加杠杆的环境下，小微企业由于具有更高风险和更高回报特征，偏向于市场化运营的影子银行体系更容易形成对他们的投资。这类投资由于缺乏充分的抵押品及稳定的未来现金流而承受更大的风险，在流动性充分的环境下，部分金融机构愿意承担部分风险而投向小微企业。但在金融去杠杆导致金融体系内流动性紧缩的条件下，这类投资可能会减少。即使还能提供信贷，资金价格也会上涨。

第四，部分金融机构的业务收缩乃至债务清算容易引发金融动荡。由于在过去的金融创新中，部分金融机构更多依赖于批发融资，即从金融体系内部获得资金。这些金融机构的资产负债表更为脆弱，极为依赖金融体系内部的流动性。在金融去杠杆过程中，这类金融机构一旦无法保证负债端资金的稳定性，就有可能产生流动性风险，出现破产清算的可能。2008 年雷曼兄弟破产后引发了美国金融体系的内部动荡，当时大量投行的负债端都无法获得持续的流动性支持而濒临破产清算。因此，在金融去杠杆过程中要严格防范金融监管"处置风险的风险"。

虽然金融去杠杆对实体经济可能造成诸多影响，但需要强调的是这些影响都是短期现象，是在资产负债结构调整过程中所产生的短暂影响。只要守住不发生系统性金融风险的底线，这些负面影响的程度有限，并不会对实体经济造成严重破坏。从长期来看，宏观审慎监管与货币政策是分离的，是中性政策。其目的在于清理由于规避监管的金融创新所产生的过于冗长的金融资产负债链条，避免监管套利，降低金融行业增加值占 GDP 的比例。这在长期内有利于降低实体经济的融资成本。实体经济融资成本可以看作储蓄者的利息收入与金融行业增加值之和①。2009 年以来，影子银行快速发展，在增加了金融行业资产负债链条的同时，也增加了金融行业增加值占比，这客观造成了实体经济融资成本的上升。

# 六　金融部门杠杆率展望

金融杠杆具有较强的顺周期性，在不受监管约束的环境下，金融杠杆与实体经济更多表现出同涨同跌的性质。自 2008 年国际金融危机以来，美国欧洲等发达经济体都经历了金融去杠杆过程，这与其宏观经济步入衰退周期是一致的。而中国的宏观经济并未陷入危机，叠加财政和信贷刺激，实体经济和金融部门杠杆率仍经历了较长时间的上升，金融风险进一步积累。

强监管与中性货币政策相配合是控制金融杠杆率的有力工具。中国自 2017 年以来出台了多项金融监管措施。过去几年放任金融杠杆率上升较快的重要因素在于监管不统一，大量金融创新被应用于监管套利行为。因此，加强监管统一性将有利于杜绝金融机构的各类套利行为，抑制通道业务和多层嵌套，从而降低金融部门杠杆率。这同时还有利于降低实体经济融资成本。

过去几年的金融监管已取得显著成效，金融杠杆率快速下降，实体经济平稳运行，宏观和金融机构层面都已经发生多项积极变化。

金融去杠杆的目标是让金融业回归服务于实体经济的本质，打消监

---

① Philippon T., 2015, "Has the US Finance Industry Become Less Efficient? On the Theory and Measurement of Financial Intermediation", *American Economic Review*, 105（4）：1408 - 1438.

管套利，让"资金空转"只保留维持金融机构间短期资金融通的本质属性。只要还存在由于监管套利所形成的资金空转，金融去杠杆就仍需继续进行下去。因此，金融部门去杠杆过程尚未结束，仍需坚持。只有当银行可以通过自己的投研能力服务于民营企业和新兴经济行业，同时居民的财富储存方式也不再完全依赖于商业银行，资金的来源与需求得以匹配，金融去杠杆过程才能结束。中国金融业效率有很大的提升空间，降低金融杠杆率有利于减少金融业的服务成本，使实体经济融资成本下降，促进经济增长。

# 第九章

# 地方隐性债务规模估算及其风险

关于中国地方政府隐性债务的规模及风险，国内外虽然讨论很多，但由于对于地方政府隐性债务的界定及规模估算存在较大分歧，且相关的公开数据来源有限，所以相关学术文献有限。根据审计署的数据，在 2013 年 6 月末，表外债务中约有 41% 为融资平台债务，约有 28.3% 为国有企业债务，这二者之和大约占表外债务的 70%。除此之外，还包括一些机关事业单位债务、政府性基金债务等[1]。审计署将地方政府债务划分为负有偿还责任的债务、负有担保责任的债务和可能承担一定救助责任的债务三类，后两者又被统称为政府或有债务。在政府官方债务之外，还有另一大块债务虽然没有被审计署和财政部视作政府官方债务，但学者和国际机构普遍也将其视为政府或有债务[2]。IMF 专门为中国创造了增扩财政（Augmented Fiscal）概念，来囊括这部分未被政府官方认可的债务。这就是地方政府融资平台的全部债务中没有被列入官方债务的部分[3]。Bai 等从融资平台出发，假

---

[1] 国家审计署：《全国政府性债务审计》，2013 年。

[2] 国家审计署：《全国地方政府性债务审计结果》，2011 年；国家审计署：《全国政府性债务审计》，2013 年。

[3] IMF, 2012, "Staff Report for Article IV consultation: People's Republic of China", IMF Country Report No. 15/272.

设债务规模服从帕累托分布，并在已知条件下估算了地方政府隐性债务[1]。张智威和熊奕则比较简单地假设发债平台债务占全部平台债务的80%而进行估算[2]。Bai 等两个方面高估了融资平台债务[3]。第一，其官方债务规模采用了不恰当的数据，此处应仅考虑官方债务中融资平台债务，但他们采用了全部地方政府的官方债务。仍以 2013 年 6 月为例，地方政府总官方债务为 17.8 万亿元，其中融资平台官方债务为 7.0 万亿元，平台债务仅占总债务的 39%。第二，其对发债平台数据采用的是全部负债，而非核心债务，如前所述核心债务仅占全部负债的 65%。Chen 等假设表内债务与表外债务保持一定比例，从而将地方政府债务的融资工具进行分类，认为影子银行为地方政府融资的占比减小[4]。

2017 年，中国加大清理地方政府隐性债务以来，地方政府融资行为进一步规范。以融资平台为主体的地方政府隐性债务一部分以债券置换的方式转换成地方政府债券，既节约了成本，也降低了隐性债务的风险。但是在债务清理过程中，还有大量的隐性债务并没有被地方政府确认，因而也没有被转化为地方政府债券，而是由地方政府单方面撇清债务责任，这实际上是将财政风险金融化。这种方法非但没有从实质上降低风险，反而影响了金融机构的资产质量，进一步降低了债务透明度，更严重干扰了金融市场预期。由此导致的金融机构风险偏好明显下降，地方政府融资更加困难。

---

[1] Bai, Chong-En, Chang-Tai Hsieh, & Zheng (Michael) Song, 2016, "The Long Shadow of a Fiscal Expansion", *Brookings Papers on Economic Activity*, 60: 309 – 327.

[2] 张智威、熊奕：《地方政府融资平台债务风险分析》，德意志银行宏观报告，2017 年。

[3] Bai, Chong-En, Chang-Tai Hsieh, & Zheng (Michael) Song, 2016, "The Long Shadow of a Fiscal Expansion", *Brookings Papers on Economic Activity*, 60: 309 – 327.

[4] Chen Z., He Z., & Liu C., 2017, "The Financing of Local Government in China: Stimulus Loan Wanes and Shadow Banking Waxes", NBER Working Paper.

# 一　地方政府债务的界定与分类

## （一）单一制政体下的地方政府债务

从政治学角度看，当今世界主要分为三种类型的国家——单一制、联邦制和邦联制。实行单一制的国家较多，最典型的如日本；实行联邦制的典型国家是美国，各个州政府是具有立法权的行政主体，彼此联合在一起形成联邦政府；而欧盟类似于邦联制，只不过是一种比联邦制更为松散的组织形式。

中国按照法律定义，是属于单一制和联邦制共存的政治制度。中国内地有 4 个直辖市、22 个省和 5 个民族自治区，共 31 个地方政府。按照法律规定，5 个民族自治区实行民族自治，与中央政府属于联邦性质；而其他省及直辖市则属于单一制政体关系。

但在实际运行中，又面临许多现实问题，并不是一个非此即彼的概念划分。根据国际惯例，小国比较适用于单一制，区域较小使得整个国家的地区差异不大，比较适用于单一的政治制度和经济制度，中央政府管辖的范围可以覆盖到基层，因此单一制比较适合这类国家。而对于像美国这样的大国，国土面积较大，各地经济、政治、文化、制度等方面又存在着较大区别，"一刀切"式的单一制不能满足多样化和差异化的需求，因此联邦制更为合适。

但中国的情况最为特殊，在《宪法》框架内，考虑到一些少数民族集中区域的特殊性，设置了一些民族自治的联邦政治制度，但在大部分区域内依然实行单一政治体制。这是由于中国历来中央政府的权威较重、历史上大一统的时间较长，而整个中华民族的思想文化又高度统一。因此中国是全球范围内比较特殊的大国却基本实行单一制的国家。

在这个单一制制度框架内，国务院作为中央人民政府负责统一领导，地方各级人民政府负责本区域的各项行政事务，同时对同级人民代表大会和上一级国家行政机关负责。整体上可划分为五级行政体制，包括中央（国务院）；省、自治区、直辖市；市、地区、盟、州；县、县级市、旗；乡、镇。乡政府属于基层政府，而乡之下的行政村不属于正式的组织序列，只是村民的自治组织，但实际中属于乡镇政权的延伸。尤其是大量落实到村级的公共支出需要由行政村支付，与地方政府并无本质区别，因此在核算地方政府资产与债务时，一般也会将村列入核算范围。

但中国毕竟地大物博、人口众多，如此之大的一个国家很难完全实行小国那样纯粹的单一制。地方政府更接近于基层，对本地区的经济特征与需求有更全面了解，大量经济建设与投资的任务依然要靠地方政府拉动。地方政府很难完全依附于中央，某种意义上，给予地方更多财权和事权更有利于推动当地经济的跨越发展，而这与联邦制更为类似。因此，从实质上可以说中国是位于单一制与联邦制中间地带的政治制度。自 1994 年和 1998 年的两次分税制改革后，地方政府在获得更大的经济发展事权的同时，并没有获得相应的财权，中央调控能力更强，而地方政府财力不济。这引致了之后一系列地方财政问题与风险，包括地方融资平台债务、地方土地财政等。

制度创新与监管套利为统计核算带来了较大难度。但探明摸清地方政府的资产负债表却又极其重要，这既可以帮助我们了解政府资产负债的家底，加强对风险的预警排查，同时也有利于为将来解决地方政府债务问题，探索更合适的制度框架提供帮助。

### （二）地方政府债务的概念

关于债务，不同学科有着不同的概念定义。经济学上对于债务的认识则主要从相对宏观的角度出发，侧重于从债务的产生进行定义。对于政府债务，国际会计师联合会公共部门委员会在《2006 公共部门会计及准则》中认为：政府债务是指政府由于过去事项引起的现时义务，该义务的履行预期会导致政府资源的流出，这种流出既可以体现为经济利益，也可以体现为服务的形式。许安拓认为政府债务应该具备两点主要特征：首先，政府过去做出的某种承诺，导致现在必须履行，不履行则是为政府与民众或其他经济体的社会契约的破裂；其次，政府一旦履行该承诺，极有可能产生可以货币化计量的经济利益流出①。

中国的地方政府债务一般是指地方各级政府（省、市、县、乡四级）作为债务人，按照法律条件和合同约定，向债权人承担的资金偿付义务。在联邦制政府中，地方政府债务一般采取预算硬约束，即地方政府在资不抵债的情况下，不会冲击到上一级政府，而往往通过领导人变更、地方破产、财税制度重新安排来恢复秩序。但中国从法制上属于单一制，地方政府没有破产的可能，这就使得地方政府一旦发生债务违约就会冲击到上一级政府，最终只能靠中央政府来买单。因此早在1998年出台的《中华人民共和国预算法》中就已规定地方政府未经国务院批准不得擅自举债。然而地方经济发展的需求和财力不足又使得地方举债具有一定必要性，这也是由中国的特殊国情所决定。

在实际操作中，中国出现了大量的看似市场化但实质却是政府财政行为的制度创新。最典型的就是地方政府融资平台，成为地方政府的"第二财政"。融资平台公司一般是指由地方政府及其部门和机构、所属事业单位等通过财政拨款或注入土地、股权等资产设立，具有政府公益性项目投融资功能，并拥有独立法人资格的经济实体。具体形式上，包括各类综合型投资公司（如建设投资公司、建设开发公司、投资开发公司、投资控股公司、投资发展公司、投资集团公司、国有资产运营公司、国有资本经营管理中心等）和行业性投资公司（如交通投资公

---

① 许安拓：《走出地方经济发展的融资困境》，中国市场出版社2012年版。

司）。这类形式的市场化的公司由于其公益化属性，许多无法产生与支出相对应的现金流入，而只能依靠政府信用维持其运营。这类平台上所发行的债券和银行信贷也多依靠其背后政府的信用担保，以未来的财政收入作为偿还支撑。其本质上完全属于地方政府债务的概念，也必须纳入地方政府资产负债表的考虑范围之内。

因此在考虑地方政府资产负债表时，做出广义与狭义之分，广义的债务可称之为"地方政府性债务"。这种口径侧重于从违约风险角度出发，而不是仅仅法律意义上的政府部门，还将地方政府所控制的公共事业单位纳入考察范围。根据官方定义，地方政府性债务是指地方政府、经费补助事业单位、融资平台公司等直接借入、拖欠或因提供担保、回购等信用支持，因公益性项目建设形成的债务。其中，因直接借入、拖欠所形成的债务为直接债务；因提供担保所形成的债务为担保债务。本书将按照广义口径和狭义口径分别估算地方政府的资产负债表，其中狭义的口径一般称为"地方政府资产负债"，而将广义的口径称为"地方政府性资产负债"。

### （三）地方政府债务的分类

世界银行对政府债务推荐采用四象限的矩阵分类法，从法律和发生可能性两个维度来统计。根据法律是否明确，可以分为显性债务和隐性债务：显性债务是指政府公开承诺或者存在合同担保，具有法律和政策约束力的债务；而那些不存在约束合同，但出于维持社会稳定，满足公众的期待和道义上的责任而承担的债务为隐性债务。从发生可能性维度，可分为直接债务和或有债务：直接债务是指一定会履行，必须承担的责任；或有债务则是指以其他事件的发生为前提，只在特定情况下需要承担的责任义务，并非实际意义上的负债。根据这种四象限分类法，世界银行给出了政府财政风险矩阵。

表 9 - 1　　　　　　　　　　世界银行政府债务矩阵

| 债务来源 | 直接（必须承担） | 或有（有一定概率发生） |
|---|---|---|
| 显性（法律或政策所确立的明确政府债务） | 主权债；<br>预算支出；<br>长期的有法律约束力的预算支出（公务员工资和退休金） | 国家给地方政府以及公有和私有实体担保的非主权债务和义务；<br>国家担保的各类贷款（抵押贷款、学生贷款、农业贷款、中小企业贷款）；<br>贸易和汇率担保；<br>对外国主权债的担保；<br>对私人投资的担保；<br>国家保险制度（存款保险、私人养老基金收益保险、农作物保险、洪水保险、战争保险） |
| 隐性（基于公众预期、社会压力、避免政治动荡而承担的道义责任） | 非法定的未来公共养老金（非公务员退休金）；<br>非法定的社会保障制度；<br>非法定的未来卫生保证基金；<br>公共投资项目的未来经常性费用 | 地方政府未予担保的债务和义务违约；<br>私有化下实体经济的债务清理；<br>银行倒闭（超过了国家保险范围）；<br>无担保的养老基金、事业基金、社会保障基金的投资失败；<br>中央银行债务违约；<br>其他的紧急救援要求；<br>环境恢复、灾难救援、军事救援 |

数据来源：Polackova Brixi H. , & Schick A. , 2002, "Government at Risk：Contingent Liabilities and Fiscal Risk"。

在这一分类原则的基础上，审计署分别于 2011 年和 2013 年对中国地方政府性债务做了模拟。《全国地方政府性债务审计结果》将地方政府性债务分为三类。第一类是政府负有偿还责任的债务，即政府及政府部门本身的举债，以财政资金偿还；第二类是政府负有担保责任的或有债务，即债务本身非政府责任，但当债务人出现偿还困难时，地方政府需要承担连带责任；第三类是其他相关债务，即由相关企事业单位自行举借用于公益性项目，以项目自身收入偿还债务，政府既未提供担保也不负有法律偿还责任，但当出现违约风险时，政府可能会给予救助。由于国家审计署这两次对于地方政府债务的审计结果数据翔实权威，本书在后面的分析中也就这一结果作为数据基础再进行相应推导。

# 二　地方政府债务的演进历程

目前，中国政府权力分为五级，即中央、省、市、县和乡（镇）五级政府，除中央政府之外，省、市、县和乡（镇）级政府称之为地方政府。财政级次相应地也分为五级。除中央财政之外，省、市、县和乡（镇）级财政称为地方财政。长期以来，中国法律法规明确地方政府不得举债，但实际上地方政府通过多种变通方式进行举债，且这种举债是普遍存在的。但地方政府的这些债务并不体现在地方政府预算上，这也是地方政府债务难以估算的原因，没有一个机构能够说明中国地方政府债务的总规模及其具体构成。同时，中央政府、各级地方政府由于缺乏统一的信息来源通道，缺乏对地方政府债务的集中管理与统一管理措施。

中华人民共和国成立以来的大部分时间里，地方政府性债务主要体现在银行贷款和债券这两种形式。但是由于70年以来，社会经济制度处于不停地变革和完善之中，政府债务的形式，尤其是地方政府债务的形式也发生过多次结构性变迁。大体可划分为三个阶段：1949—1978年纯计划经济体制期，基本没有政府债务；1978—2008年改革开放后至国际金融危机前的改革发展期；2008年至今国际金融危机后的地方政府性债务大规模爆发和治理期。

## （一）传统计划经济时期（1949—1978 年）

这一时期，中国主要实行的是公有制和计划经济，这是完全不同于当前市场经济的一种经济制度。在计划经济体制下，国家预算、银行信贷和国营企业财务是一种并存关系，国家财政仅仅是公有经济的一个账房先生。政府部门与企业的划分并不明显，金融企业部门更不能单独当作一个社会实体部门来对待，全社会只需分出公有和私有两大部门足矣。1961年财政部《关于改进财政体制加强财政管理的报告》中规定：国家财政预算，从中央到地方实行上下一本账，坚持全国一盘棋，不准打赤字预算。地方政府并不存在独立一级的财政权利，而只是中央财政计划的执行机构。所以大部分时期，中国都是既无内债，也无外债，资产负债表中有多少资产就有多少权益。

在中华人民共和国成立初期，社会主义公有制的经济制度尚未完全建立。政府也尝试发行过一些债券，即地方政府"公债"。1950年2月15日，东北政府发布《一九五零年东北生产建设折实公债条例》，年息五厘，以实物进行还本付息。1953—1957年的第一个五年计划期间，为了最大化筹集资金支持重工业发展，中央财政分5次累计发行了34.45亿"国家经济建设公债"。1958年开始，中央又公布了《关于发行地方公债的决定》，认为在必要的时候可以发行地方公债筹集建设资金，并停止全国性公债的发行。之后部分地方政府发行了此类地方经济建设公债。但随着其后公有制和计划经济的完全确立，以及农业为工业输入资金经济体系的建立，发行公债筹集资金已经失去了必要性。最后一笔公债于1968年偿清后，中国政府债务保持了长达10年的零规模。

### （二）改革发展时期（1978—2008年）

从地方政府角度来看，在1979年有8个县区举借了政府负有偿还责任的债务，此后各地开始陆续举债。1981—1985年是省级政府大规模举债时期，有28个省级政府开始举债；1986—1996年是市县级政府大规模举债时期，有293个市级政府和2054个县级政府开始举债。至2010年年底，全国仅有54个县级政府没有政府性债务。

表 9 - 2　　　　　　　　全国各地区政府性债务数量

| 年度 | 省级 | | | 市级 | | | 县级 | | |
|---|---|---|---|---|---|---|---|---|---|
| | 开始（个） | 累计（个） | 累计占比（％） | 开始（个） | 累计（个） | 累计占比（％） | 开始（个） | 累计（个） | 累计占比（％） |
| 1979—1980 | 0 | 0 | — | 4 | 4 | 1.02 | 51 | 51 | 1.84 |
| 1981—1985 | 28 | 28 | 77.78 | 56 | 60 | 15.31 | 300 | 351 | 12.63 |
| 1986—1990 | 5 | 33 | 91.67 | 121 | 181 | 46.17 | 833 | 1184 | 42.61 |
| 1991—1996 | 3 | 36 | 100 | 172 | 353 | 90.05 | 1221 | 2405 | 86.54 |

数据来源：国家审计署：《全国地方政府性债务审计结果》，2011 年。

　　1979—1980 年改革快速推进，一系列新政导致财政支付大幅增加，包括提薪、奖金、就业、退赔、农产品提价等，同时固定资产投资大幅加快。财政赤字压力上升，通货膨胀严重，因此从 1981 年起开始恢复内债的发行。直至 1992 年之前，中国都处于转型初期，中国的财政也采用"分级管理"的制度，地方具有较高的经济自主权，通过"放权让利"地方配置资源的能力加强，创新积极性也较高。1988 年开始发行临时基本建设债券以弥补地方财政赤字，这一时期许多地方政府都发行过地方债券，甚至有些是无息债券强制摊派到各单位。

　　1992 年南方谈话之后，中国全面改革开放，并且明确了社会主义市场经济体制的改革目标，地方政府性债务蓬勃发展。另外随着中央政府权利的不断下放，地方财政权利一度超过中央，甚至多次出现中央向地方借钱的情况。为建立全国统一市场的需要，1994 年开始了分税制改革，重新加强了中央财政，限制了地方政府负债规模。1995 年 1 月 1 日开始实施的《中华人民共和国预算法》规定除法律和国务院另有规定外，地方政府不得发行政府债券。此后直至 2009 年，地方政府都没有再发行过债券。但由于地方经济发展的需求，地方政府开始用多种方法变相融资、自行举债，地方投融资平台成为政府举债的主要方式。地方政府融资平台是指由地方政府以财政、土地、股权等作为资产注入，主要承担政府投资项目的融资需求的实体，它拥有独立法人资格。

自 1997 年起，地方政府性债务规模逐年增长，这期间也经历了多次增速高峰，尤其是为应对 1997 年开始的亚洲金融危机，1998 年的债务余额增速高达 48%，当然这一纪录也被之后 2009 年 4 万亿时期 60% 以上的增速所替代。此外 1998 年中央政府也开始尝试一种国债转贷的方式，即将国债所筹集的资金通过协议转贷给地方政府。1998—2005年，中央财政共发行了 9900 亿长期建设国债，其中约 1/3 转贷给地方政府使用。

表 9 - 3　　**全国地方政府性债务余额增速（1997—2001 年）**　　单位：%

| 年份 | 1997 | 1998 | 2002 | 2007 | 2008 | 2009 | 2010 |
|------|------|------|------|------|------|------|------|
| 增速 | 24.82 | 48.20 | 33.32 | 26.32 | 23.48 | 61.92 | 18.86 |

数据来源：国家审计署：《全国地方政府性债务审计结果》，2011 年。

### （三）地方债大爆发与治理期（2008 年至今）

本书第八章第 3 节中详述了 2008 年国际金融危机爆发以来中国地方政府债务发展与监管的路径。这一时期地方政府隐性债务快速增长，且与宏观经济周期具有较强的一致性。2009 年的 4 万亿刺激计划是地方政府隐性债务大量出现的直接原因，虽然监管部门在 2014 年开始了对这部分债务的治理，提出了"开前门、堵后门"的方针，开始了债务置换过程，但同时也出现了诸如 PPP、政府性基金等地方政府债务的新"马甲"。2019 年，地方政府债务问题依然较为严重，还本付息的压力较大，甚至有些人已经提出应开启新一轮的债务置换过程。

无论是新一轮的隐性债务置换，还是专项债可充当资本金的规定，都是在充分认识到地方政府隐性债务大量存在以及债务到期还本付息压力较大的事实基础上，防范债务违约导致系统性金融风险的应有举措。从债务发展和监管的周期性规律可以明显看出，中国地方政府债务问题并非孤立的存在，而是关系到宏观经济增长、金融体系稳定以及政府债务可持续性的重要环节。对债务风险的化解也并非简单一蹴而就，应在认清事实的基础上找到解决问题的根源。

## 三　地方政府隐性债务估算

对地方政府隐性债务的范围界定存在分歧，相关数据来源也有限，导致不同学者以及国际机构对中国地方政府隐性债务规模的估算存在较大差别。综合来看，最主要的估算方法有三类。第一种方法是按照融资主体的分类来估算，Bai 等以及张志威和熊奕都是在这一假设下主要估算了融资平台的债务，用来表示地方政府的隐性债务[1]。第二种方法是按照融资工具估算，Chen 等便是采用这种方法来讨论隐性债务中银行与影子银行的此消彼长[2]。第三种方法是从政府支出缺口的角度来考虑，IMF 曾采用这一方法来估算中国地方政府的增扩债务[3]。

这三种方法各具优势，但也都存在各自的缺陷。采用融资平台为主的融资主体数据具有较完整的数据来源，但混淆了融资平台中用于基建的资金和其他纯商业性资金；采用融资工具估算的方式具有最直接的对应性，但相关数据来源有限，估算中涉及的假设较多；采用基建投资支出倒推的方式更符合现实经济运行的逻辑，但同时也忽视了众多其他政府支出的因素，并且这种方法是采用流量积累为存量的假设，导致估算误差会逐期积累，影响最终结果的准确性。将这三者综

---

① Bai，Chong-En，Chang-Tai Hsieh，& Zheng（Michael）Song，2016，"The Long Shadow of a Fiscal Expansion"，*Brookings Papers on Economic Activity*，60：309 – 327；张智威、熊奕：《地方政府融资平台债务风险分析》，德意志银行宏观报告，2017 年。

② Chen Z.，He Z.，& Liu C.，2017，"The Financing of Local Government in China：Stimulus Loan Wanes and Shadow Banking Waxes"，NBER Working Paper.

③ Zhang，M. Y. S.，& M. S. Barnett，2014，"Fiscal Vulnerabilities and Risks from Local Government Finance in China"，IMF Working Paper，No. 14/4.

合到一起进行考虑，可以帮助我们看清在一个时期内地方政府隐性债务的发展趋势。

### （一）两次审计报告的结论

2011 年和 2013 年，国家审计署两次公布了对地方政府性债务规模的审计报告，分别报告了 2010 年年底和 2013 年 6 月末中国地方政府性债务的审计规模，其主要结果是本书对地方政府隐性债务估算的基础。表 9 - 4 和表 9 - 5 是两次审计报告的主要结论。

表 9 - 4　　　　　**地方政府性债务规模（2010 年年底）**　　　单位：亿元

| | 负有偿还责任 | 或有债务 | | 总债务 |
| --- | --- | --- | --- | --- |
| | | 负有担保责任 | 可能承担救助责任 | |
| 银行贷款 | 50225 | 19134 | 15320 | 84679 |
| 上级财政拨款 | 2130 | 2347 | 0 | 4477 |
| 发行债券 | 5511 | 1066 | 989 | 7566 |
| 其他单位和个人借款 | 9242 | 821 | 385 | 10448 |
| 合计 | 67109 | 23369 | 16695 | 107173 |

表 9 - 5　　　　　**地方政府性债务规模（2013 年 6 月末）**　　　单位：亿元

| | 负有偿还责任 | 或有债务 | | 总债务 |
| --- | --- | --- | --- | --- |
| | | 负有担保责任 | 可能承担救助责任 | |
| 银行贷款 | 55252 | 19085 | 26849 | 101186 |
| BT | 12146 | 465 | 2152 | 14763 |
| 发行债券 | 11658 | 1673 | 5124 | 18455 |
| 应付未付款项 | 7781 | 90 | 701 | 8572 |
| 信托融资 | 7620 | 2527 | 4104 | 14251 |
| 其他单位和个人借款 | 6679 | 552 | 1159 | 8390 |
| 施工建设贷款 | 3269 | 12 | 476 | 3757 |

| | 负有偿还责任 | 或有债务 | | 总债务 |
|---|---|---|---|---|
| | | 负有担保责任 | 可能承担救助责任 | |
| 其他金融机构融资 | 2000 | 309 | 1055 | 3364 |
| 上级财政拨款 | 1326 | 1707 | 0 | 3033 |
| 融资租赁 | 751 | 193 | 1374 | 2318 |
| 集资 | 373 | 37 | 393 | 803 |
| 合计 | 108859 | 26655 | 43393 | 178907 |

地方政府负有偿还责任的债务也被称作表内债务，或地方政府的显性债务①。2010 年年底和 2013 年 6 月末分别为 6.7 万亿和 10.9 万亿元。其中的地方政府债券发行规模分别为 0.55 万亿和 1.17 万亿元，只占到显性债务中的很小一部分，显性债务的主体仍然是银行贷款。根据《关于加强地方政府债务管理的意见》和新《中华人民共和国预算法》的规定，2015 年开启了地方政府债务置换的进程，用地方债来替代其他形式的地方政府债务。截至 2018 年年底，地方政府债券的存量规模已达到 18.1 万亿元，而财政部公布的地方政府显性债务为 18.4 万亿元，置换进程已经基本完成，此后地方政府显性债务的规模也基本上与地方政府债券的存量规模相一致。截至 2019 年第三季度末，地方政府显性债务规模达到 21.4 万亿元，地方政府债券存量规模为 21.1 万亿元，其他非债券类的债务仅为 0.3 万亿元左右。

在此数据的基础上，本书根据两个数据来源来估算地方政府显性债务规模的历史数据。首先对于 2010 年之前的地方政府债务，2011 年审

---

① 这部分债务完全由地方政府财政承担偿还责任，在审计署公布审计数字之前可能并未理清偿还主体责任，这部分债务中的一部分尚不能被称作显性债务，但审计报告公布后，根据定义则已经成为了地方政府的显性债务。

计署报告中估算了 1997—2010 年的地方政府性债务余额的增速，假设这一增速与地方政府显性债务的增速一致，并且再假设 1994—1996 年的显性债务增速与 1997 年一致，从而可以估算出 1993—2010 年地方政府显性债务的规模。对于 2014 年之后的地方政府显性债务财政部都有官方公布，2018 年年底为 18.4 万亿元。2010—2013 年的显性债务规模则采用简单的复合增速估算方法得到。1993—2018 年地方政府显性债务估算规模及与名义 GDP 之比，如图 9-1 所示。

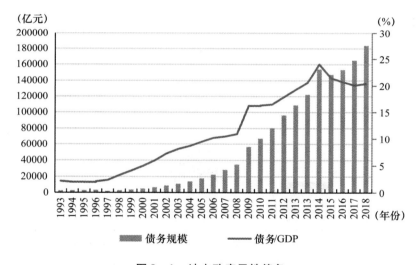

**图 9-1　地方政府显性债务**

注：2015 年地方政府显性债务规模相比 2014 年有所下降，笔者猜测与核算方法的调整有关。2015 年财政部公布的地方政府一般债务规模初值为 99272 亿元，专项债务规模初值为 60801 亿元，共计 160073 亿元；而最终核算值分别降低到 92619 亿和 54949 亿，共计 147568 亿元，相比初值下降了 8%。2014 年只公布了初值，没有最终核算值，二者合计为 154074 亿元。因此，2015 年的初值相对于 2014 年有所上升，而最终核算值相对于 2014 年则有所下降。由于这部分债务占比有限，这一调整对于本书所估算的长期债务增长趋势并没有产生较大影响，因此本书遵照财政部核算公布的基础数据，未做调整。所导致的结果可能为 2010—2014 年的地方政府显性债务有稍许高估，而当前数据则更为准确。

从地方政府显性债务的规模及与 GDP 之比来看，《关于加强地方政府债务管理的意见》和新《中华人民共和国预算法》实施后，债务规模高速上涨的趋势得到抑制，尤其是与 GDP 之比稳中有降，基本实现了债务的稳定。且从地方政府显性债务的构成来看，2014年之前，债务的主体为银行贷款，2010 年年底和 2013 年 6 月末银行贷款分别占到债务总规模的75%和51%，而地方政府债券的占比很小，这两个时间点的占比都仅为6%。而经过地方政府债务的置换过程后，到2018 年年底，地方政府债券已经占到了显性债务总规模的98%。

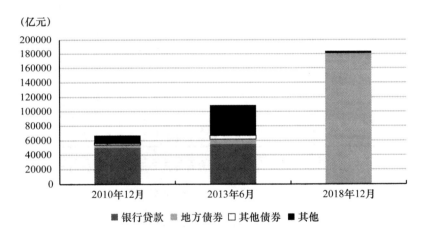

图9-2　地方政府显性债务规模及组成成分

### （二）按融资主体估算地方政府隐性债务

从融资主体角度来看，地方政府隐性债务的主要构成是城投公司债务。自 2008 年国际金融危机提出 4 万亿刺激计划后，地方政府融资平台债务快速增长。2009 年 3 月中国人民银行和银监会联合提出了"支持有条件的地方政府组建融资平台，发行企业债、中期票据等融资工具，拓宽中央政府投资项目的配套资金融资渠道"。地方政府通过给城投公司担保的方式形成了大量隐性债务。但到 2014 年《关于加强地方政府债务管理的意见》后，地方政府融资平台的融资规模受到限制，而地方政府也在积极寻找其他的融资方式，其中以 PPP 和各类政府性基金为主。

对于地方政府融资平台的债务，两次审计报告中公布了平台债务中的显性和隐性负债规模。2010 年融资平台债务中的政府显性债务和隐性债务分别为 3.1 万亿和 1.8 万亿元，2013 年 6 月末二者分别为 4.1 万亿和 2.9 万亿元。此外，还可以从全部发行过债券的融资平台所公布的资产负债表中获得融资平台带息债务数据①。进一步，假设发行过债券的融资平台债务规模是全部融资平台债务的 80%，从而估算出全部融资平台的带息债务规模。2010 年和 2013 年 6 月末，全部融资平台带息债务分别为 11.0 万亿和 18.9 万亿元。因此，全部地方政府融资平台债务中被地方政府承认的债务（显性债务 + 隐性债务）规模占比分别为 45% 和 37%，其中隐性债务规模占比为 17% 和 15%，如表 9 - 6 所示。

表 9 - 6　　　　　　　　　地方政府融资平台债务规模

| | 2010 年年底 | 2013 年 6 月末 |
| --- | --- | --- |
| 显性债务中的融资平台债务（亿元） | 31375 | 40756 |
| 隐性债务中的融资平台债务（亿元） | 18335 | 28949 |
| 全部融资平台带息债务（亿元） | 109741 | 188831 |
| 融资平台债务中的隐性债务占比（%） | 17 | 15 |
| 融资平台债务中的全部政府性债务占比（%） | 45 | 37 |

---

① 本书的带息债务假设为贷款和债券。

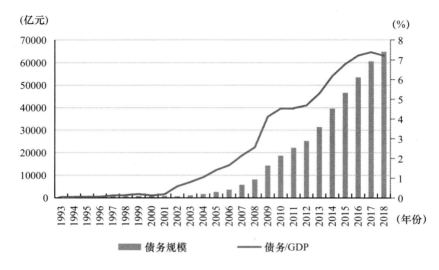

图9-3 地方政府融资平台所形成的隐性债务

　　根据这一规模占比，根据官方的标准，2014年之后的地方政府融资平台带息债务中有15%形成了隐性债务，而2013年之前的这一比例假设为17%。2018年年底，全部融资平台的带息债务规模估算为43.3万亿元，其中按照官方标准估算出的隐性债务为6.5万亿元，与当年名义GDP之比为7%。

　　根据审计报告所公布的信息，地方政府融资平台之外的融资主体还包括政府部门和机构、事业单位、国有企业等主体所形成的负债。这部分债务中的地方政府隐性债务在2010年年底和2013年6月末分别为2.2万亿和4.1万亿元。由于缺乏相关信息，对这部分债务的估算，没有非常好的方法，只能先考虑包括地方政府融资平台在内的全部被官方认定的地方政府隐性债务规模，再反推这部分非平台融资主体的债务。两次审计报告给出的2010年年底和2013年6月末的全部地方政府隐性债务规模分别为4.0万亿和7.0万亿元；财政部向人大提供的报告中透露了2014年年底地方政府隐性债务规模为8.6万亿元；在一次答记者问时，财政部表示 2015 年年底加入了地方政府表外债务后，地方政府性债务与 GDP 之比从 39.4% 升至 41.5%，因此这部分表外债务与 GDP 之比应为 2.1%，约为 7.2 万亿元。进一步假设 2010 年之前地方政府隐性债务增速与显性债务增速一致，而 2015 年之后由于新《中华人民共和国预算法》的限制，除融资平台外，政府部门、事业单位和国有企业都不再形成地方政府的隐性债务。由此，可以估算出 1993—2010 年已经被官方认定的全部地方政府隐性债务规模。进而用这个规模减去已经估算出的被官方认定的融资平台隐性债务后，得出其他融资主体所形成的隐性债务。

2015 年之后，这部分融资主体的举债受到了严格控制，但大量出现的 PPP 成为新的举债"马甲"。有些 PPP 项目采取固定回报形式，与项目的绩效脱钩，本质上形成了一笔政府债务。此外，地方政府开始更多地采用转型建设基金和政府引导基金等方式进行融资。2018 年年底，PPP 投资总规模达到 17.7 万亿元，假设其中 20% 可能会形成地方政府隐性债务。此外，2014 年后，还出现了专项建设基金和政府引导基金的政府融资新模式，地方政府通过这类基金吸引社会资本参与到公共基础设施建设投资中来。根据清科研究中心的估算，这部分基金所形成的地方政府隐性债务在 2018 年年底为 6.8 万亿元。IMF 在估算中国政府的增扩债务时也采用了这一估算数据，本书对这类政府性基金的估算方法与 IMF 一致。

综合来看，如果考虑全部融资平台债务，则 2018 年年底地方政府隐性债务规模为 53.5 万亿元；如果按照审计报告中官方认可的融资平台所形成的隐性债务来估算，则 2018 年年底地方政府隐性债务规模为 16.8 万亿元，如表 9-7 所示。真实情况应介于这两者之间。

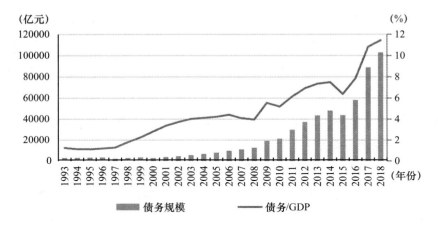

图 9 - 4 　地方政府融资平台外其他融资主体所形成的隐性债务

表 9 - 7　　　　　　　　按融资主体估算的地方政府隐性债务规模　　　　单位：万亿元

| 年份 | 融资平台全部债务（除显性债务部分） | 官方认定的融资平台隐性债务 | 政府部门、事业单位、国有企业隐性债务 | PPP形成的隐性债务 | 政府性基金形成的隐性债务 | 总债务（考虑全部融资平台债务） | 总债务（仅考虑官方认定的平台债务） |
|---|---|---|---|---|---|---|---|
| 2010 | 78366 | 18656 | 21409 | 0 | 0 | 99775 | 40065 |
| 2014 | 207151 | 39620 | 46380 | 0 | 1740 | 255271 | 87740 |
| 2018 | 431531 | 64919 | 0 | 35326 | 67670 | 534527 | 167914 |

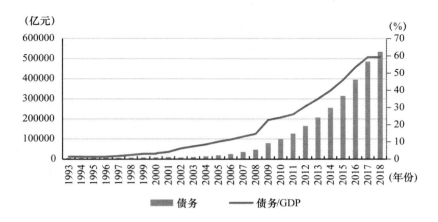

图 9 - 5　按融资主体估算的地方政府隐性债务（考虑全部融资平台债务）

### （三） 按融资工具估算地方政府隐性债务

按照融资工具划分，地方政府隐性债务包括银行贷款、信托贷款、委托贷款、城投债券、券商资管产品、基金子公司产品、融资租赁等。此外，PPP 和政府性基金也可以被看作是一种类型的融资工具。

根据两次审计报告，2010 年年底和 2013 年 6 月末，被官方认定的地方政府性债务中的银行贷款规模分别为 8.5 万亿和 10.1 万亿元。从另一个角度看，全部融资平台中负债方的短期贷款和长期贷款总和在这两个时间点分别为 8.6 万亿和 13.0 万亿元。这两个数值比较接近，官方认定的政府性债务中贷款占全部融资平台贷款的比例分别为 99% 和 78%。但由于融资平台贷款中不仅包含银行贷款，还包含了信托、委托、票据以及从非金融机构所取得的贷款，这二者并不能简单比较。此外，中国人民银行公布了 2011 年和 2012 年这两年的主要金融机构贷款余额中流入基础设施建设投资中的余额，且之后几年全部公布这一余额的增速。经过对比，发现这一余额与融资平台的贷款余额非常接近，略高于审计报告中公布的贷款余额。因此，可以用这个数据减去显性债务中的银行贷款来表示地方政府隐性债务中的贷款余额。2018 年隐性债务中的银行贷款余额为 23.0 万亿元，占 GDP 的 26%。

信托贷款形成的地方政府隐性债务，采用中国信托业协会公布的基础产业信托规模来估算。2018 年基础产业信托规模为 2.8 万亿元，占 GDP 的 3%。委托贷款形成的隐性债务估算，基于全部信托贷款中流入基础产业的比例进行估算。例如 2018 年全部信托贷款规模为 7.6 万亿元，其中流入基础产业的规模为 2.8 万亿元，占比 35%。因此，同样假设全部委托贷款中流入基础产业的比例为 35%。因此，2018 年委托贷款余额为 12.4 万亿元，笔者估算出形成地方政府隐性债务的规模为 4.4 万亿元，占 GDP 的 5%。

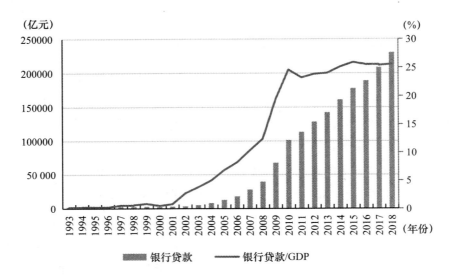

图 9 - 6  地方政府隐性债务中的银行贷款规模

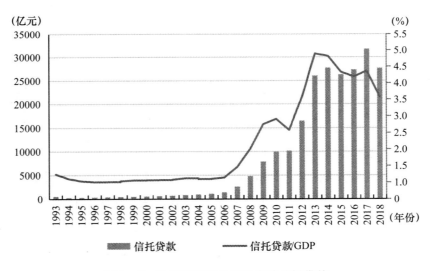

图 9 - 7  地方政府隐性债务中的信托贷款

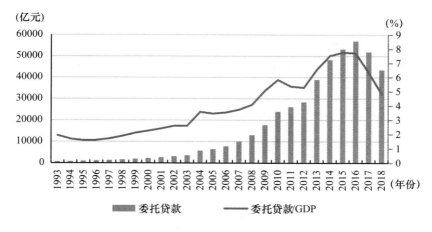

**图9-8 地方政府隐性债务中的委托贷款**

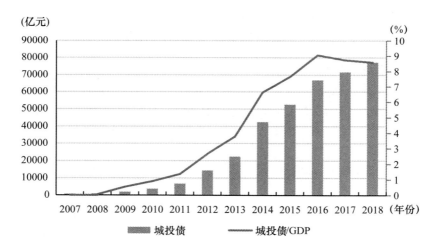

**图9-9 地方政府隐性债务中的城投债**

城投公司所发行的债券规模在2009年进行大规模刺激之前规模极小，之后由于地方政府融资平台的发展，这类债券规模大幅度上升。城投债与GDP的比例在2016年年底达到顶点，约占GDP的9.0%。之后几年，随着结构性去杠杆及控制地方政府隐性债务政策的陆续出台，这一比例开始下降。到2018年年底，城投债规模为7.7万亿元，与GDP

之比下降到 8.6%。

券商资管计划产品中投入基础产业建设和融资平台的资金主要来自定向资管计划。根据 2016 年基金业协会的年报，定向资管计划中流入基础产业和融资平台的比例约为 5%。由此估算出 2018 年年底，券商资管计划所形成的地方政府隐性债务为 5497 亿元。

基金产品中流入地方政府的资金主要来自于专户基金。根据 2016 年基金业协会的年报，全部基金公司子公司专户产品中流入基础产业建设和融资平台的比例约为 14%。由此估算出 2018 年年底，公募基金子公司专户产品所形成的地方政府隐性债务规模为 7346 亿元。

融资租赁产品中流入地方政府的规模并没有官方报告作为参考。通过部分发行过债券的租赁公司所披露的信息，再进行合理推算后认为约为 30% 的融资租赁合同余额形成了地方政府隐性债务。2018 年年底这一规模估算为 2.0 万亿元。

综合来看，这三类金融产品所形成的地方政府隐性债务规模在 2016 年达到顶点，约为 3.8 万亿元，随着 2017 年年底资管新规征求意

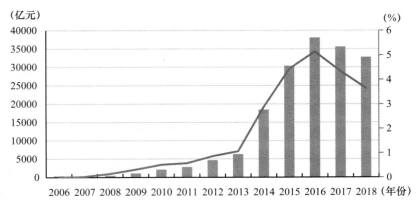

图 9-10　其他几类金融产品所形成的地方政府隐性债务

见稿和 2018 年的资管新规指导意见的出台，这一数值开始下降，至 2018 年年底已经大幅降至 3.3 万亿元。

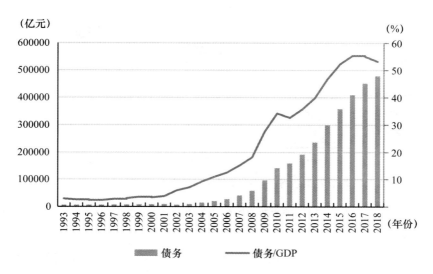

**图 9 - 11　按融资工具估算的地方政府隐性债务**

　　将以上几类金融工具所形成的地方政府隐性债务进行加总，2018 年年底地方政府隐性债务规模为 47.9 万亿元，占 GDP 的 53%。

　　从组成结构来看，银行贷款占比最大，但比例在逐年下降。2010 年 72% 的地方政府隐性债务都是由银行贷款构成的。到 2018 年年底，银行贷款占比已经降至 48%，而城投债、各类政府性基金的占比快速上升，二者相加已经占到全部政府性债务的 30%。这一趋势也反映了过去 10 年中影子银行体系的快速发展，大量影子银行的出现，本质上是将过去直接从银行体系流入地方政府的资金通过各类绕道的方式仍然流到了地方政府。从银行资产负债表角度来看，过去的地方政府性贷款被转化为债券投资、对非银行金融机构的拆借等形式，但进行穿透分析后会发现其本质仍然是政府隐性债务的贷款。从前文的分析中可以看出，这类债务在中央提出结构性去杠杆后有所下降。尤其是 2018 年，其下降的幅度较大。

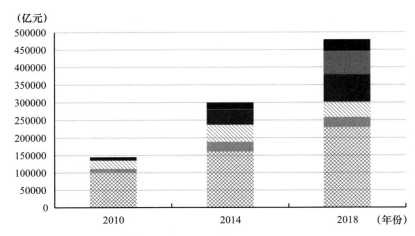

**图 9 - 12　地方政府隐性债务中各类融资工具结构**

　　需要指出的是，以上所进行的债务估算仍然是更广义范围内的债务规模。现实中，这些债务并不必然会成为地方政府的债务。这其中的部分资金依靠商业化运作的规范，很多也能形成稳定的现金流及优质资产，而靠其自身形成对债务的覆盖。因此，还需要继续讨论这些融资工具中有多大比例更符合地方政府性债务的定义。表 9 - 8 列示了审计署报告中公布的地方政府隐性债务里各类融资工具的规模，并将其与本书前文所估算的规模进行比较，发现在 2013 年 6 月末的数据中，官方认可的隐性债务约占本书所估算的总债务规模的 30% 左右。因此，可以简单假设对于全部时间序列，约 30% 的这类债务最终会形成地方政府隐性债务。

**表 9 - 8　按融资工具核算的地方政府隐性债务（2013 年 6 月末）**

| | 审计署公布（亿元） | 本书估算（亿元） | 占比（%） |
|---|---|---|---|
| 银行贷款 | 45934 | 135424 | 34 |
| 信托贷款 | 6631 | 23906 | 28 |
| 其他贷款 | 9108 | 38357 | 24 |

续表

| | 审计署公布（亿元） | 本书估算（亿元） | 占比（％） |
|---|---|---|---|
| 发行债券 | 6797 | 19015 | 36 |
| 融资租赁 | 1567 | 5700 | 27 |
| 总债务 | 70037 | 222401 | 31 |

### （四）按资金缺口估算地方政府隐性债务

从资金缺口看，其假设逻辑在于地方政府隐性债务全部用于支持基建投资，且基建投资全部由政府的资金承担。因此每年新增的隐性债务规模可以假设为地方政府基建投资支出减去预算内资金和政府性基金投入基建领域的规模、新增地方债规模以及基础设施存量所形成的收益。这种方法的误差性较大。第一，其忽视了政府隐性债务中用于其他项目的支出。以中国人民银行《中国金融稳定报告2018》中某省银行的调研数据为例，其隐性债务中有65％用于基建投资，剩余部分则被用在棚户区改造、异地扶贫、园区建设和平台的日常运营。第二，其忽视了民间资本对基建投资的参与。虽然一部分参与基建的民间资本性质依然是债务，但对于某些收益预期稳定的项目依然会有真正的民间投资参加。第三，这种估算方法采用确定基期后每期叠加的方式，放大了估算误差，准确性较差。这种估算方式虽然有瑕疵，但也从另一个角度为我们提供了观察债务积累的方式，因此本书也按这种方法进行了相应估算。

这种估算方法的公式可以简单表示为：地方政府隐性债务增量＝地方基建投资规模－地方基建投资的预算内资金－地方政府国有土地出让收入－地方政府基础设施投资的收益。通过公式可以估算出每一年新增债务的规模，如图9－13所示。2018年，新增债务无论从绝对规模上，还是从和GDP的比例上都出现了大幅度下降，对地方政府隐性债务增长的控制也见到了成效。但相应的副作用是基础设施投资增速的下跌。

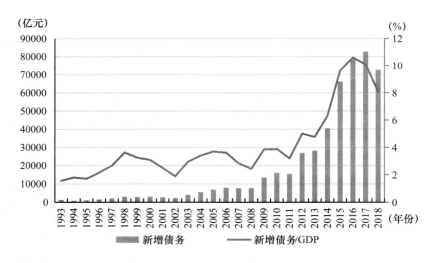

图 9 - 13　按融资缺口估算的地方政府新增隐性债务

对债务总规模的估算还受到对基期选择的影响。由于这种估算方法相对更不准确，选择太早的基期意义不大。因此本书选择根据第一种按照融资工具所估算出的 2003 年地方政府隐性债务存量规模为基期，由此估算出 2003—2018 年隐性债务的规模及与 GDP 之比，如图 9 - 14 所

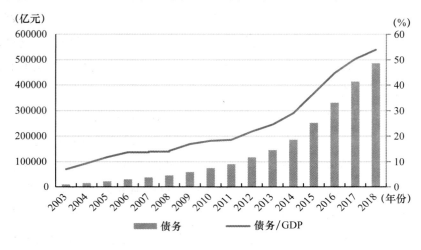

图 9 - 14　按融资缺口估算的地方政府隐性债务

示。由于这种估算方式的固有缺陷，很难完全估量出真实的地方政府隐性债务，且由于基建投资仍然保持正增长，2017 年以来的债务绝对规模仍然会表现出上升趋势，只是上升速度有所减慢。这种方法所得结果只能被用来作为一种参考，而并不能真实表示债务规模。

### （五）不同方法估算结果比较

综合来看，三种方法的估算结果是比较一致的，具有较好的稳健性，如图 9 – 15 所示。三种方法所估算的 2018 年年底地方政府隐性债务规模分别为 53.5 万亿、47.9 万亿和 48.6 万亿元，占 GDP 的比例分别为 59%、53% 和 54%。前两种估算方法的结果都显示出了 2018 年总债务与 GDP 之比不再增长，对于地方政府债务的结构性去杠杆初见成效。

以上估算结果均可以被看作是地方政府隐性债务最大口径的估算。其中的很大一部分既不被政府的官方口径所承认，也并非由地方政府承担担保责任或救助责任，因此实际的隐性债务应比这一规模小。根据前

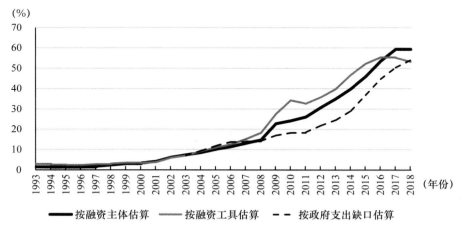

**图 9 – 15 地方政府隐性债务（广义口径）比 GDP**

数据来源：作者估算。

文，将我们所估算的这部分债务与两次审计报告中被官方认可的地方政府隐性债务进行比较，我们也相应得出了根据官方一致口径所得出的地方政府隐性债务规模，根据融资主体估算及根据融资工具所估算出来的隐性债务规模在 2018 年分别为 16.8 万亿和 14.4 万亿元，与 GDP 之比分别为 19% 和 16% 。

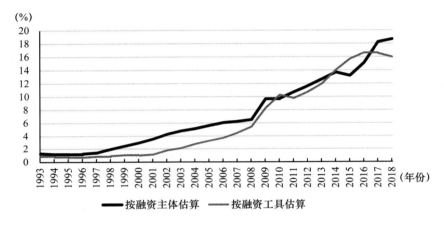

图 9 - 16　地方政府隐性债务（与审计署结果一致的口径）比 GDP

数据来源：作者估算。

　　为了对比，此处也列出 IMF 对中国地方政府隐性债务的估算。IMF 对中国广义政府债务的估算有三个口径，分别为显性债务、广义债务和增扩债务。

　　其显性债务只包含地方政府债券，这种算法虽然在近几年与本书所计算的地方政府显性债务完全一致，但在 2015 年债务置换之前，地方政府债券规模极小，并不能代表真实的政府债务。因此 IMF 自己也并不推荐这一口径，而是普遍采用其广义债务的口径来表示地方政府性债务。在对广义口径的解释中，IMF 解释为"包括了 2/3 的地方政府融资平台债务，这部分债务在国家审计署 2013 年的报告中被认定为政府显性债务，而剩余的 1/3 在审计报告中被认为是政府承担担保责任或救助责任的债务"①。这一划分标准与本书并不完全一致。

其增扩债务的估算方法为显性债务、融资平台债务与专项建设基金和政府引导基金的加总。我们从 IMF 所公布的中国广义政府债务原始数据中减去根据前文所估算出来的地方政府显性债务（非 IMF 自己给出仅包含地方债的显性债务），由此得出了以本书口径为基础的 IMF 估算的地方政府隐性债务两个口径的数据（包括广义口径和增扩口径）。2018 年这两个口径下的地方政府隐性债务分别为 10.7 万亿和 30.3 万亿元。图 9－17 将本书的估算与 IMF 对中国地方政府隐性债务估算进行了对比。可以看出 2013—2014 年的估算结果最为接近，这是因为本书的估算方法都是以国家审计署对 2013 年 6 月末地方政府性债务的审计结果作为出发点。但对随后走势的估算上则存在着较大的差异，本书认为 IMF 的算法中没有考虑到新《中华人民共和国预算法》以及之后的结构性去杠杆进程，对地方政府债务有所高估。而本书的三种估算方法

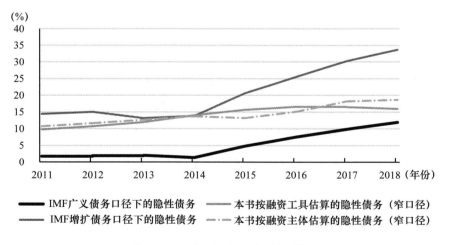

图 9－17　地方政府隐性债务/GDP

---

① IMF, 2019, "People's Republic of China, 2019 Article 4 Consultation", IMF Country Report.

可以相互验证，更具一致性，可以有效改善 IMF 的估算结果。

### （六）宏观杠杆率中的地方政府债务

前文在讨论宏观杠杆率时，中央政府和地方政府债务均采用的是显性债务估算。对于地方政府，其显性债务的估算方法与本章前文中所介绍的方法是完全一致的。通过本章的分析，可以看出部分非金融企业债务的本质是地方政府隐性债务，而并非传统意义上的企业债务。在一个完善的估算体系中，应该将这部分债务规模纳入政府部门，使杠杆率估算更符合各类债务的本质，也更具国际可比性。

由于在杠杆率估算中，主要是按照各类金融工具的加总进行估算，此处也将前文按照金融工具所加总的地方政府隐性债务进行进一步分类。按照金融工具划分，形成地方政府隐性债务的工具包含了银行贷款、信托贷款、委托贷款、融资平台债券、券商资管产品、基金专户产品、融资租赁，及专项建设基金、政府引导基金等。这些工具中的贷款和债券类工具在非金融企业部门的杠杆率估算中都已经有所体现，其他部分则未被体现在宏观杠杆率总指标中。

笔者认为，各类贷款和债券类金融工具大部分都形成了地方政府的隐性债务，但一定还存在一部分并不完全对应地方政府债务。例如，大量地方政府融资平台既从事着与政府基础设施类建设相关的工作，同时也从事着类似于商业地产开发等完全商业性的经营活动。而这部分纯商业性活动所形成的债务并不能完全划归于地方政府隐性债务。此处笔者认为这类债务工具中有 60% 的比例成了地方政府隐性债务，其余部分仍然为非金融企业的债务。各类资管产品、融资租赁和政府性基金所形成的债务则完全应由地方政府所承担，在此我们将其全部划为地方政府隐性债务。经过这种比例划分，估算出 2018 年年底比较贴近于现实的地方政府隐性债务规模为 32.8 万亿元，占 GDP 的 36%。

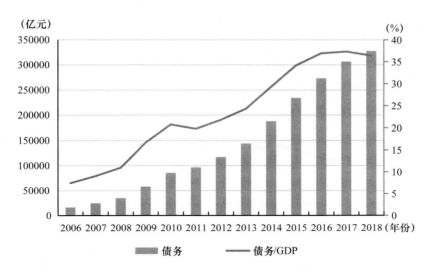

**图 9 - 18　经调整后的地方政府隐性债务规模及与 GDP 之比**

　　根据上面对地方政府隐性债务的估算，我们也将宏观杠杆率水平进行适当调整。第一，在政府部分杠杆率中加入前文估算的地方政府隐性债务。2018 年年底，广义政府部门的显性杠杆率水平为 37.0%，再加上估算的 32.8 万亿元地方政府隐性债务，则政府杠杆率水平上升至 73.3%。在 2008 年之前地方政府隐性债务规模较小，并未对政府部门杠杆率产生较大影响。而 2009 年随着大规模刺激政策的推出，地方政府隐性债务上升幅度较大，政府部门的总杠杆率与显性杠杆率之间的差距也逐步拉大。但随着 2016 年开始对地方政府隐性债务的治理以及新《中华人民共和国预算法》的实施，二者的缺口走平甚至有所减小。

　　第二，在企业部门杠杆率中减去与政府隐性债务重合的部分。根据原口径，2018 年年底非金融企业部门的杠杆率水平为 153.6%，但与政府部门隐性债务重合的债务规模为 22.7 万亿元，将这部分债务排除后，企业部门杠杆率降至 128.3%。可见，中国非金融企业部门杠杆率较高的一个重要原因是地方政府隐性债务的影响，如果去掉这部分债务，则

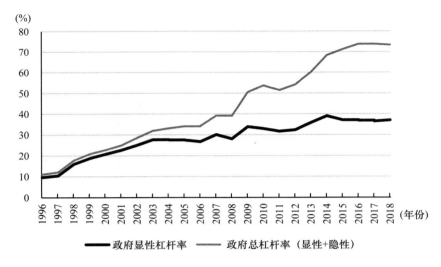

**图 9 - 19　政府部门显性杠杆率与总杠杆率**

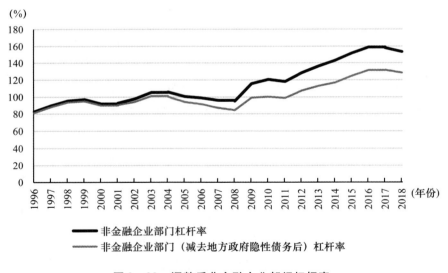

**图 9 - 20　调整后非金融企业部门杠杆率**

企业部门杠杆率相比于其他国家并不算夸张。

　　第三，在实体经济部门总杠杆率的基础上还要加入之前未被列入的各类资管产品、政府性基金等形成的债务。这部分债务大部分在表面上看来是各类收益权，具有股权的表现形式，但大部分背后都有隐性担保，本质上是地方政府的债务。2018年中国实体经济部门总杠杆率为243.7%，但加上这部分之前未列入的债务后总杠杆升至254.9%。从图9-21可以看出，2014年之后这部分隐性债务才开始出现。这是因为在2013年之前地方政府隐性债务主要都是以银行贷款、信托贷款、委托贷款、城投债等形式出现的，我们已经将其纳入了非金融企业杠杆率之中；而2014年之后出现了PPP、各类政府性基金，以及券商创新大会后出现的各类券商及基金资管产品通道，而这类明股实债形式的债务没有被统计到实体经济部门杠杆率之中。

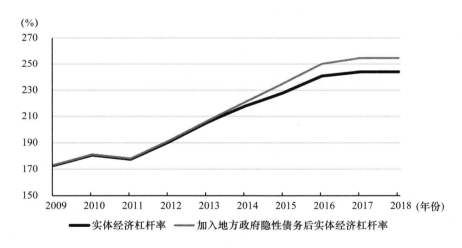

图9-21　调整后的实体经济杠杆率

# 四　地方政府隐性债务中的金融风险

在显性债务难以满足地方政府支出需求的情况下，地方政府只能依靠隐性债务来获得资金支持。尤其是在过去十年里，隐性债务快速增长，成为主要的债务风险隐患。

2014年国务院《关于加强地方政府性债务管理的意见》明确规定了

地方政府只能以地方政府债券的方式举债融资，从原则上说2015年之后政府的隐性负债不会再增加，新增债务只能是法定框架下的显性债务。但这种简单的认定方式忽视了已然大量存在且仍不断增长的隐性债务，地方政府的支出行为并未发生根本变化，在显性债务额度有限的情况下，依然会积极寻求各种类型的隐性渠道来增加债务。集中体现为三种形式：一是为国有企业（城投平台）、机关事业单位、产业引导基金及PPP项目等主体举债融资提供隐性担保，包括出具承诺函或担保函（及其他文件），以机关事业单位的国有资产为抵押品帮助企业融资等形式。二是将建设公益性或准公益性项目举借的债务，直接纳入财政预算支出范畴，由财政资金偿还。三是地方政府违背商业原则，具有固定支出责任的中长期财政支出，集中在PPP、产业引导基金、政府购买服务等领域，包括承诺最低收益、承诺本金回购、承诺社会资本亏损损失等形式。

这一局面形成了桎梏中国财政金融体系的两难困境。一方面，在新《中华人民共和国预算法》和《关于加强地方政府性债务管理的意见》的框架下，政府只承认显性债务规模，对事实上存在的隐性债务既不给予官方口径上的确认，也缺乏相应的违约清算机制。这直接威胁到金融体系的稳定性，形成系统性违约风险的隐患。这部分隐性债务在债务方（隐藏在背后的地方政府）角度被认为是纯市场化的债务，并无政府信用的背书，但在债权方（金融机构，主要是商业银行）角度则一向被看作是准政府债务，最终的还本付息都需要地方财政的兜底。事实上，大量城投公司承担了众多地方政府的基建投资项目，而这类项目普遍缺乏经济性，或者回收期相对较长，在纯市场环境下很难顺畅地得到融资。由于其规模较大，一旦这类债务出现违约，则会严重影响到金融机构的资本金。更严重的情况则是违约风险在金融网络体系中不断传染，从而形成系统性金融风险[1]。另一方面，这部分隐性债务一旦被地方政

---

① Glasserman, P., & H. P. Young, 2016, "Contagion in Financial Networks", *Journal of Economic Literature*, 54: 779 - 831.

府承认，则中国的政府杠杆率会有一个显著地上升，直接影响到财政空间。国际上通常以《马斯特里赫特条约》中规定的地方政府债务与GDP之比为60%作为政府债务风险控制标准的参考值，当政府杠杆率超过60%时，通常面临较大的债务风险，相应的主权债务评级也会降低。换句话说，承认这部分债务可能会面临财政风险，不承认这部分债务则会面临金融风险。

这也是中国始终在积极谋求地方政府隐性债务风险的解决方案，但并不从官方口径上承认这部分风险的主要出发点。2018年8月，在新《中华人民共和国预算法》公布实施将近4年、地方债置换已接近尾声的环境下，《中共中央办公厅　国务院办公厅关于印发〈地方政府隐性债务问责办法〉的通知》（中办发〔2018〕46号）要求再一次在全国范围内开展隐性债务的摸底统计。同年10月，国务院办公厅印发《关于保持基础设施领域补短板力度的指导意见》（国办发〔2018〕101号），指出在不增加地方政府隐性债务规模的前提下，允许融资平台与金融机构协商通过展期、债务重组等方式来维持资金周转。这都在一定程度上承认了地方政府隐性债务不但存在，且尚具一定规模，面临较大的还本付息压力，依然需要政府出面对其风险进行化解。但这部分债务无法从财政及统计当局获得完整的信息，对其规模大小及风险度也缺乏统一的认识。

具体来说，地方政府隐性债务风险可以被归纳为财政风险以及由此引发的金融风险。

第一，地方政府隐性债务弱化了中央财政和地方财政的空间，加大了财政风险。由于部分地方政府及融资平台的责任主体不清，操作程序不规范，一旦其收入水平下降，则会给地方财政造成压力，甚至最终不得不由中央财政买单。虽然新《中华人民共和国预算法》已经清晰界定了中央财政与地方财政的关系，以及政府法定债务的界限，但正如前文分析中所表明的，大部分地方政府形成的隐性债务在本质上承担的是准财政职能，拉动地方政府投资并且在很多时候起到的是逆周期宏观调控职能，还款来源也多依赖于地方政府的财政收入和土地出让金。尤其是随着房地产市场走向平稳，土地出让收入在下降，这种收入也很难得到持续。在财政收入的增长趋缓，巨额社会保障支出，宏观经济下行等因素的共同作用下，财政收支缺口势必会拉大，有关债务偿还的财政风险概率在加大。

第二，融资平台出现债务违约，导致相关金融机构的坏账率上升，从而诱发系统性金融风险。地方政府隐性债务的资金来源以商业银行为主，一旦违约将造成金融风险的扩散。从本书估算结果来看，地方政府债务中约有 26 万亿元的银行贷款，地方债中也有超过 95% 的比例由商业银行和政策性银行所持有。这部分资金既造成了银行的资本损耗、拨备计提等经营效率问题，其坏账率也会直接影响到以银行为主体的金融体系的稳定性。从银保监会所公布的商业银行不良贷款比例来看，自 2010 年以来始终在低于 2% 的水平下运行，但其中也蕴含了大量的风险，尤其是地方政府债务的风险。地方政府由于收入下降、支出上升，导致对债务偿还的压力负担加大，预期不能偿还的负债将成为商业银行的不良资产。部分区域的债务可能存在担保链，城投之间互相担保增信，若单一主体出现流动性危机，则整个担保链上的主体都会受到牵连，进而使债务违约风险快速扩散升级。同时，在规范地方政府隐性债务的过程中，当原有的担保函或安慰函被撤销后，金融机构对城投的认可度下滑，可能会出现惜贷、抽贷等现象，从而使在建工程项目停滞，政府与金融机构之间出现纠纷瓜葛。

第三，财政赤字货币化带来的金融风险。部分地方政府为追求政绩，并未认真考虑债务偿还问题。当出现债务问题时，地方政府作为担保人需要承担债务偿还责任，由此产生财政风险。这种情况下，往往需要中央政府的救助。中央政府通过财政赤字货币化手段，在一级市场发行中央政府债券、进行公开市场操作等宏观经济调控手段，将财政风险转移到金融市场，这一过程将地方政府的财政风险由区域扩大到全国，使财政风险转化成系统性金融风险。

中国地方政府债务问题自 1979 年开始出现。从一开始，它就同地方政府广泛兴办企业、投资地方基础设施、直接从事投资活动，以及配合国家宏观调控等行为密切相关。但是，在不同时期，随国家整体经济管理特别是中央和地方政府间财政关系的不断调整，地方政府为上述活动筹资的主要渠道和方式是有所变化的。1994 年税改之前，地方政府吸引资金、发展本地经济的主要措施是滥施税收优惠。1994 年税改之后，其施惠和筹资的重点转到"摆布"各类费用上。20 世纪 90 年代末期土地使用制度改革之后，用各种方式收取土地出让金，逐渐成为地方政府筹措发展资金的主渠道。2008 年以来，在上述手段均不再奏效之后，地方政府看中了融资平台；如今，这条渠道虽受到约束，但依然可以说是方兴未艾。更值得注意的是，每当经济形势发生不利变化，需要采取逆周期宏观调控措施时，地方政府总是首当其冲。笔者的分析显示，在高达数十万亿元的地方政府债务存量中，大约有 40% 是配合国家宏观调控政策而被动产生的。

从体制上说，地方政府的债务问题，体现的是广大地方政府的事权和财权严重不匹配的体制扭曲。问题恰恰在于，我们并没有充分认识到地方政府积极行为的必然性和重要性。迄今为止，地方政府的负债行为，多被从负面加以认识，2015 年以来针对地方政府债务采取的措施，多属"不得已而为之"，我们并没有充分认识到，从体制和机制上为地方政府融资和债务提供法律的保障，已经关涉社会主义市场经济运行的制度安排。

根据笔者的估算，地方政府的隐性债务规模已不容小觑，其最大的风险在于可能发生的违约对于金融体系的冲击。在债务持有者看来，这部分债务的承担主体仍是隐藏在背后的地方政府，一旦发生一定规模的违约，既损害地方政府债务的信用体系，造成这部分债务的风险溢价大幅上升，也会在金融体系间造成违约风险的传染，从而造成系统性金融风险。这类隐性的债务风险更难进行规范化管理。

第一，上级政府无法监督这类隐性债务。上级政府及财政部门对隐性债务基本情况缺乏了解。地方政府运用融资平台进行资金融通，融资金额及融资结构等相关信息往往只掌握在地方政府的手中。融资信息不透明，相关信息缺乏公开披露，只有相关当事人了解情况，然而由于融资平台众多，要完整了解相关信息绝不是容易的事。地方政府采用这种不规范的融资方式，缺乏有效监督，随意性大，资金使用效益不高，也容易滋生腐败问题。

第二，在隐性融资影响下，地方政府往往缺乏具体、科学的融资计划。融资平台无异于是地方政府的提款机。政府的财政赤字，甚至是经常性赤字都依靠融资平台解决。在透明的、规范的融资制度下，每年政府都要制定详细的融资计划提请人大或类似机构审批，必须通报目前的负债情况，如果没有通过则不能进行融资。而在隐性融资制度下，融资计划不规范甚至没有融资计划，仅仅凭相关负责人的一句话或者内部的协调会议就展开融资活动。因此，隐性融资相当不规范，具有很大程度的自发性和随意性。此外，由于缺乏具体规范的管理，地方融资平台之间的关系相当复杂，如同一级政府融资平台之间既有相互担保关系，还有出资关系，同时不同层级的地方政府融资平台之间也存在这种关系。相互注资逃避了金融监管机构的监管，造成管理上的混乱。

第三，偿债管理不规范。在隐性负债下，地方政府融资行为短视，没有可持续观念。在缺乏监管机制的情况下，地方政府往往借入大量资金，这些资金往往以长期资金为主，因而对于本届政府而言无须还本仅仅支付利息即可，但是债务的不断积累，实际上是为若干年后埋下了一颗定时炸弹。历届政府的官员往往追求在任期间的政绩最大化，对以后出现的问题却没有兴趣关心。这样，本届政府的债务要由下届或者后几届政府偿还，而效果在本届政府体现，因而子孙后代来还现在所欠的债务，这大大损害了代际公平。在具体管理制度上，没有偿债准备金制度等完善制度，在风险管理上并无风险预警机制，这样造成风险不断累积。

第四，债务的风险预警和控制机制空缺。为了克服中央政府为地方政府提供隐性担保而产生道德风险（地方政府通过过度举债享受债务短期收益，而未来债务成本由中央政府承担），西方发达国家中央政府都制定了地方政府债务风险预警机制，对地方政府债务进行监控。如果哪个地方政府可能出现债务风险，便及早采取措施进行防范、控制和化解。目前中国地方政府债务形式多种多样，隐蔽性强，透明度低，对于地方政府的负债项目缺乏统一的统计口径和统计数据，不仅负债的真实规模无法准确统计，而且负债率、债务率和偿债率等监控指标也无法运用，地方政府债务风险预警机制无法建立，这大大削弱了中央政府对地方政府债务风险的监控，使地方政府债务管理在某种意义上处于无政府状态。

# 稳定化政策篇

　　财政政策与货币政策是最主要的稳定化政策 (Stabilization Policy)，尤其是经济衰退的时候需要发挥逆周期调节、熨平波动的作用。危机以来，对于财政、货币政策的作用有了反思和重新定位，在实践方面也出现了很多新进展。面对中国当前的经济下滑，积极财政政策应更加积极，更加注重结构调整；稳健的货币政策要宽松，保持流动性合理充裕。同时，财政政策被赋予了更重要的角色。突破财政赤字，完善中国人民银行的基础货币投放机制，加强财政、货币政策的协调配合也都成了建议的政策选项。

　　随着经济进入新常态以及快速赶超过程中的风险积累和集聚，中国宏观调控的主要矛盾，已经由传统的就业和通胀的菲利普斯曲线折中，转变为更广泛的经济稳定和金融稳定的折中。底线思维与防风险占据了突出位置。实现稳增长与防风险的动态平衡将成为重构中国宏观经济政策框架的主线。

# 第十章

# 财政政策分析与展望

## 一 "四本账"下财政收支变动趋势

搞清中国的财政政策，最为重要的是理清广义财政的收支项目。2014 年新《中华人民共和国预算法》划清了中国财政收支的"四本账"：一般公共财政、政府性基金、国有资本经营收入和社会保险基金。"四本账"全面完整地反映了政府的财政收支分类情况，构成了完整统一的预算管理体系。

### （一）一般公共财政

一般公共财政是广义财政收支的主体，也是财政预算、财政缺口和赤字率所依据的标准。一般公共财政收入以税收为主体，还包括部分非税收入。非税收入主要包括专项收入、行政事业性收入、罚没收入和其他收入这几项。税收收入近年来具有逐步下降的趋势，目前在公共财政收入中占比 85%。2019 年 1—11 月，公共财政收入最明显的变化是税收收入同比增长大幅下降，仅增长了 0.5%，而非税收入的增速大幅上升，逆势上涨了 25.4%。

2019 年 1—11 月财政支出累计增长 7.7%，下行速度更为缓和。尤其是当总产出面临下行压力时，财政支出的刚性更为明显。财政收入和

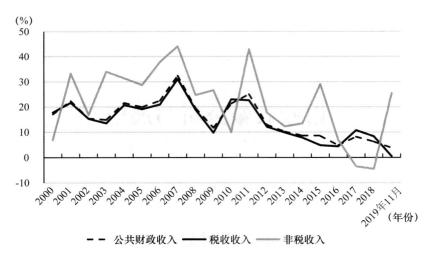

图 10 - 1　一般公共财政收入同比增速

财政支出占 GDP 的比例在 2015 年之后有所下降。2018 年年底，公共财政收入占 GDP 的20%，公共财政支出占 GDP 的24%。财政收支在政府全部收支中的占比也有所下降。

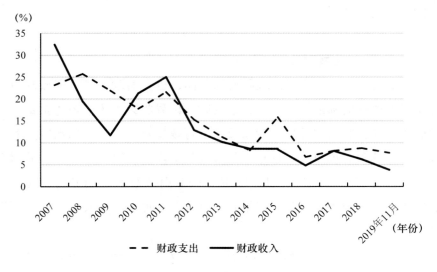

图 10 - 2　财政收入与财政支出同比增速

### （二）政府性基金

政府性基金以特定税费和国有土地出让收入为主，相关支出主要用于社会发展和基础设施及建设。其中国有土地出让收入是政府性基金中最核心的资金来源。2018 年，全国政府性基金收入为 7.5 万亿元，其中土地使用权出让收入达到 6.5 万亿元，占比为 86%。政府性基金每年年末结存的余额转入下一年形成收入。2018 年，政府性基金支出为 8.1 万亿元，略高于总收入。2019 年 1—11 月，全国政府性基金收入仍保持较高速度增长，同比上升了 9.5%；政府性基金的支出下滑较大，降至 19.0%，但仍高于收入的增速。政府性基金收入的增长与房地产投资具有较强的相关性，其增速在未来也面临较大的下行压力。

**图 10 - 3 政府性基金收入与支出增速**

### （三）国有资本经营收入和支出

这一项是指与国有企业经营相关的收入和支出。收入主要包括利润、股利利息、产权转让收入、清算收入、其他收入。其中利润收入是这个账户收入的主体。2018 年国有企业经营收入 2906 亿元，其中利润收入为 2138 亿元，占比为 74% 。由于 2019 年公共财政预算内收入的增速下滑较快，笔者预期国有企业经营收入，尤其是上缴利润的收入将有所上升。

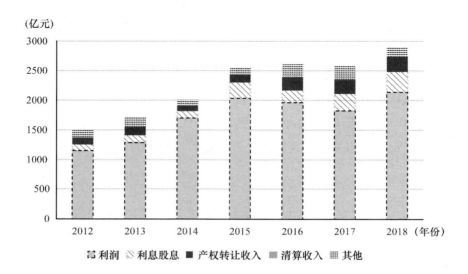

图 10 - 4　国有企业经营预算收入结构

国有资本经营预算支出除调入一般公共预算和补充全国社会保障基金外，主要用于解决国有企业历史遗留问题及相关改革成本支出、国有企业资本金注入、其他支出。解决国有企业历史遗留问题及相关改革成本支出，是指用于支持投资运营公司和中央企业剥离国有企业办社会职能、解决国有企业存在的体制性机制性问题、弥补国有企业改革成本等方面的支出。自 2014 年以来，每年的全国国有资本经营支出基本保持在 2000 亿至 2200 亿元之间，波动性较小。预计未来调入一般公共预算的国有资本经营预算支出比例将会提高。

### （四）社会保险基金

社保基金的资金来源主要有两个方面：居民部门上缴的保险金，包括养老保险、医疗保险、工伤保险、失业保险和生育保险，以及政府部门的财政补贴。2018 年，中国社保基金收入为 7.9 万亿元，其中 6.2 万亿元来自居民部门的上缴，1.7 万亿元来自于财政补贴。社保基金的支出主要是形成了居民部门的社会保障收入，2018 年社保支出为 6.7 万亿元。社保收入与支出的差额形成每一年社保资金结余的增量。由于过去 20 余年来社保收入都大于社保支出，每年年底滚动结余也在不断上升，到 2018 年年底已经形成了 8.7 万亿元社保基金结余。但随着人口老龄化问题的加剧，未来社保收入支出缺口将会转负，且对财政支出造成较大压力。为防患于未然，目前中央财政每年都会划拨一定的财政补贴到社保账户，保证盈余的积累。未来长久解决这一账户缺口问题还需考虑划拨国有资本金以及养老金入市等措施，为社保基金提供长期稳定的资金来源。

**图 10-5　社保基金收入与支出年增速**

### （五）"四本账"合计

将这"四本账"放在一起考虑。2018 年"四本账"总收入加总为 34.1 万亿元，其中税收收入占主体，占总收入的 46%，第二大项是土地使用权出让金收入，占总收入的 19%。这"四本账"加在一起的收入占到了当年 GDP 的 37%，支出所占比例更大，可见中国独特的财政环境。广义政府掌握着大量的资源，可以调动 1/3 的 GDP 进行相应的财政调节，对整体经济的控制力非常强。因此我们也应该更充分地应用这一制度优势，发挥财政政策积极有效的作用，尤其是逆周期调节的作用，稳定经济增长。

表 10-1　　　2018 年广义政府"四本账"收入支出规模及占比

| 政府收入 | 规模（亿元） | 占比（%） | 政府支出 | 规模（亿元） | 占比（%） |
|---|---|---|---|---|---|
| 税收收入 | 156403 | 46 | 一般公共预算支出 | 220906 | 60 |
| 非税收入 | 26957 | 8 | 政府性基金支出 | 80602 | 22 |
| 土地使用权出让金收入 | 65096 | 19 | 国有企业经营支出 | 2153 | 1 |
| 其他政府性基金收入 | 10383 | 3 | 社保支出 | 67381 | 18 |
| 国有资本经营收入 | 2906 | 1 | — | | |
| 社保收入 | 79003 | 23 | — | | |
| 总收入 | 340747 | — | 总支出 | 371042 | |

注：此处加总存在部分重复问题，如社保收入中的一部分来自于政府一般公共预算中的财政补贴。

## 二　2019 年财政政策和面临的问题

### （一）积极的财政政策加力提效

一是大规模减税降费。2019 年，中国实施了更大规模的减税降费措施，且加大支出力度。减税降费措施包括深化增值税改革，将制造业等行业现行16%的税率降至13%，将交通运输业、建筑业等行业现行10%的税率降至9%，确保主要行业税负明显降低。保持6%一档的税率不变，但通过采取对生产、生活性服务业增加税收抵扣等配套措施，确保所有行业税负只减不增，继续向推进税率三档并两档、税制简化方向迈进。继续落实小微企业普惠性减税政策，目的在于引导企业预期和增强市场信心，稳定经济增长。通过减税降费激发市场主体活力，提高居民消费能力。2019年减税降费力度超过2万亿元，其中普惠性减税与结构性减税并举，重点降低了制造业和小微企业税收负担。减税方式主要是直接降低税率，与以往缩小税基的减税方式相比，这种降税率的减税方式具有多重效应，能够有效引导和改善预期的同时，具有更大的确定性，并且可以使减税这一财政政策更加有针对性地支持相关重点产业，尤其是制造业。

二是财政赤字率适度提高。2019年中国财政赤字率预算为2.8%，高于2018年0.2个百分点，财政赤字为2.76万亿元，其中中央财政赤字为1.83万亿元，地方财政赤字为9300亿元。2019年财政赤字的提高，主要是因为财政收支、专项债券发行等因素，同时为今后可能出现的风险留出政策空间。通过适当扩大财政风险，应对经济下行压力。当前财政政策主要着眼于结构性政策，来解决结构性问题，推动供给侧结构性改革，并贯彻积极稳妥的原则，避免财政风险累积。

三是政府过"紧日子"。财政收入受到经济下行压力加大、实施更大规模减税降费及上半年部分减税降费政策等因素影响，2019年财政收入增速大幅减缓。但同时，财政支出方面，各领域对财政资金的需求量都加大，打好三大攻坚战、深化供给侧结构性改革和实施乡村振兴战略等，都需要财政资金的支持。这就导致财政收支平衡压力较大，如何在加大减税降费力度和着力保障重点支出的同时，保持财政可持续发展成为2020年财政政策的最大难点。为了解决这一问题，2019年的财政政策坚持有保有压，优化支出结构，增加对脱贫攻坚、科技创新、生态环保等领域的投入。同时，大力压减一般性支出，严控"三公"经费预算，用政府的"紧日子"换取人民的好日子。

### （二）当前财政政策所面临的问题

第一，财政支出压力加大。2019 年经济下行压力大，GDP 增速逐季度下降，财政收入增长基础不稳。年初的时候数据还比较乐观，大家认为经济已经企稳，但一年过来，企业利润仍在下滑，对实体经济的信心也处于低位。但财政支出刚性不减，一些市县保工资、保运转、保民生支出压力大。

财政支出具有较强的刚性，一是为了增加市场主体活力，尤其是支持中小企业和制造业企业，2019 年减轻企业税收和社保负担近 2 万亿元，如此规模的减税降费会给各级财政带来压力。二是为了推动经济高质量发展，更好地发挥创新引领作用，财政近年来持续发力科技领域，支出规模逐年加大。三是为了实现稳就业，中央财政 2019 年安排就业补助资金 538.78 亿元，比 2018 年增长 14.9%，并将符合条件的个人和小微企业创业担保贷款额最高额度分别提高至 15 万和 300 万元。四是提高养老金标准水平，按平均约 5%的幅度提高企业和机关事业单位退休人员基本养老标准，这一幅度高于全国一般公共预算支出的增长水平，体现了政府对民生保障的重视程度，但也进一步加大了社保对财政支出的压力。五是持续加大对扶贫攻坚的支持力度，中央财政专项扶贫资金增长 18.9%，本次增量主要用于深度贫困地区。

因此，对财政预算的编制准确性和财政预算的约束力都提出了较高的要求。财政部在预算分配管理中的薄弱环节、内部控制等方面还应进一步细化和加强管理。财政体制改革还应加大力度，尤其是要尽快基本划分清楚各个领域的事权和支出责任范围等，这一问题始终没有得到根本解决，很大程度上影响了财政政策效率。但同时，部分地方和部门预算执行的基础工作不扎实，支出进度慢，造成财政资源的闲置浪费。虽然提高了特定中央企业，特别是金融企业的国有资本收益上缴比例，希望盘活长期沉淀资金，但资金闲置浪费的问题一直没有从根本上得到解决。

第二，社保基金可持续性面临挑战。当前，企业职工基本养老保险全国统筹仍未实现。只有部分省出台文件，计划在近年内实现省级层面的统筹，距离最终实现养老保险全国统筹还有距离。养老保险统筹可以使养老保险基金归结，方便统一调度使用，可以更好地发挥基金统筹共济功能，实现养老保险制度的可持续发展。统筹还可以保障企业职工基本养老保险单位缴费比例政策，防止企业擅自提高退休人员基本养老金水平和将统筹外项目纳入基金支付范围这类加大养老金基金压力问题的发生。因此，尽快实现养老保险的全国统筹工作是必要的。

医疗保险可持续筹资和待遇调整机制尚需完善。筹资和待遇问题一直是社会保险最基本和最核心的问题，根据国际经验，不同国家的医疗保险制度受该国的经济、政治、社会因素诸多影响，都需要从实际出发，制定合理的医疗保障制度。近年来中国以基本医疗保障为主体的多层次医疗保障体系逐渐健全，覆盖面、保障能力和管理水平都有所提高。但基本医保制度可持续性不强，公立医院医疗费用增长过快等问题严峻，部分城市现在已经开始面临医保基金运行压力，随着老龄化问题的日益严重，医疗保险的可持续性问题日益凸显。顶层设计和相关的法律都需要尽快着力加以解决。同时还严厉打击欺诈骗保行为，尽快构建起医保基金监管的长效机制。加大国家组织药品集中采购和使用的试点范围，确实减轻医保负担。

2017 年，国务院印发《划转部分国有资本充实社保基金实施方案》（国发〔2017〕49 号），决定划转部分国有资本弥补企业职工基本养老保险基金缺口。划转对象为中央和地方国有及国有控股大中型企业、金融机构，划转比例统一为企业国有股权的 10%，2018 年开展试点。增强中国社保基金可持续性，进一步夯实养老社会保障制度，全面推开划转部分国有资本充实社保基金的工作，是防患于未然之举。未来随着人口老龄化的加剧，养老保险基金缺口将会转负，现在已经需要考虑弥补这一缺口的资金来源问题。

第三，地方债务风险仍很大。部分地区脱离实际，存在超出自身财力过高承诺的问题，影响财政可持续性。部分地方为了发展经济，仍然违规担保或变相举债，使得防范化解债务风险的任务依然艰巨。经济下行压力使得地方政府举债冲动加大。还需要坚持堵住违法违规举债的后门，坚决遏制隐性债务增量，强化监督问责，从严整治举债乱象。

2019 年经全国人大批准的新增地方政府债务限额为 3.08 万亿元，其中新增一般债务限额 9300 亿元，新增专项债务限额 2.15 万亿元。国务院常务会议要求 2019 年限额以内的地方政府专项债务要确保在 9 月底全部发行完毕，10 月底前全部拨付到项目上，督促各地尽快形成实物工作量。根据笔者的统计，2019 年前三个季度，新增一般债务与专项债务规模分别为 9046 亿和 21242 亿元，共计增加了 3.03 亿元，已经基本完成了全年限额。增加地方政府支出，拉动需求，对于应对当前经济下行压力具有重要意义。但正如本书前面的分析所言，大量存在的地方政府隐性债务为金融体系积累的很大的风险，必须引起重视。

第四，财政资金闲置情况仍存。有些地方基础工作做得不到位，项目储备不足，债券资金发下来后，前置的一些条件没有完成，给项目的实施带来障碍。从数据上看，在政府债务率上升的同时，政府存款也在快速增长。2019 年前三个季度政府存款共增长了 3.0 万亿元，其中财政性存款增长了 0.8 万亿元，机关团体存款增长了 2.2 万亿元。政府存款增加的规模（3.0 万亿元）占政府债务增加规模（4.0 万亿元）的一大部分。政府部门的债务虽然仍在上涨，但其存款也相应上涨，且二者涨幅极为相似。自 2011 年以来政府净债务（即政府债务减去政府存款）与名义 GDP 之比出现大幅下降，也就是说 2011 年之后虽然政府杠杆率还在提高，但政府债务并没有相应支出，而是形成了政府存款。2015—2018 年政府净债务与 GDP 之比进一步下降，大部分时期净债务小于 0，即债务余额小于存款。政府部门虽然靠发债融资弥补了部分资金缺口，但另一部分政府资金被没有被有效支出，形成了存款资产。这一问题在 2019 年有所缓解，但政府资金利用效率仍然不高。

# 三　2020 年财政政策展望

在宏观经济仍然面临较大下行压力的情况下，要实现稳增长与稳就业，关键在于实施更加积极的财政政策。与此同时，为保证财政政策的实施效果以及财政的可持续性，还需要在财政货币政策的协调配合以及促进地方政府资金来源多元化等方面做文章。

## （一）财政政策更加积极

财政政策目标至少要包含三个方面。第一，保证增长和就业。政府支出和政府投资可以外生于经济过程，直接产生逆周期的总需求，避免投资和产出出现失速下滑。虽然 2020 年完全实现小康社会的目标已接近实现，但从近年来就业环境等方面来看，目前经济尚未达到潜在增长力水平，适当积极的财政刺激是合理的。第二，引导经济结构的转型升级。财政政策本身就带有结构性特征，起到对产业及经济结构的引导作用。在经济增速换挡期和结构调整阵痛期，财政政策应鼓励支持高新技术产业、战略性新兴产业发展，促进结构转型升级。在改善经济结构方面，2019 年的减税降费已经起到积极效果。据财政部部长刘昆的预计，2019 年全年减税降费数额超过 2 万亿元，占 GDP 的 2%[①]。这部分政策切实降低了企业税费负担，增强了企业获得感。进一步，还应继续落实

---

① 刘昆：《国务院关于减税降费工作情况的报告》，2019 年。

各项减税降费政策，优化支出结构，加大对制造业转型升级和技术改造的支持力度，激发企业内在动力和创新活力，推动减税降费政策发挥更大效应。第三，保障民生，缩减贫富差距。财政支出仍然要在保障民生方面做好托底工作，应适当向低收入群体增加转移支付。此外，财政支出也应适度扶持结构分化中出现的后发地区、传统行业和弱势群体。这部分支出所形成的居民收入具有更高的边际消费倾向，从而增加总需求，同时也有利于防止分化的加剧。

具体而言，更加积极的财政政策要从财政收入、财政开支、预算赤字、政府债务四个方面进行考虑。

第一，财政收入的调整。2019 年全国公共财政收入出现较大的结构性变化，1—11 月公共财政收入累计同比增速下滑至 3.8%，其中税收收入下滑至 0.5%，非税收入上升至 25.4%。从央地关系来看，地方公共财政收入下滑速度更快，从 2018 年年底的 7.0% 降至 2019 年 1—11 月的 3.0%；而中央财政收入变化并不明显，从 2018 年年底的 5.3% 降至 2019 年 1—11 月的 4.8%。财政收入，尤其是地方政府财政收入的下降是约束政府投资的重要因素。地方政府在很长时期里都担负着基本建设投资、逆周期宏观调控的任务。尤其是 2018 年提出结构性去杠杆以来，地方政府隐性债务得到显著的控制，政府通过债务融资的资金来源受限。在这种情况下，预算内的财政收入下滑无异于雪上加霜，进一步约束了地方政府的支出，也导致基建投资的大幅下降。从这个角度看，未来可以从两个角度来调整财政收入结构。一是增加中央政府对地方政府的转移支付；二是继续完善中央政府与地方政府的权责关系，加大一般公共预算中地方政府的收入比例。

第二，财政支出的刚性。财政收入受总产出的影响，在短期内可能会出现较大波动，但财政支出具有较大的刚性，很难在短期内出现大幅度的上升或下降。2019 年 1—11 月公共财政支出累计同比增速为 7.7%，与 2018 年的 8.7% 基本持平。其中教育支出、节能环保支出和交通运输的支出增速还有所上升。2020 年的财政支出也应体现为两方面特点。一是更加突出结构性特点，坚决压缩一般性支出，做好重点领域保障，支持基层保工资、保运转、保基本民生；二是加大支出对冲宏观经济下行压力，尤其是增加财政对基础设施等重大领域的投入。要着眼国家长远发展，加强战略性、网络型基础设施建设，推进川藏铁路等重大项目建设，稳步推进通信网络建设，加快自然灾害防治重大工程实施，加强市政管网、城市停车场、冷链物流等建设，加快农村公路、信息、水利等设施建设。

第三，财政赤字应有一定幅度上升。在收入端继续推进减税降费、支出端加大对重点领域保障及基建投资支出的条件下，财政收支缺口会加大。2019 年全年的公共财政预算赤字为 2.76 万亿元，赤字率为 2.8%。除预算赤字外，使用调入资金及使用结余为 1.51 万亿元，这意味着公共预算缺口的最大值为 4.27 万亿元。2019 年 1—11 月，公共财政缺口累计达到 2.7 万亿元，比 2018 年同期增加了 0.8 亿元。而 2018 年全年的缺口为 3.75 万亿元，按照这一比例，2019 年的预算缺口将将够用。目前大部分经济学家都在预测 2020 年财政预算赤字将进一步上升，但不会超过 3.0%。假设 2019 年和 2020 年名义 GDP 增速都维持在 8%，则 2020 年的预算赤字约为 3.2 万亿元。而如果财政收入和财政支出还在保持如 2019 年 1—11 月这样的累计同比增速，则 2020 年财政缺口将达到 5.8 万亿元。用 3.2 万亿元的预算赤字来弥补 5.8 万亿元的财政缺口，明显是不足的。因此，2020 年即使预算赤字达到 3.0%，仍难以满足财政支出的要求，积极财政政策的力度仍是不足的。本书建议财政政策应该更为积极，预算赤字最好达到 3.0% 以上，加大逆周期调节的力度，来稳定总产出。暂时的财政扩张并非长期采用刺激性财政政策的开端，而是彰显逆周期调节的灵活性，只有在宏观经济稳定增长的前提下，才能现实财政的长期可持续性。

第四，政府债务的扩张速度要高于财政赤字。根据笔者的测算，到

2019 年第三季度末，政府部门杠杆率为 39.2% ，与发达国家相比尚处于较低水平。本书前文中也测算了地方政府隐性债务水平。按照最大口径来估计，地方政府隐性债务约为 50 万亿元，占 GDP 的 50%—60%。按照窄口径来估计，地方政府隐性债务约为 15 万亿元，占 GDP 的 15%—20%。这部分隐性债务显然增加了政府部门的真实杠杆率，但尚处于可控状态。未来政府债务的增速仍要高于一般公共财政预算所显示的赤字水平。一是因为地方政府专项债未纳入财政赤字口径，2019 年新增专项债务限额 2.15 万亿元，部分投行报告已经预期 2020 年专项债限额将突破 3 万亿元，将近占到 GDP 的 3%。二是地方政府债务置换的继续进行。2018 年国务院发布的《关于保持基础设施领域补短板力度的指导意见》（国办发〔2018〕101 号）已明确要求保证隐性债务还本付息的稳定性，必要时可通过展期、债务重组等方式来保持经济平稳健康发展。同年《中共中央办公厅　国务院办公厅关于印发〈地方政府隐性债务问责办法〉的通知》（中办发〔2018〕46 号），要求再一次在全国范围内开展隐性债务的摸底统计。这部分重新摸底的隐性债务还需要通过相应的债务置换过程直接转化成政府显性债务。由此政府债务的扩张速度要高于财政赤字，在观察财政立场时尤其需要注意这点。

### （二）进一步扩大国债规模

当前政策所面临的困境是虽然在一般公共财政预算中限制住了财政赤字，保证每年的赤字率低于 3% ，但受财政支出刚性、稳定经济增长等因素的影响，真实的财政缺口要远大于表面上的赤字率。这既表现为地方政府专项债的增加未列入赤字预算，也表现在地方政府隐性债务的增长上。真实的赤字率被掩盖了，但现实中依然大量存在的地方政府隐性债务却很难被掩盖掉。这部分债务的存在蕴含了大量的金融风险，如果不能被妥善处理，则有可能造成违约风险的传染，最终形成系统性金融风险。

从本质上说，地方政府的隐性债务就是财政问题。这部分债务主要产生于地方政府基础设施建设的资金缺口。大量基建投资的经济收益性较差，但这并不意味着其社会收益性也不好。事实上，大量基础设施建设提高了人民的生活福利，且有利于总产出长期持续的增长。但由于这部分基础设施并未按照市场价格合理定价，导致其经济收益率有限，本质上属于政府公共性支出。但由于没有相应的资金来源，地方政府只能依靠以城投公司为主体的融资渠道来获得这部分基建投资资金，最终形成了地方政府隐性债务。过去一段时间，由于对地方政府这部分隐性债务的约束性不强，也造成了重复建设、低效投资等问题。但这部分财政支出也起到了稳定经济增长的效果，不能一概否定之。

问题是过去采用隐性债务为地方政府提供资金支持的方式存在多方面的弊端。一是融资成本要远高于主权信用成本。过去通过影子银行方式流入地方政府的金融产品动辄就会出现高于10%的收益率，即使在结构性去杠杆已经取得初步成效的当前，城投债收益率也要远高于国债和地方债。二是人为造成了金融体系的混乱，阻碍了金融市场的价格发现机制。这部分高收益的影子银行产品背靠地方政府的信用，仍具有刚性兑付的预期，这使得相对高收益的金融产品并未承担相应的高风险，整体推高了全社会的无风险利率水平。这从根本上阻碍了实体经济融资成本的下行，并且也不利于以股权为主的多层次资本市场的建立。三是一旦发生地方政府隐性债务的违约，极易造成系统性金融风险。地方政府隐性债务的债权持有者都了解这些债务是背靠地方政府的信用，而地方政府则是背靠中央政府的信用。大量融资平台的资产并不能产生与其负债相匹配的收益，资产负债率和债务覆盖率指标普遍较差。投资者之所以还愿意投资这类债务，并非出于对融资平台公司自身经营的信心，而是出于对地方政府刚性兑付的普遍预期。在这样的环境下，一旦出现某起地方政府隐性债务的违约事件，则会造成连锁反应，使投资者的预期及这部分隐性债务的信用消失，造成严重的系统性风险事件。

这些弊端的存在，迫使我们必须寻求对这部分债务的化解方案。在短期内既不能简单打破刚兑，造成系统性风险，也不能继续容忍这些高成本债务的继续形成。李扬认为解决地方政府债务问题的根本出路，在于为其提供一套稳定的制度安排，即将地方政府债务关进制度的笼子中，包括相互关联的三个环节：其一，实事求是地确认并科学厘定地方政府所应承担的事权；其二，实事求是地为其完成这些事权提供稳定、透明、可持续的资金支持；其三，将上述安排用法律的形式予以确定，并严格执行。这其中的第二点涉及为这种债务提供非隐性债务的资金来源①。我们要促进地方政府债务融资的多元化，除了上一节所建议的设立融资机构提供资金外，还应该通过增发国债的方式来继续置换地方政府隐性债务。

用国债来替换地方政府隐性债务并非完美的解决方案，其中存在诸如道德风险、难以约束地方政府债务资金的滥用、无法有效地通过债务约束来控制地方政府的无效投资等各方面的问题。然而，邻国日本已经为我们示范了一个相对较好的解决方案。笔者认为，日本地方政府的融资安排非常值得中国借鉴，其原因有五：其一，中国经济目前面临的局面，与 20 世纪 90 年代的日本十分相似，即广大企业信心不振，导致国内需求严重不足，同时私人部门保有很高的储蓄率；其二，中日两国政府遇到的问题也相似，即鉴于私人部门需求不足，必须由中央和地方等公共部门出面，进行大规模公共投资，由以弥合需求缺口；其三，在历史上，地方政府的赤字即赤字融资一直受到限制，一旦为了调控经济，需要地方政府积极作为时，在一个时期内，都存在地方政府融资规模迅速增大且难以控制的问题；其四，与美欧

①　李扬：《将地方政府债务关进制度笼子》，《中国金融》2019 年第 13 期。

等发达经济体不同，中国和日本都属于单一制的国体，因而必须而且可以从国家总体出发，而不是依赖高度分权的多级政府结构"各自为战"，寻求解决方案；其五，同样与美欧等发达经济体不同，中国和日本的金融体系都以间接融资为主，这决定了几乎所有的金融安排，特别是环绕政府的融资安排，都离不开银行的积极作用，而日本自从2009年4月颁行了《地方政府财政健全化法》后就没有再出现过地方政府违约的现象。

整体来说，日本地方政府的资金来源也是主要背靠中央政府信用。但对于地方政府自身来说，其债务发行面临多方面的约束。首先是通过对地方政府资产负债表的编制约束了债务收入比等政府财政指标，其次是通过中央政府和地方议会共同约束地方政府的行为。事实证明，只要从制度上加以约束，可以有效控制地方政府的负债冲动，实现债务的可持续增长。这些经验可以部分缓解用国债来置换当前地方政府隐性债务时的约束问题。

### （三）重塑中央银行资产负债表

前面提到，我们将实施更为积极的财政政策以应对经济下行。这势必会导致财政缺口和国债发行的上升，从而需要货币当局进行配合。这里货币当局的协调配合意味着重塑中央银行资产负债表。

货币与财政政策的协调历来是学术界及政策当局较为关注的问题。徐忠认为中国的财政当局主动性不够，使得货币政策被动补位，货币与财政政策主体的协调配合不够，冲突较多[1]。Bossone认为财政与货币当局的协调配合可以加快财政与货币政策的融合，迅速处理通货紧缩与经济衰退的问题[2]。这一点在金融危机后已经成为共识，许多国际组织都

---

[1] 徐忠：《系统性再论财政与金融的关系》，《经济研究》2018年第7期。

[2] Bossone，B.，2015，"Should Central Banks always Remain Independent?"，https：//www.weforum. org/agenda/2015/08/shouldcentral-banks-always-remain-independent/.

在倡导建立宏观调控的多边协调机制，加强货币和财政政策的协调。李扬认为中国过去存在"财政出赤字，银行发票子""财政和银行穿连裆裤""财政和银行是国家的两个钱口袋"等说法[①]。余斌和张俊伟从有效提高政府调控水平的角度认为，货币和财政政策需要综合协调，否则很难实现宏观调控目标[②]。

财政当局发行国债进行融资，用国债替代地方政府隐性债务，会冲击到债券市场的供求关系，影响银行超额准备金水平，倒逼中央银行买入国债来维持利率水平稳定。增加财政支出和发行国债后，需要中央银行的货币政策操作进行配合，以达到货币市场、资本市场和准备金水平的稳定，维持银行间市场利率保持在中央银行政策利率水平上。本书在此用简化的模型来说明财政政策对金融体系的影响，以及货币当局与财政当局的协调配合机制。

第一，中央财政向私人部门发行国债会导致银行准备金的等额下降。简化起见，假设全部国债都由商业银行购买。商业银行只能用超额准备金来购买国债，资产方持有国债的上升，导致其超额准备金等额下降。第二，超额准备金的下降，会造成银行体系的流动性下降，拉高拆借利率。由于银行超额准备金下降，各家银行只能通过拆借市场借入资金来满足准备金要求，由此抬升了银行间拆借利率，使利率水平超过中央银行的目标利率。第三，中央银行需要通过货币政策工具来释放流动性，降低银行间市场利率。一旦银行间利率高出中央银行的容忍线，其便会动用货币政策工具来增加超额准备金。一般是通过公开市场操作，买入国债，增加准备金。最终结果如表 10-2 所示，表现在中央银行资产负债表中，是资产方国债的上升和负债方财政存款上升；表现在政府部门资产负债表中，是资产方财政存款的上升和负债方的国债上升；私

---

① 李扬：《货币政策与财政政策的配合：理论与实践》，《财贸经济》1999 年第 11 期。

② 余斌、张俊伟：《新时期我国财政、货币政策面临的挑战与对策》，《管理世界》2014年第 6 期。

人部门的资产负债表不受影响。最终的结果是政府发行的国债被中央银行所购买，私人部门所持有的国债水平不受影响。

表 10 - 2　　　　　　　　政府国债发行导致各部门资产负债表变化

| 政府 | | 中央银行 | | 私人部门 | |
|---|---|---|---|---|---|
| 资产 | 负债 | 资产 | 负债 | 资产 | 负债 |
| 财政存款上升 | 国债上升 | 国债上升 | 财政存款上升 | 不变 | 不变 |

　　下一步，政府利用国债发行所融到的资金进行支出，同样会影响到商业银行的超额准备金，倒逼中央银行卖出国债维持汇率稳定。第一，财政支出会造成银行准备金的等量增加。由于财政账户设立于中央银行，在财政部增加支出时，一定规模的中央银行负债被转移到商业银行资产负债表中，形成商业银行的存款。这部分存款形成了商业银行在中央银行的超额准备金。第二，超额准备金上升会增加银行体系的流动性，降低拆借利率。银行所持有的超额准备金只能获得极低的利率，商业银行为提高资金的效率，更倾向于在银行间拆借市场贷出超额准备金，从而拉低拆借利率，使拆借利率低于中央银行的目标利率。第三，中央银行需要通过货币政策工具吸收流动性，抬升市场利率。一旦银行间利率跌破中央银行的容忍线，其便会采用货币政策工具来调节超额准备金。一般是通过公开市场操作，卖出国债，去除超额准备金。在此过程中，通过财政当局与中央银行的配合，财政支出上升，财政赤字加大，而中央银行通过卖出国债收回了这部分支出造成的流动性过剩。最终结果如表 10 - 3 所示，表现在中央银行资产负债表中，是资产方国债的下降和负债方财政存款的下降；表现在商业银行资产负债表中，是资产方持有国债上升，负债方私人存款上升；表现在私人非金融部门的资产负债表中，是资产方的存款上升，负债方资产净值上升；表现在政府

部门的资产负债表中，是资产方财政存款的下降，负债方资产净值的下降。

表 10 - 3　　　　　政府支出导致各部门资产负债表变化

| 政府 | | 中央银行 | | 商业银行 | | 私人非银行部门 | |
|---|---|---|---|---|---|---|---|
| 资产 | 负债 | 资产 | 负债 | 资产 | 负债 | 资产 | 负债 |
| 财政存款下降 | 净值下降 | 国债下降 | 财政存款下降 | 国债上升 | 私人存款上升 | 私人存款上升 | 净值上升 |

将政府发行国债和政府增加支出这两个过程进行合并，则各部门资产负债表的变化也应进行合并。最终中央银行资产负债表并不需要发生变化，政府支出的上升导致私人部门在资产方持有国债上升，在负债方的资产净值上升。通过国债的发行，私人部门获得了盈余，净值上升，体现在对国债持有的增长上，如表 10 - 4 所示。

表 10 - 4　　政府发行国债进行赤字支出导致各部门资产负债表变化

| 政府 | | 中央银行 | | 商业银行 | | 私人非银行部门 | |
|---|---|---|---|---|---|---|---|
| 资产 | 负债 | 资产 | 负债 | 资产 | 负债 | 资产 | 负债 |
| 不变 | 国债上升，净值下降 | 不变 | 不变 | 国债上升 | 私人存款上升 | 私人存款上升 | 净值上升 |

通过对以上各部门资产负债表的分析，可以得出的结论是财政当局发行国债需要中央银行的配合，同时也为中央银行货币政策提供了主要操作工具。表 10 - 2 显示了全部增发国债回归到中央银行资产负债表中。但现实中的情况更为复杂，如果这部分国债没有被中央银行所购进，则增发国债对市场流动性的冲击需要其他货币政策操作进行抵消。以中国为例，中国人民银行持有国债的规模自 2007 年增持特别国债后基本没有发生过变化。也就是说，中央银行并没有通过购买国债对财政

政策的操作进行对冲。那么为了避免对银行准备金的影响，中央银行实际上是采用了其他操作方式进行对冲。在中国，中国人民银行在 2014 年之前主要是通过购买外汇储备来释放流动性，2014 年之后主要是通过 MLF 等各类结构性货币政策工具释放流动性。

在 2014 年之前的过程中，中央财政的国债实际上是替换了私人部门所持有的外汇储备，导致中央银行持有的外储上升，私人部门持有的国债上升。在 2014 年之后的过程中，本质则是商业银行同时增加了国债的持有和对中央银行的负债，相当于中央银行主动创造信用支持商业银行对国债的持有。二者皆为表 10 - 2 所显示的中央银行直接吸收国债的变体。2014 年所发生的关键变化在于随着国际资本账户趋于平衡，外汇储备不再增长。于是央行只能改变货币发行机制，通过创新型工具来增加对商业银行的债权。而国债始终在央行资产负债表中占比较低。

中国目前采用中国人民银行主动创造对商业银行信用的方式来增加基础货币（商业银行准备金）的方式，与主动买入国债的操作是没有本质区别的。而买入国债的操作更为简单，且增加了信用供给的普惠性。如表 10 - 4 所示，在一个稳定的状态下，如果中央财政发行国债所融得的资金全部用来增加政府支出，则最终国债还是要回归到私人部门，这部分政府的财政赤字转变为私人部门的盈余。而中央银行在此过程中，也简化了货币政策操作，提高了效率。

尤其重要的是，各种"粉"类的货币发行工具并非长久之计，也不可能在中央银行资产负债表中占有太大比例。因为这类工具本质上是中央银行主动的信用创造，所受约束性更低，导致的结果是商业银行通过对中央银行负债而持有国债，即从中央银行借钱买入国债。而这类货币政策工具的久期普遍小于国债，且更多地受中央银行相机抉择政策的影响，造成商业银行资产负债表的风险上升。尽管中央银行通过精细的投放和回收操作也可以维护商业银行资产负债表，降低其利率风险和久期风险，但毕竟这种操作方式导致了商业银行过于依赖于中央银行。2013

年 6 月短暂出现的"钱荒"便是在这种操作下，一些未预料到的因素导致银行间市场利率的过快攀升。而中央银行转向增持国债的操作后则会减少这类风险发生的可能。

### （四）促进地方政府资金来源多元化

根据前文的分析，地方政府之所以形成了大量的隐性债务，既有中央与地方政府财权事权不统一的原因，更为深层的则是体制现象。各级地方政府不仅扮演着对地方经济发展"积极干预者"的角色，而且扮演着准公司的角色。但地方政府的经济行为并没有充足的资金来源作为保证。

在中国宏观经济进入新常态，急需地方政府释放新一轮活力的背景下，需要改善地方政府债务融资的机制和对债务的科学管理制度，并同时化解地方政府债务风险和商业银行资产负债表长期错配的风险。也就是说既要改善地方政府债务的科学指标管理体系，将债务关进笼子，又要将长期资产从银行资产负债表中划出去，通过有效的市场交易转移给长期机构投资者持有，使得金融体系的资产负债表期限结构趋于对称。因此本书建议设立一个地方政府债务金融机构，来解决地方政府资金来源多元化的问题。这一金融机构的设立有三种路径可供选择。

其一，设立由政府背书的政策性金融机构，由这个机构发行债券从市场进行融资并向地方政府提供长期贷款。这一政策选择的优势在于除现有的地方政府债券之外又为地方政府提供了一种多元化的长期债务资金来源，同时在债券市场上也通过发行标准化的机构债来丰富市场品种。这一机构应专门为地方政府的债务融资服务，可由中央政府出资，也可由全部地方政府共同出资，抑或是中央与地方政府共同出资设立，具有政府的信用背书，其发行债券的收益率应与主权债券基本一致。

其二，改造现存机构，通过赋予其新职能的方式来落实这一制度安排。在最近出现的几起地方政府隐性债务偿付困难之时，国家开发银行（以下简称国开行）已经积极参与到债务化解工作中。国开行一直围绕服务国家经济重大发展战略，业务类型涉及基建与棚改等，与地方政府隐性债务有较多重叠，因此对为地方政府融资的职能的适应性较强。但利用国开行来实现这一职能的最大障碍在于其规模限制，2018 年年底国开行总资产共计 16 万亿元，其中贷款资产 11 万亿元，棚户区改造相关贷款占到贷款总额的 1/4。而当前地方政府债务总规模为 19 万亿元，国开行当下的总资产和净资产规模都难以支撑起为地方政府提供债务融资主要渠道的角色。要实现这一制度安排必须首先增资扩股。

其三，借鉴住房抵押贷款证券化的模式成立国家资产证券化公司，同时开放商业银行对地方政府贷款的限制，并通过资产证券化将这部分商业银行的贷款出表。与房利美和房地美这类美国按揭贷款证券化模式不同的是，本书建议采取欧洲广泛采用的资产担保债券（covered bond）模式。这类资产证券化债券的特征是发债银行需要用其资产池为其剥离出的资产支持证券提供担保。也就是说，当债务人出现违约时，债券持有者可以向发债银行进行追索。因此资产并未完全从银行出表，并非完整意义的资产证券化，但其极大约束了银行的行为，激励银行更为积极的风险控制，因此也不太可能出现美国那样出现大量不良贷款的现象。采用这一机制的优势是可以与中国当前正在进行的住房按揭贷款资产证券化过程结合在一起，在全国范围内成立一家或多家资产证券化公司，使其同时为住房按揭贷款和地方政府贷款的资产证券化服务。欧洲当前这类资产担保债券就是既包括住房按揭贷款债券，也包括一些公共部门贷款债券。

以上几种路径选择，无论采取哪种方式，都可丰富地方政府债务融资的来源，同时也改善商业银行的资产负债表结构。其中的关键在于通过这种公开透明的融资机制为地方政府债务实施科学管理。尤其是要建立一整套衡量地方政府债务缺口和债务风险完善的指标体系，具体要求如下。第一，这类证券化资产要高度透明，各省级地方政府债务主体需编制和披露完整的财务报表，地方政府债务金融机构、国开行或国家资产证券化公司需有尽职调查的义务。第二，债券发行人与持有人要保持风险共担，当出现地方政府违约风险时要由具有政府背书的主体以自有资金首先承担风险，并保持这类地方政府债务的融资成本接近于主权债务成本。第三，相关债务发行规则和会计标准从建立起就应遵循国际准则，并积极推进这类债券融入全球市场。

# 第十一章

# 货币政策分析与展望

虽然中国面临着日益增大的经济下行压力和通货紧缩风险（以PPI来衡量），但由于前期信贷过度扩张使得经济累积了较大的金融风险，2019年中国的货币政策总体上稳中偏紧。为了降低实体经济的融资成本，中国人民银行进一步完善了贷款市场报价利率（LPR）的形成机制，但由于改革的不完全以及中国本身存在的结构性问题，该改革可能不能取得预期的效果。本书认为中国要在金融风险可控条件下实现经济的平稳增长，中国人民银行应适度降低经济增长目标的权重，推进利率市场化改革，发挥好宏观审慎监管和货币政策的双支柱调控框架。

## 一 中央银行资产负债表与货币政策调控

中央银行作为银行的银行以及金融监管当局，其本身并不以盈利为目的，因此中央银行资产负债表的变化不是中央银行基于市场收益和风险预期所做的资产配置，而是集中反映了中央银行对于整体经济的货币政策调控。当中国人民银行运用各种政策工具对经济进行干预时，其资产负债表的规模或结构将会发生相应的变动。

表11－1给出了中国人民银行资产负债表各个科目在2019年的变

动情况。可以看出，中国人民银行的资产端主要由外汇占款和对其他存款性公司债权主导（2019年11月二者占比达88%），负债端主要由其他存款性公司存款和政府存款所主导（2019年11月二者占比达69%）。

表 11 - 1　　　　　　中国人民银行资产负债情况（2019 年）

| 项目 | 3 月 | | 6 月 | | 9 月 | | 11 月 | |
|---|---|---|---|---|---|---|---|---|
| | 规模（亿元） | 同比（%） | 规模（亿元） | 同比（%） | 规模（亿元） | 同比（%） | 规模（亿元） | 同比（%） |
| 国外资产 | 218110 | (0.98) | 218522 | (0.75) | 218768 | (0.02) | 218659 | 0.50 |
| >外汇 | 212537 | (1.12) | 212455 | (1.27) | 212354 | (0.81) | 212336 | (0.12) |
| >货币黄金 | 2664 | 4.80 | 2782 | 9.46 | 2856 | 12.36 | 2856 | 12.36 |
| >其他国外资产 | 2909 | 4.49 | 3285 | 34.18 | 3558 | 62.84 | 3467 | 41.97 |
| 对政府债权 | 15250 | (0.16) | 15250 | (0.16) | 15250 | (0.16) | 15250 | 0 |
| 其他存款性公司债权 | 93668 | (6.24) | 101860 | (1.51) | 106775 | (2.34) | 108158 | 3.97 |
| 其他金融性公司债权 | 4709 | (20.86) | 4842 | (18.60) | 5168 | (13.25) | 5534 | 19.28 |
| 非金融性部门债权 | 27 | (24.35) | 0 | Na. | 0 | Na. | 0 | Na. |
| 其他资产 | 16790 | (7.59) | 23121 | 29.76 | 16007 | (4.78) | 15474 | (11.73) |
| 总资产 | 348553 | (3.07) | 363595 | 0.25 | 361967 | (1.16) | 363075 | 1.12 |
| 储备货币 | 303711 | (5.49) | 313086 | (1.69) | 305882 | (3.79) | 304008 | (0.60) |
| >货币发行 | 81311 | 2.34 | 78237 | 3.41 | 80218 | 2.69 | 79335 | 3.81 |
| >其他存款性公司存款 | 209648 | (12.19) | 221817 | (6.72) | 212230 | (8.15) | 209883 | (3.27) |
| >非金融机构存款 | 12752 | 303.87 | 13032 | 160.20 | 13435 | 53.54 | 14789 | 18.82 |
| 金融性公司存款 | 4693 | 12.59 | 4237 | 13.08 | 4775 | 34.55 | 4649 | 24.22 |
| 发行债券 | 315 | Na. | 740 | Na. | 940 | Na. | 1010 | 405.00 |
| 国外负债 | 819 | (11.77) | 904 | (19.15) | 1106 | (46.06) | 1106 | (15.99) |
| 政府存款 | 31407 | 19.08 | 35683 | 11.36 | 38527 | 10.73 | 42064 | 11.73 |
| 自有资金 | 220 | 0 | 220 | 0 | 220 | 0 | 220 | 0 |

| 项目 | 3 月 | | 6 月 | | 9 月 | | 11 月 | |
|---|---|---|---|---|---|---|---|---|
| | 规模（亿元） | 同比（％） | 规模（亿元） | 同比（％） | 规模（亿元） | 同比（％） | 规模（亿元） | 同比（％） |
| 其他负债 | 7387 | 12.48 | 8727 | 22.81 | 10517 | 36.62 | 10019 | (0.86) |
| 总负债 | 348553 | (3.07) | 363595 | 0.25 | 361967 | (1.16) | 363075 | 1.12 |

注：括号内数值表示负值。

数据来源：中国人民银行网站。

首先观察中国人民银行资产负债表的资产端。中国的外汇占款在2019 年出现了小幅的下滑，但由于中国人民银行持有的黄金和其他国外资产有了一定程度的提升，这使得截至 2019 年 11 月末，中国的国外资产达到 218659 亿元，较 2018 年同期小幅上升 0.5％。与此同时，中国人民银行资产端的另一个重要科目——对其他存款性公司债权虽然在2019 年前三个季度都是同比下降的，但中国人民银行在 10 月、11 月通过公开市场操作累计净投放 1383 亿元，使得该科目在 2019 年 11 月末达到 108158 亿元，从而最终导致中国人民银行资产负债表的总体规模较 2018 年同期上升了约 1.12％。总的来看，中国人民银行资产负债表资产端的变动延续了 2018 年国外资产与总资产占比基本稳定的趋势（在 2014 年以前该比值持续上升，之后持续下降）。

图 11-1 给出了 2014 年以来中国人民银行外汇占款以及对其他存款性公司债权的变动情况。可以看出，2015 年以前，中国人民银行总资产规模的膨胀主要通过外汇占款的持续增加实现。之后随着外汇占款增长趋势的减缓，中国人民银行获得了一定的货币政策调整和工具创新的空间，陆续启用了一些传统的货币政策工具，如再贷款、再贴现、正逆回购，以及引入一些新的货币政策工具，如 SLF（常备借贷便利）、MLF（中期借贷便利）、SLO（短期流动性调节工具）、TLF（临时流动性便利）、TMLF（定向中期借贷便利），以此来调节经济的总体流动

性。将中国人民银行公开市场操作 2018 年和 2019 年的规模进行对比可知，尽管中国经济 2019 年面临经济持续下行以及通货紧缩的压力（2019 年第三季度实际 GDP 增长率仅为 6.0%，PPI 同比增速为负），但中国政府表现得十分克制，并没有进行"大水漫灌"，而是更多地通过结构性调控手段使经济在高质量发展中逐步化解风险。

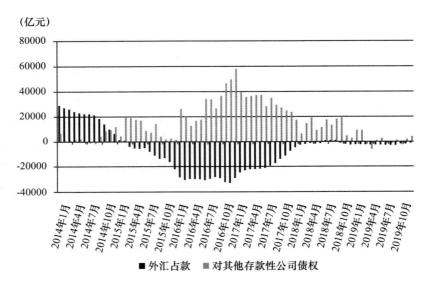

（亿元）

■外汇占款　　■对其他存款性公司债权

**图 11 - 1　中国人民银行资产负债表资产端主要科目同比变动**

数据来源：Wind 资讯。

由于 2019 年中国人民银行资产负债表规模的增幅有限，且政府存款较 2018 年有了较大的提升，这导致中国人民银行的储备货币在 2019 年出现显著的下降，其中下降幅度最大的科目是其他存款性公司在中国人民银行的存款。截至 2019 年 11 月，其他存款性公司在中国人民银行的存款为 209883 亿元，这不仅低于 2018 年同期水平，也分别比 2019 年第二季度末和第三季度末下滑了 11934 亿和 2374 亿元。笔者认为，存款性公司在中国人民银行存款的减少，一方面固然是由于中国人民银行下调存款准备金率所致（2019 年前三个季度中国人民银行一共 3 次全面性地下调存款类金融机构存款准备金率）；另一方面，由于融资环境持续偏紧和流动性分层，中小银行对超额储备金的持续消耗也是一个重要的原因。

2019 年 5 月下旬，包商银行因出现严重信用风险而被中国银行保险监督管理委员会接管，为期 1 年，这引发市场对部分中小银行流动性风险的广泛关注。在对包商银行的接管处理中，对于个人客户及 5000 万元以下的对公和同业客户本息实现全额保障，但对于 5000 万元以上本息，预计平均保障比例在 90% 左右，从而打破了刚性兑付。2019 年第二季度《中国货币政策执行报告》中，中国人民银行明确指出"部分中小银行出现的局部性、结构性流动性风险，本质上是真实资本水平不足导致的市场选择结果"。之后，随着市场对中小银行存单及其他融资工具的风险偏好下降（见图 11 - 2），杠杆率相对较高的中小银行被

**图 11 - 2　一年期 AAA 级同业存单和 AA 级同业存单到期收益率**

数据来源：Wind 资讯。

迫去杠杆，从而压低超额存款准备金率。截至 2019 年 9 月末，金融机构超额存款准备金率为 1.8%，较 2018 年年底下降了 0.6 个百分点。

作为中央银行资产负债表负债端最主要的构成——储备货币，它既是货币当局的净货币负债，也是商业银行和其他存款机构负债的产生基础。但由于储备货币与实际经济的联系并不那么紧密，因此人们通常关注 M1、M2 等更加广义的货币。图 11-3 给出了近期 M2 同比增速和货币乘数的变动情况。可以看出，尽管随着存款准备金率的下降，货币乘数从 2018 年 12 月的 5.52 上升至 2019 年 11 月的 6.45，但基础货币增长乏力限制了广义货币的扩张。考虑到目前经济面临着较大的下行压力和通货紧缩的风险——2019 年前三个季度 GDP 同比增长 6.2%，11 月核心 CPI 同比增长 1.4%，PPI 同比下降 1.4%，因此未来可能需要进一步放松货币政策来盘活经济。

**图 11-3　中国 M2 同比增长率与货币乘数**

数据来源：Wind 资讯。

# 二　利率市场化与货币政策创新

中国"十三五"规划纲要明确指出"要完善货币政策操作目标、调控框架和传导机制，构建目标利率和利率走廊机制，推动货币政策由数量型为主向价格型为主转变"。2020年作为中国"十三五"规划的收官之年，如果要按时完成货币政策调控方式的转变，中国人民银行势必要加快利率市场化改革的推进。

## （一）利率市场化改革

考虑到中国的利率市场化改革仍在进行中，市场化利率与管制利率并存，不同利率之间的传导并不是那么顺畅，因此在具体分析之前有必要对中国的利率体系进行说明。按资金借贷性质划分，中国的利率体系可分为中央银行利率、金融市场利率与存贷款利率三类。中央银行利率指中央银行与金融机构之间的借贷利率，中央银行通过行政命令或公开市场操作来调整上述利率，以此来实现货币政策的调控意图。金融市场利率主要是机构之间的资金拆借利率，包括货币市场的拆借、回购交易利率和资本市场的债券收益率，目前已实现完全的市场化。存贷款利率是指金融机构对客户的零售利率。2015年10月24日，中国人民银行宣布不再对商业银行和农村合作金融机构等设置存款利率浮动上限，这标志着中国的利率管制基本放开。但利率市场化的本质并不只是放开各种利率管制，而是要疏通不同利率在各个市场间的传导，发挥其在资源配置中的作用。而中国目前的实际情况是，不同市场之间的利率传导存在着极大的摩擦。

图11-4给出了中国2016年以来MLF利率、SLF利率以及上海银行间同业拆放利率（Shibor）的走势。可以看出，一方面，SLF利率和MLF利率的灵敏度不够，这使得Shibor在多数时期的波动只是一

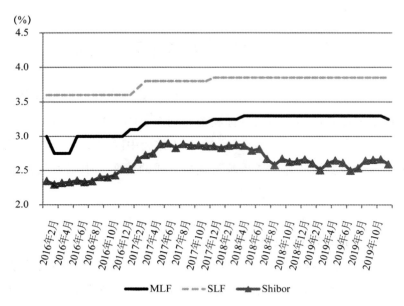

**图 11 - 4 中国人民银行主要利率与金融市场利率走势**

数据来源：Wind 资讯。

种随行就市的行为，与 SLF 利率和 MLF 利率缺乏联动，从中较难看出中国人民银行的政策意图。另一方面，中国人民银行于 2017 年年底和 2018 年年初，分别调高了 SLF 利率和 MLF 利率，之后在 2018 年和 2019 年绝大部分时间里都未再对其进行调整，但 Shibor 在此期间却是稳中有降的，因此它们彼此之间的联系并不紧密。造成这一现象的原因，笔者认为，一方面，中国人民银行并未将货币市场利率作为其货币政策调控的短期目标利率，因此对于 Shibor、银行间市场存款类机构以利率债为质押的 7 天期回购利率（DR007）等货币市场利率指标，中国人民银行更多的是将其视作一种监测指标，而没有试图去控制它；另一方面金融机构的流动性分层现象也会影响政策目标利率向货币市场利率的传递。

图 11 - 5 给出了中国货币市场利率与商业银行存款利率的走势。

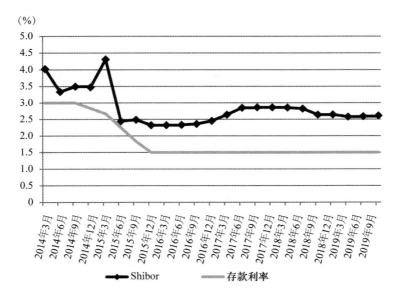

**图 11 - 5 货币市场利率与定期存款利率**

注：存款利率为 1 年期定期存款利率。

数据来源：Wind 资讯。

可以看出，商业银行的定期存款利率近年来始终保持不变，其并未随着 Shibor 的变化而变化。虽然在形式上中国人民银行已于 2015 年 10 月完全放开了对商业银行存款利率的限制，但由于存款仍是监管考核的重要指标，因此各银行有较强的争夺存款动机。另外，随着中国人口老龄化加速导致的居民总储蓄的缩水，以及监管当局对银行同业业务套利监管的加强，未来商业银行能否吸引到更多、更稳定的资金来源是商业银行面临的重要挑战。与此同时，为了避免各银行对存款的恶性竞争，稳住银行负债端的成本，目前依然存在存款利率自律上限。2019 年 9 月 20 日，中国人民银行货币政策司司长孙国峰在国务院新闻办公室举行的国务院政策例行吹风会上指出，"短期内贷款利率下降可能会对银行的息差、盈利有一定的影响，但就存款利率来说，存款基准利率是保留的，而且将在未来较长时间内保留，人民银行也将指导市场利率定价自律机制加强对存款利率的自律管理，维护市场竞争秩序，稳住银行负债端的成本，为银行可持续发展营造有利的条件"①。这就意味着当中国人民银行释放流动性，货币市场利率下降时，商业银行可能为了争夺存款而不会相应地下调存款利率；当中国人民银行收缩银根，货币市场利率上行时，由于存款利率自律上限的存在，存款利率也不会相应地上升。理论上，商业银行的资产定价应该是在其负债端成本基础上的加成定价，但由于商业银行存款利率与货币市场利率脱钩，这使得商业银行的贷款利率同样也与货币市场利率缺乏联动。

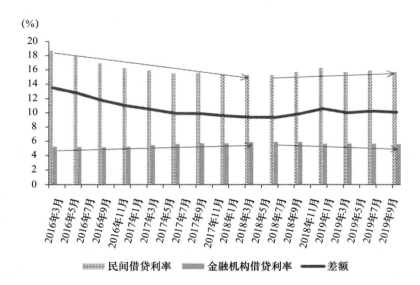

**图 11-6　民间借贷利率与金融机构贷款利率**

注：民间借贷利率是指温州民间综合借贷利率。

数据来源：Wind 资讯。

---

① http：//www.gov.cn/xinwen/2019zccfh/56/index.htm.

图 11-6 给出了中国 2016 年以来民间借贷利率与金融机构贷款加权平均利率的走势。可以看出，民间借贷利率与机构贷款利率之间不仅缺乏紧密联系，甚至出现了反向调整：2018 年以前，民间借贷利率有明显的下降，而机构贷款利率却在缓步上升；2018 年之后，二者的变动趋势又刚好相反。由于结构性因素的存在，许多企业，尤其是民营企业和小微企业都无法从金融机构获得足够的融资，因此银行的信贷市场利率与实体经济的融资成本之间存在一定程度的落差。笔者认为导致该现象存在的根本原因是国有企业、地方融资平台存在的预算软约束问题。尽管国有企业和地方融资平台的效率较低，但由于其拥有政府的隐性担保，银行以及其他金融机构通常更倾向于向它们提供融资。这么做的结果，一方面，国有企业、地方融资平台挤占了大量的金融资源，导致广大民营企业和小微企业融资难、融资贵；另一方面，由于国有企业和地方融资平台对于利率不够敏感，这在某种程度上也会破坏贷款利率对于企业融资成本的代表性。

由于中央银行利率、金融市场利率、存贷款利率以及企业融资成本之间的传导存在显著的摩擦，这使得中国人民银行在强调金融服务实体经济的同时，往往只能使得金融市场的流动性充裕，但实体经济的融资环境却未必宽松。图 11-7 给出了 2015 年以来私人部门融资成本的融资利率。可以看出，在 2019 年企业和家庭的融资环境都比较紧张。由于制造业目前已陷入通缩，生产者的实际融资成本在 2019 年大幅升高，从 2018 年 11 月的 1.65% 提高到 2019 年 11 月的 5.75%。同时家庭部门主要面临的房贷利率虽然在 2019 年没有明显的上升，但与 2017 年相比依然处于高位。因此，尽管中国人民银行 2019 年前三个季度的《货币政策执行报告》均指出，中国人民银行运用各种货币政策工具引导货币市场利率平稳运行，保持流动性合理充裕，但实际上中国 2019 年实体经济的融资条件是比较紧的。

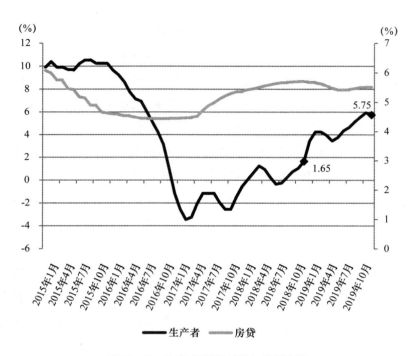

**图 11 – 7　生产者真实利率与房贷利率**

注：生产者真实利率（左轴）＝1 年期人民币贷款基准利率－PPI 增长率；房贷利率（右轴）为首套平均房贷利率。

数据来源：Wind 资讯。

## （二）货币政策创新

针对中国目前各种利率之间无法有效传递的现状，中国人民银行计划通过改革完善市场报价利率（LPR）形成机制，绕过货币市场，直接将中国人民银行公开市场操作利率（主要是 MLF 利率）与商业银行的市场报价利率挂钩，以此实现"两轨合一"。2019 年 8 月 17 日，中国人民银行发布改革完善 LPR 形成机制公告，旨在进一步推进贷款利率市场化，希望借此打破贷款利率隐形下限，疏通市场利率向贷款利率的传导[①]。2019 年 12 月

---

① 参见 2019 年第三季度《货币政策执行报告》专栏 3。

28 日，中国人民银行进一步出台了存量贷款利率基准转换方案，旨在将存量浮动利率贷款的定价基准转换为 LPR。由于对 LPR 改革刚启动不久，在过去相当长时间内 LPR 都只是简单地盯住中国人民银行发布的贷款基准利率，直到 2019 年 8 月才开始进行相应的调整（见图 11 - 8），因此改革的效果还有待进一步观察。本书希望从理论上探讨一下改革后中国人民银行利率调控所可能带来的影响。

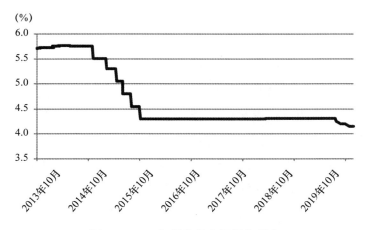

**图 11 - 8　1 年期贷款市场报价利率**

数据来源：Wind 资讯。

由中国人民银行近期颁布的关于 LPR 的改革通知可知，中国人民银行目前是要将公开市场操作利率，主要是 MLF 利率，与商业银行的贷款利率相挂钩，从而通过降息来实现降低实体经济融资成本的目的。但是，这一改革并未涉及商业银行的存款利率，因此"中国式降息"与欧美等发达国家的降息不同。以美国为例，美联储宣布降息是指降低联邦基金目标利率，并通过公开市场操作将联邦基金利率引导至目标值附近。其余的金融市场利率，如国债利率、票据利率、金融衍生品利率等，以及银行对客户的零售利率，如大额存单利率、最优贷款利率等均由市场决定，美联储并不直接干预，但联邦基金利率对其有很强的影响力。换言之，发达国家的中央银行是通过调整政策利率引导市场利率变动，从而实现货币政策调控目标。相对的，中国由于银行间市场不够完善，中国人民银行在压低公开市场操作利率时未必会带动货币市场利率的下调（见图 11 - 4），也不会影响商业银行的存款利率（见图 11 - 5），所以此次中国人民银行关于商业银行 LPR 机制的改革是在不改变商业银行融资成本的前提下改变商业银行的资产定价行为。

也许有人会认为在中国目前利率市场化尚未完成的背景下，通过直接压低商业银行贷款利率能够更有效地刺激经济，避免经济增速的进一步下滑，这不失为一种次优的选择。但这种考虑忽略了中国商业银行目前处于一种"不完全垄断"的特征事实。一方面，对于大型上市公司、国有企业等所谓的"优质客户"，商业银行之间的竞争十分激烈，其并没有过多的议价能力，因此须要对这些优质客户提供最优惠的贷款利率。另一方面，对于广大民营和小微企业，商业银行又处于相对垄断的强势地位，拥有较强的议价权。由于 LPR 是针对优质客户的贷款利率，因此 LPR 的下调将导致优质客户的融资成本下降。而由于 LPR 与民营企业和小微企业并没有直接的联系，所以 LPR 的下降不仅不会降低民营企业和小微企业的融资成本，甚至商业银行为了挽回其在优质客户处的利润损失，可能会利用其强势议价能力抬高民营企业和小微企业的贷款利率或费用。这也是为什么中国人民银行必须依靠各种结构性货币政策工具"精准滴灌"，通过定向降准，创新再贷款发放模式，扩大再贷款等货币政策工具的担保范围，将金融机构对民营企业和小微企业的支持纳入宏观审慎评估框架等方式对经济进行结构性优化。

这里可以用图 11 - 9 来说明中国人民银行的货币政策操作。考虑到中国人民银行能够直接控制基础货币的供给（$M_s$），图 11 - 9 给出的是关于基础货币的供给曲线与需求曲线。其中横轴度量基础货币的供求，以人民币为单位；纵轴度量每单位货币价值，以每单位人民币的商品价

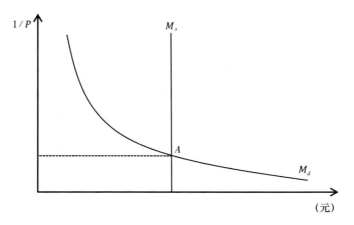

**图 11 - 9 基础货币的供给和需求曲线**

格（$1/P$）为单位。$A$ 为基础货币的初始均衡点。向下倾斜的需求曲线描述的是，每一个货币价值 $1/P$ 所对应的商业银行的准备金需求和其他私人部门的通货需求。需求曲线的位置由货币市场利率 $r$、总产出 $y$ 以及其他因素 $X$ 共同决定。为简化分析，将实际基础货币需求关系式简单地表示为[①]：

$$M_d/P = f(r,y) \qquad (11-1)$$

显然基础货币的实际需求函数 $f$ 是 $r$ 的减函数，因为 $r$ 越高，商业银行持有储备货币的成本也越高；$f$ 是 $y$ 的增函数，因为 $y$ 越高，商业银行的准备金需求以及其他私人部门的通货需求也越高。

接下来讨论当中国人民银行降低公开市场操作利率，如 MLF 中标利率将会带来的影响。"LPR 将改按公开市场操作利率加点形式的方式报价，其中公开市场操作利率主要指中期借贷便利（MLF）利率"[②]，这意味中国人民银行降息会导致商业银行贷款利率下降。但是根据图

---

[①] 这里忽略了存款准备金利率等其他可能影响需求曲线位置的因素 $X$。
[②] 参见中国人民银行 2019 年第三季度《货币政策执行报告》。

11-9，中国人民银行的公开市场操作利率与货币市场利率缺乏足够的联动性，而如果 r 没有相应的变化，短期内商业银行对于基础货币的需求曲线也不会发生变化，均衡点仍为点 A[①]。

然而随着时间的推移，商业银行的低贷款利率将刺激投资，导致总体物价水平上升（$P_1 \rightarrow P_2$）。这时，即便 r 和 y 均不发生变化，商业银行与其他私人部门对于基础货币的需求也会随着 $1/P$ 的下降而升高，均衡点将沿着需求曲线 $M_d$ 由点 A 滑落至点 B（见图 11-10）[②]。

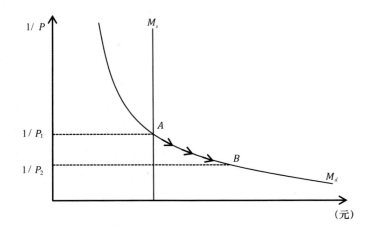

**图 11-10 物价水平升高对于基础货币需求的影响**

在点 B 处，基础货币的需求大于供给，这将给货币市场利率 r 造成上行的压力。对此，中国人民银行有两种应对方式：一是中国人民银行强调保持定力，不搞"大水漫灌"，维持基础货币供给不变。这么做的一个重要原因是中国人民银行并没有将货币市场利率作为基准利率，因此中国人民银行并没有义务将货币市场利率维持在某一特定的水平或范

---

① 如果没有要改变货币市场利率，公开市场操作所涉及的货币数量与基础货币存量相比几乎可以忽略不计。

② 点 B 并不是均衡点，这里只是为了便于描述而给出的假设情形。

围内。这么做将导致对基础货币的需求曲线左移，新的均衡点将最终落在点 $C$（见图 11 - 11）。与初始均衡点 $A$ 相比，经济在新均衡点 $C$ 处拥有更高的价格、更低的贷款利率以及更高的货币市场利率。该做法的优点在于控制了中国人民银行的基础货币规模以及商业银行的信贷货币投放，但与此同时，它也增加了银行系统爆发"钱荒"的可能性。

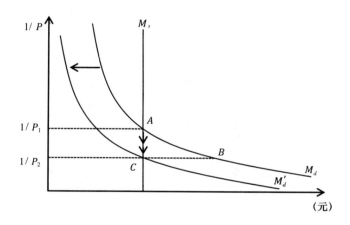

图 11 - 11　货币市场利率升高

二是中国人民银行强调要维持流动性的总体充裕，为维持货币市场利率稳定。这时中国人民银行必须增加基础货币的供给（$M_s \rightarrow M_s'$），如采用逆回购、降低存款准备金率、扩大再贷款的抵押品担保范围等方式来满足金融机构对于基础货币的需求（见图 11 - 12）。这时基础货币需求曲线将不会发生移动，点 $B$ 成为基础货币供给与需求一致的新均衡点。经济在该新均衡点处将拥有更高的价格、更低的贷款利率以及相同的货币市场利率。

图 11 - 12 表示的调控方式是目前中央银行主要采用的货币政策调控方式，即在要求商业银行降低贷款利率的同时，通过降准、公开市场操作等配套措施维持银行体系流动性的总体充裕。由上文的分析可知，中国人民银行旨在绕过货币市场利率而直接影响商业银行贷款利率的做

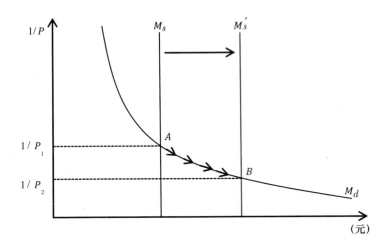

图 11 - 12  中央银行增加基础货币供给

法，并不能真正地降低实体经济的融资成本。一方面，因为单独地压商业银行贷款利率的做法势必会导致货币市场流动性吃紧（基础货币供不应求），这不仅可能导致某些杠杆率较高，对同业业务依赖度较大的中小银行出现流动性风险，无法为实体经济提供有效的金融支持。另一方面，中国人民银行压低的是银行优质客户所面临的利率，商业银行可能将这部分利润损失转移到一般客户，尤其是民营企业和中小企业。换言之，货币市场利率上升最终还是通过银行的负债端成本传递到商业银行的资产端定价，并未实现降息的目的。

# 三 货币政策是否"灵活适度"？

由于中国的利率市场化尚未完成，货币当局不仅须要维持数量型货币政策调控，且对于金融条件的评估也难以离开数量型指标，如 M2。笔者认为虽然近年来 M2 与名义 GDP 之间的相关性有所减弱，许多学者、央行官员也呼吁不必过于看重该指标，但一旦 M2 增速下滑，人们依然会产生经济增速减缓和通缩的预期，因此本节对中国 M2 的变动情况做一个简单的估计。

　　具体的，与经济和物价波动直接相关的货币为通货和活期存款，即狭义货币，但随着技术的进步，其他流动性更低的货币也能够转化为狭义货币，这使得我们在统计时也必须将一些准货币纳入考虑。但一旦将货币范围扩大，如引入定期存款，货币存量在短期内要进行调整就会面临一定的成本，即实际货币余额（$m_t$）和人们合意的货币余额（$m_t^*$）不相等，存在一个调节过程：

$$m_t = m_{t-1} + \delta(m_t^* - m_{t-1}) \tag{11-2}$$

　　其中，$\delta \in (0,1)$ 为调节系数。令 $m_t^* = f(y_t, c_t, \pi_t)$，即合意的货币需求取决于总收入 $y_t$、持有准货币的机会成本 $c_t$ 以及持有狭义货币的机会成本 $\pi_t$，$m_t$ 可表示为：

$$m_t = (1 - \delta)m_{t-1} + \delta f(y_t, c_t, \pi_t) \tag{11-3}$$

　　结合中国的实际情况，将（11-3）式转化为具体的计量模型：

$$m_t = \alpha_0 + \alpha_1 m_{t-1} + \alpha_2 y_t + \alpha_3 c_t + \alpha_4 \pi_t + \alpha_5 S1 + \alpha_6 S2 + \alpha_7 S3 + \alpha_8 D + \varepsilon_t \tag{11-4}$$

　　其中，$S1$、$S2$、$S3$、$D$ 表示虚拟变量，$\varepsilon_t$ 表示误差项。这些变量的具体描述如表 11-2 所示。

表 11-2　　　　　　　　　　　　模型变量描述

| 变量名称 | 变量描述 |
|---|---|
| $m_t$ | 广义货币供应量除以 GDP 平减指数，并取自然对数 |
| $y_t$ | 名义国内生产总值除以 GDP 平减指数，并取自然对数 |
| $c_t$ | 银行间同业拆借利率与 3 个月期定存利率差额，并除以 4 |
| $\pi_t$ | 以 GDP 平减指数增长率表示的通货膨胀率 |
| $S1$ | 表示第一季度虚拟变量 |
| $S2$ | 表示第二季度虚拟变量 |

续表

| 变量名称 | 变量描述 |
|---|---|
| S3 | 表示第三季度虚拟变量 |
| D | 表示 2008 年第三季度至 2009 年第二季度金融危机时期虚拟变量 |

注：鉴于近年来 CPI 与核心 CPI 有较大的偏离，故本书采用更具一般性的 GDP 平减指数来代表经济中的总体价格指数。

回归样本为 1996 年第二季度至 2019 年第三季度的季度数据，所有数据均取自 Wind 资讯。对模型进行 OLS 估计后所得结果如表 11 - 3 所示。

表 11 - 3            $m_t$ 的 OLS 估计结果

| 样本期 | 常数 | $m_{t-1}$ | $y_t$ | $c_t$ | $\pi_t$ | S1 | S2 | S3 | D | $\bar{R}^2$ |
|---|---|---|---|---|---|---|---|---|---|---|
| 1996 年 2 月至 2019 年 3 月 | 0.019 (0.040) | 0.926** (0.021) | 0.086** (0.027) | -0.006* (0.003) | -0.009** (0.001) | 0.035** (0.006) | 0.013** (0.004) | 0.008* (0.004) | 0.016* (0.007) | 0.9998 |

注：括号内为标准差；* 和 ** 分别代表 5% 和 1% 水平下显著。

从表 11 - 3 可以看出，包含虚拟变量在内的所有解释变量系数的估计结果均高度显著，且符号与理论结果一致，即实际货币需求与收入正相关、与储蓄的机会成本和货币购买力的缩水负相关。根据表 11 - 3 的估计结果，中国广义货币需求的收入弹性 $\alpha_2/(1 - \alpha_1)$ 约等于 1.16，这与国际上通常认为的货币需求收入弹性应为 0—1 的经验判断并不一致。该结果意味着在中国，实际货币余额是一种"奢侈品"，因此中国人民银行在进行货币政策调控时，收入每增加一单位，中国人民银行需确保货币总量增加超过一单位以满足实体经济的货币需求。

图 11 - 13 给出了 2008 年以来实际货币余额的真实值、拟合值和残差。由调整后的拟合优度 $\bar{R}^2 = 0.9998$ 可知，本书所构建的货币需求模型的拟合结果相当不错，即所列举的回归元解释了实际货币余额波动的

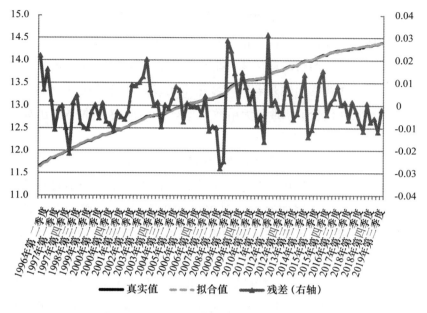

图 11 - 13　$m_t$ 的真实值、拟合值和残差

绝大部分。如果将模型的拟合结果视为经济基本面所决定的货币需求量，则我们就可以将残差视为经济中流动性过剩还是不足，货币政策偏松还是偏紧的观测指标。图 11 - 13 的结果显示，中国的 M2 自 2017 年以来在多数时期都要低于经济对货币的实际需求。这反映了中国人民银行在不断增大的经济下行压力下表现得十分克制（实际上反映的是配合去杠杆），不仅不搞"大水漫灌"，反而通过各项金融"防风险"、监管"补短板"措施使得经济的总体流动性稳中趋紧。预计未来中国人民银行将进一步通过公开市场操作和盘活财政资金来扩张基础货币，降低存款准备金率推高货币乘数，以此加强金融对于实体经济的支持。

## 四　货币政策展望

针对目前中国的经济形势中国人民银行应如何应对？尽管存在争

议，但也形成了一些基本的共识，那就是在长期进一步释放改革红利，促进资源有效配置，提高经济的生产效率；在短期，通过减税降费、增加政府支出等积极的财政政策来抑制经济下滑。如果接受该前提，则人们进一步须要回答的问题是若财政政策不足以为经济筑底（当然是不以恶性通货膨胀为代价），那么货币政策应该如何应对。本书给出如下货币政策建议。

第一，应适当调低经济增长在货币政策目标中的权重。理论上，面临不断增大的经济下行压力和通缩风险，中国人民银行应通过扩张性货币政策对经济进行逆周期调控。但2008年国际金融危机的爆发使人们意识到，中央银行对于经济周期的平抑并不是经济稳定的充分条件——由于银行信贷和固定资产价格的顺周期性，低通胀、稳增长的经济环境很可能蕴含着"不稳定的金融风险"。这一点最直观的体现就是不断攀升的杠杆率（见图11-14）。由于宽松的货币政策会推动信贷扩张和房

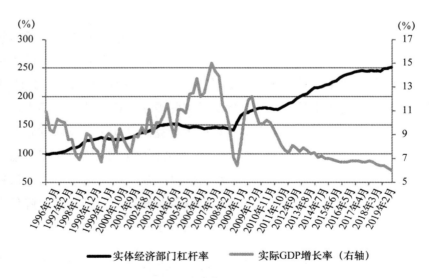

图 11 - 14　中国实体经济部门杠杆率

数据来源：Wind 资讯。

地产价格上涨，而这会导致杠杆率的进一步提升，因此中国人民银行可能需要适度地调低经济增长在货币政策中的目标权重。

第二，加快推进利率市场化改革，尽快完善利率走廊机制的建设。如上文所述，中国人民银行试图绕过货币市场而直接调节商业银行贷款利率的做法难以奏效。笔者认为中国人民银行应锁定某一货币市场利率，如 Shibor、DR007，通过公开市场操作缩小它们的波动区间，引导市场将其作为中国人民银行政策目标利率的预期。图 11－15 给出了2015 年以来中国人民银行超额存款准备金利率、DR007 以及 SLF 利率的走势。可以看出，尽管 DR007 基本维持在 2%—3% 的范围内，但是SLF 利率和超额存款准备金利率之间的范围过宽，变动频率太低。下一步笔者建议中国人民银行应进一步收窄公开市场操作利率和超额存款准备金利率之间的利差，并更加主动地通过它们传递货币政策意图。

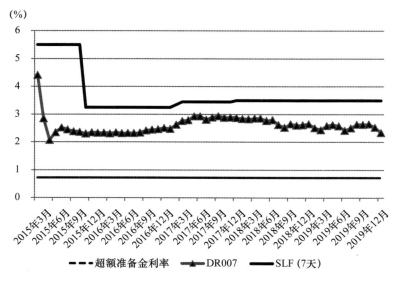

**图 11－15　中国主要利率走势**

数据来源：Wind 资讯。

第三，发挥好监管当局宏观审慎监管与中国人民银行货币政策调控的互补性功能。与货币政策强调总量调节不同，宏观审慎政策的落脚点在于结构，即针对经济中可能发生问题的部门、行业或是具有系统重要性的机构进行调节，以此来控制金融体系的总体风险以及它与实体经济的关系。针对中国目前普遍存在的结构性问题以及高杠杆率风险，笔者建议中国政府可加强如下宏观审慎政策：一是强调商业银行逆周期的资本缓冲，当银行信贷与名义 GDP 比值超过近期的趋势值时，监管当局可适度提高银行的资本充足率要求。二是从需求端控制金融机构的资产扩张，坚持落实"房住不炒"的调控政策，避免资产泡沫的进一步膨胀。三是做好金融机构，尤其是商业银行的流动性管控，确保银行能够应对短期内可能出现的资金流出压力，为货币政策调控和利率市场化改革保留足够的空间。

# 第十二章

# 全球经济困局和中国宏观政策转型

目前的全球经济状况可以概括为"高低不平":"高"指高债务、高杠杆和高风险,"低"指低增长、低通胀、低利率,"不平"指收入分配不平等和财富分配不平等。这些问题并不是孤立存在的,而是相互关联、相互影响,共同构成目前错综复杂的全球经济困局。中国经济和全球经济具有相似性和同构性,一定程度上面临着类似困局。中国当下集中表现为稳定金融和经济下行压力的矛盾。除了2019年中央经济工作会议提出的稳定宏观杠杆率、降低社会融资成本等措施之外,我们要积极推动金融供给侧结构性改革,努力完成宏观经济政策框架的转型——守住不发生系统性金融风险的底线,突出金融稳定,从旧三位一体(计划、财政、货币)转向新三位一体(总需求管理、宏观审慎、增长)。

## 一 "高低不平"的全球经济困局

2019年,全球经济增长前景的不确定性增加,各种风险和脆弱性持续积累。在6月的《全球经济展望》中,世界银行延续了此前的悲观论调①,侧重两大问题:贸易紧张升级和全球债务上升,并认为这最终

---

① World Bank, 2019, *Global Economic Prospects: Heightened Tensions, Subdued Investment*, World Bank Group.

会导致金融市场无序波动和经济复苏失去动力。国际货币基金组织 7 月的《世界经济前景》再次下调全球经济预测，并且指出最新预测面临的主要是下行风险，包括进一步加剧的贸易和技术紧张关系，以及金融脆弱性继续累积①。同样，经济合作与发展组织在 9 月的《中期经济展望》的最新预测是，2019 年全球经济增速为 2.9%（下调 0.3%），2020 年为 3%（下调 0.4%）②。亚洲开发银行 9 月的《2019 年亚洲发展展望更新》也指出，随着贸易和投资势头减弱，亚洲地区的增长前景黯淡，且各经济体面临的风险不断上升③。

具体来看，全球经济增长始终没有从 2008 年的大衰退中完全恢复。从图 12 - 1 全球主要经济体的增长率看，美国、欧盟和日本三大发达经济体的增长一直磕磕绊绊，未能完全进入正轨；以中国和印度为代表的发展中经济虽然维持了较高增长，但是增长一直承压，呈现出不断下滑的态势。2019 年第三季度，美国、日本和欧盟的经济增长率分别为 2.1%、1.7% 和 1.7%，中国为 6.0%，印度则下降到 4.6%。从制造业 PMI 指数看，日本 12 月制造业 PMI 初值为 48.8，欧元区为 45.9，英国为 47.4，均在荣枯线以下。美国表现优于其他发达经济体，其 12 月制造业 PMI 初值为 52.5，在荣枯线上方。中国国家统计局公布的中国制造业 PMI 在 11 月为 50.2，7 个月来首次位于荣枯线上方。印度 11 月制造业 PMI 为 51.2，虽然在荣枯线上方，但是从年初以来一直呈下降态势。

自 20 世纪 80 年代开始，无论是发达经济体，还是新兴市场经济体，其通货膨胀率都经历了持续的下降。发达经济体平均降至 2% 左

---

① IMF, 2019, *World Economic Outlook（Update）：Still Sluggish Global Growth*, International Monetary Fund.

② OECD, 2019, "Warning: Low Growth Ahead", Interim Economic Outlook.

③ ADB, 2019, "Fostering Growth and Inclusion in Asia's cities", *Asian Development Outlook（ADO）2019 Update.*

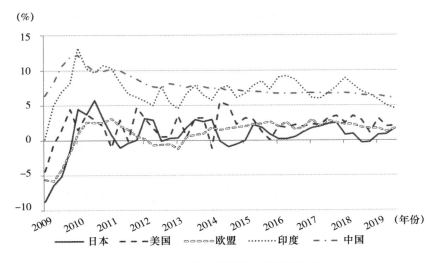

(%)

**图 12 - 1　全球主要经济体经济增长率**

数据来源：Wind 资讯。

右，进入"大稳定"（the Great Moderation）时期；新兴市场平均降
至 5% 左右，很多国家和地区都经历了稳定的黄金发展期[①]。然而，
国际金融危机爆发以后，稳定的低通胀逐步成为一个需要破解的问
题[②]。除了时时有滑入通货紧缩的风险而外，低通胀也使得实际利率
不能达到更低的水平，影响货币政策的刺激效果，同时，低通胀也
不利于化解债务。图 12 - 2 显示的是全球主要经济体的通货膨胀情
况。2019 年 10 月，日本的 CPI 同比为 0.2%，欧盟为 1.1%，均处
在非常低的水平。美国 2019 年 11 月的 CPI 同比为 2.1%，但是美联
储更关注的核心 PCE 物价指数要稍微弱一些，10 月为 1.6%，未触
及 2% 的目标线。中国和印度近 3 个月来 CPI 都出现明显上涨，其原

---

① Ha, Jongrim, M. Ayhan Kose, & Franziska Ohnsorge, 2019, "Inflation in Emerging and De-
veloping Economies: Evolution, Drivers, and Policies", The World Bank.

② da Silva, Luiz Awazu Pereira, Enisse Kharroubi, Emanuel Kohlscheen, & Benoit Mojon,
2019, "The Inflation Conundrum in Advanced Economies and a Way out", BIS Speech.

因都是肉类和蔬菜等食品价格上涨过快，剔除食品和能源的核心 CPI 都不高。

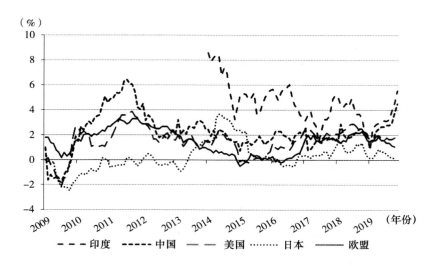

**图 12 - 2    全球主要经济体经济通货膨胀率**

数据来源：Wind 资讯。

国际金融危机后，以美联储为首，很多经济体都采取了扩张性货币政策。在政策利率触及零下限之后，各国中央银行又不同程度实施了非常规的量化宽松政策。这是目前全球出现低利率的直接原因。虽然美联储从 2016 年开始逐步加息，但是长端利率并未随之走高，而且从 2019 年 7 月以来美联储又被迫连续降息 3 次，中断了此前的加息进程。从 2015 年开始，日本、瑞士、瑞典、丹麦等国和欧洲中央银行相继实施负政策利率，目前仍在继续。另外，如图 12 - 3 所示，主要发达经济体的 10 年期国债利率也都处在历史低位。2019 年 11 月，美国 10 年期国债平均收益率为 0.17%，日本和德国同期同种国债平均都是负利率，英国的收益率则为 0.76%，也处在非常低的水平。在低利率环境下，整个收益率也变得平坦，也就出现了长端利率有时低于短端利率的利差倒挂问题，这也被看作是经济衰退的前兆。

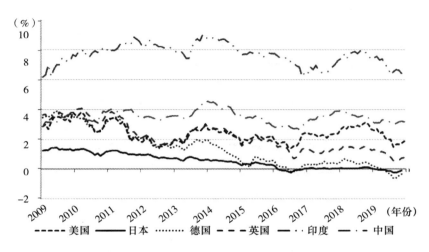

**图 12 - 3　全球主要经济体 10 年期国债收益率**

数据来源：Wind 资讯。

根据国际清算银行数据，21 世纪以来，全球债务总量增长迅猛。全球实体部门总债务从 21 世纪初的不足 60 万亿美元，增长到 2019 年 6 月的 187 万亿美元，是原来的 3 倍还多。同期，全球债务占 GDP 的比重，也从 192% 增长到 242%。在 187 万亿美元的总债务中，美国 52.5 万亿美元，中国 35.6 万亿美元，欧元区 35.3 万亿美元，日本 19.5 万亿美元，英国 7.5 万亿美元，印度 3.5 万亿美元。如图 12 - 4 所示，各经济体债务占 GDP 比重在 2008 年国际金融危机后不降反升。目前，中国、欧元区、英国、美国都在 250% 以上，日本则达到了惊人的 380%。高债务和高杠杆意味着高风险。除此之外，全球经济还面临其他风险。如逆全球化浪潮的威胁、日益上升的地缘政治冲突、一些国家民粹主义的泛滥等。

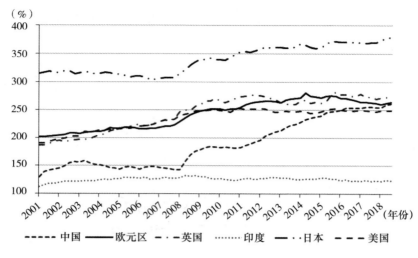

**图 12 - 4　全球主要经济体实体经济部门债务率**

数据来源：BIS。

　　全球经济发展的另一趋势是收入和财富分配不平等的持续恶化。以美国为例，在收入分配方面，前 1% 家庭的总收入占全部收入的 20%，后 50% 家庭的总收入只占全部收入的 12%；在财富分配方面，前 1% 家庭的总财富占全部财富的近 40%，后 90% 家庭的总财富只占全部财富的 25% [①]。Chance 最近详细总结了发达经济体不平等的十大事实，即：（1）不平等程度往往被低估，相关数据仍旧稀缺；（2）自 20 世纪 80 年代以来收入不平等卷土重来，欧美趋势出现分歧；（3）富裕国家越来越富，但它们的政府却越来越穷；（4）资本"王者回归"，但只眷顾极少数人；（5）在大多数高收入国家，大衰退并没能停止不平等加剧的步伐；（6）阶级间的不平等比国家间更为显著；（7）更严重的不平等与更低的社会流动率相关联；（8）性别与种族收入不平等程度在 20

---

① Saez，Emmanuel，& Gabriel Zucman，2019，*The Triumph of Injustice：How the Rich Dodge Taxes and How to Make Them Pay*，W. W. Norton & Company.

世纪有所下降，但仍处高位；（9）平等的教育机会、医疗保障和高薪岗位对于提升税前收入分布的底层人群非常关键；（10）税收累进性的变化塑造了顶层人群中的不平等动态①。发达经济体的分配问题受到更多关注，主要是数据可得性好，很多新兴市场经济体的分配问题也日益恶化，值得警惕。

综上所述，可以将目前全球经济的状况概括为"高低不平"。"高"指高债务、高杠杆和高风险，"低"指低增长、低通胀、低利率，"不平"指收入分配不平等和财富分配不平等。这些问题并不是孤立存在的，而是相互关联、相互影响，共同构成目前错综复杂的全球经济困局，考验决策者和理论家的智慧。

## 二　长期停滞抑或金融周期

对于当下的全球经济困局，比较有影响力和说服力的理论解释有两个：一是长期停滞说，二是金融周期说②。美国前财政部长萨默斯在2013年提出长期停滞说，经过不断演说和论争，目前该假说在学界已经占据一席之地（见图12-5）。长期停滞说更准确地讲应该是结构性总需求不足说，即在某些外部因素冲击下，经济出现储蓄倾向增加和投资倾向减少的现象。其结果是消费和投资不振拖累总需求、压低增长和通胀，储蓄和投资之间的不平衡进一步拉低均衡实际利率。这就同时解释了"高低不平"中的低增长、低通胀和低利率。低利率会从各方面破坏金融稳定，造成资产价格泡沫甚至爆发金融危机，也包括高债务和高杠杆的形

---

① Chancel, Lucas, 2019, "Ten Facts about Inequality in Advanced Economies", Paris School of Economics-World Inequality Lab.

② Borio 称之为"金融周期拖拽"（Financial Cycle Drag）假说。虽然含义精准，但可能由于稍显累赘，这一名词并没有在学界和舆论获得广泛征引和认可。本书采用接受度更广的金融周期一词，同时，在金融周期这个更一般化的表述下，可以纳入更多内涵。参见 Borio, C., 2017, "Secular Stagnation or Financial Cycle Drag?", *Business Economics*, 52（2）：87-98。

成。导致总需求不足的外部因素是多方面的，包括人口老龄化、贫富分化加剧和技术变革导致有形投资下降等。总之，长期停滞说的逻辑是，包括不平等在内的外部因素冲击降低总需求，总需求下降造成低利率、低通胀和低增长，低利率妨碍金融稳定，积累金融风险[1]。

　　长期停滞说简洁地描述了主要发达经济体普遍面临的事实，尤其是对低利率的解释，这是其优势。其劣势之一是对金融层面刻画不足。金融风险积累背后有更复杂的机制，低利率导致金融不稳定过于简单。其劣势之二是将不平等问题作为外部冲击，没有深入探究其内在机理。在长期停滞说的逻辑下，由于存在零利率下限，传统货币政策无效，因而要寄望于非常规货币政策和财政政策。如果单纯使用非常规货币政策迁

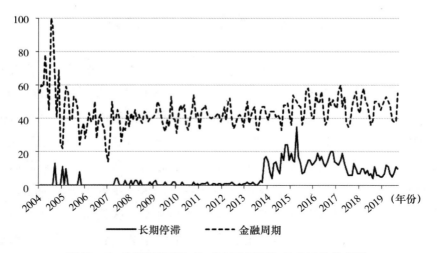

**图 12 - 5　"长期停滞"和"金融周期"的谷歌趋势指数**

数据来源：trends. google. com。

---

　　① Summers, L. H., 2014, "US Economic Prospects: Secular Stagnation, Hysteresis, and the Zero Lower Bound", *Business Economics*, 49 (2): 65 - 73; Summers, L. H., 2014, "Reflections on the 'New secular Stagnation Hypothesis'", in C. Teulings, & R. Baldwin (eds), *Secular Stagnation: Facts, Causes and Cures*, CEPR Press.

就低均衡利率（甚至负利率），那么金融稳定就难以保证。因此，长期停滞说对财政政策寄予厚望，政府赤字和债务不仅有助于保证金融稳定[①]，而且，如果没有此前40年的政府加杠杆，发达经济体的均衡实际利率比现在还要低2%，从而陷入更严重的长期停滞[②]。

金融周期说不仅仅是狭义的金融周期测度[③]，而首先是一种思想和方法论。金融因素对实体经济的影响不是仅局限于经济崩溃之际，而是长期而持久的[④]。金融有相对独立性，会反作用于实体经济。因此，宏观经济研究必须将金融因素置于核心地位，"没有金融周期的宏观经济学就像没有王子的《哈姆雷特》"[⑤]。从这个意义上讲，金融周期说更具理论创新性，而长期停滞说仍落入储蓄—投资决定均衡实际利率的窠臼[⑥]。

金融周期说的思想至少可以回溯到凯恩斯和明斯基[⑦]，近期的很多研究主要来自国际清算银行[⑧]。国际清算银行对于金融周期的相关研究

---

① Summers, L. H., 2018, "Secular Stagnation and Macroeconomic Policy", *IMF Economic Review*, 66（2）：226-250.

② Rachel, Ł., & L. H. Summers, 2019, "On Falling Neutral Real Rates, Fiscal Policy, and the Risk of Secular Stagnation", BPEA Conference Drafts.

③ Drehmann, M., et al., 2012, "Characterising the Financial Cycle：Don't Lose Sight of the Medium Term！", BIS Working Papers, No. 380.

④ Borio, C., et al., 2019, "What Anchors for the Natural Rate of Interest?", BIS Working Papers, No. 777.

⑤ Borio, C., 2014, "The Financial Cycle and Macroeconomics：What have we Learnt?", *Journal of Banking & Finance*, 45（C）：182-198.

⑥ 这一评论同样适用于 Bernanke 的全球储蓄过剩假说和 Caballero 等的安全资产短缺假说。参见 Bernanke, B., 2005, "The Global Saving Glut and the U. S. Current Account Deficit", Remarks at the Sandridge Lecture, Virginia Association of Economists, Richmond, Virginia；Caballero, R. J., et al., 2016, "Safe Asset Scarcity and Aggregate Demand", *American Economic Review*, 106（5）：513-518；Caballero, R. J., et al., 2017, "The Safe Assets Shortage Conundrum", *Journal of Economic Perspectives*, 31（3）：29-46。

⑦ Borio, C., 2014, "The Financial Cycle and Macroeconomics：What have we Learnt?", *Journal of Banking & Finance*, 45（C）：182-198；Borio, C., et al., 2019, "What Anchors for the Natural Rate of Interest?", BIS Working Papers, No. 777.

⑧ 篇幅所限，本书不能详述其他研究。Borio 最近对全球金融周期说和国内金融周期说做了比较。参见 Borio, C., 2019, "A Tale of Two Financial Cycles：Domestic and Global", BIS Working Paper。

在国际金融危机之前就已经起步①。这些研究对低利率现象提出了全新理解，除了质疑中央银行将利率调整到均衡水平的能力，还质疑目前理论界所谓均衡利率是否合理。他们指出，在通胀指示器变得不敏感的时候，中央银行调整利率已经失去依据。他们更是尖锐指出，长期停滞说的逻辑推理存在缺陷：如果说均衡利率走低最终导致金融不稳定，那么，导致金融不稳定的均衡利率还是均衡利率吗②？也就是说，高债务和低利率的组合是否稳定和自洽。

金融周期说主张在均衡利率的决定中加入货币政策和金融周期的考量③。大量经验研究表明，相较于通胀，信贷和资产价格包含着更多的未来产出信息。这意味着需要把金融周期纳入货币政策目标，而不仅是通胀。否则，就如很多研究所指出的，货币政策通过鼓励金融脆弱性的积累而增加金融不稳定性，进而增加实体经济未来的下行风险。Borio等发现，考虑金融周期之后的所谓"金融中性"均衡利率要比传统均衡利率高，而且，目前的低利率更多源于此前不合时宜货币政策的累积效应④。中央银行面临短期产出和长期产出之间的权衡取舍。更高的政策利率提高银行资金成本，以短期经济活动低迷为代价，促进形成强健的金融部门，从而确保经济的长期发展和稳定。但是，短视的政策制定者过于重视眼前增长，对低利率导致的金融风险累积无动于衷，因而大大削弱了金融部门，也缩小了未来的政策选择空间。当低利率带来危机和衰退的时候，更低的利率就是合理的，于是低利率导致了更低的

① Borio, C., 2017, "Secular Stagnation or Financial Cycle Drag?", *Business Economics*, 52(2): 87 – 98.

② Borio, C., et al., 2019, "What Anchors for the Natural Rate of Interest?", BIS Working Papers, No. 777.

③ Juselius, M., et al., 2017, "Monetary Policy, the Financial Cycle, and Ultra-low Interest rates", *International Journal of Central Banking*, 13 (3): 55 – 89; Borio, C., et al., 2019, "What Anchors for the Natural Rate of Interest?", BIS Working Papers, No. 777.

④ Borio, C., et al., 2019, "What Anchors for the Natural Rate of Interest?", BIS Working Papers, No. 777.

利率。

金融周期说没有对当前的低增长和低通胀提供系统解释。在其论述中，低增长是金融周期波动尤其是金融危机损害实体经济的表现，而低通胀可能主要体现了积极、良性、长期的全球供给因素，而不是总需求不足①。在金融周期说的逻辑下，除了宏观审慎政策以外，货币政策也必须关注金融周期和金融稳定，因为货币政策会经由金融渠道影响实际均衡利率。总之，中央银行需要对信贷扩张和资产价格上涨给予充分关注，以避免掉入低利率导致更低利率的债务陷阱②。关于高债务和不平等的关系，是目前的一个研究热点，已经很多理论模型和实证研究③。在金融周期框架下，不平等问题应该能得到更好的理解和解释。

比较两种主要理论可以发现，金融周期说将当前难局主要归咎于政策制定者，很多经济体也对其政策主张进行了有益的尝试和探索。虽然也有各种担忧，但是其对全球经济的看法总体偏乐观。长期停滞说将当前的难局归咎于一系列外部因素，其对未来的看法偏悲观。

## 三　菲利普斯曲线的危机

从国际金融危机到大衰退，再到目前的全球经济困局，宏观经济理论和政策信条遭遇巨大挑战，包括很多非常核心的议题。确实，国际金融危机引发了宏观经济学的危机。新凯恩斯主义宏观经济学代表人物曼昆（N. Gregory Mankiw）最近给出一张美国就业和平均时薪的图，强调

---

①　Borio，C.，et al.，2019，"What Anchors for the Natural Rate of Interest?"，BIS Working Papers，No. 777.

②　Ibid. .

③　Kumhof，Michael，Romain Rancière，& Pablo Winant，2015，"Inequality，Leverage，and Crises"，*American Economic Review*，105（3）：1217 – 1245；Fischer，Ronald，Diego Huerta，& Patricio Valenzuela，2019，"The Inequality-credit Nexus"，*Journal of International Money and Finance*，91：105 – 125.

菲利普斯曲线活得很好（The Phillips Curve is Alive and Well）①。以金融研究见长的著名经济学家科克伦（John H. Cochrane）立刻强势反对，批评曼昆有选择地使用数据，并且明确宣布菲利普斯曲线已死（The Phillips Curve is Still Dead）②。这很有象征意义。宏观经济学已经不能漠视金融问题，或者说，金融已经强势进入宏观经济学③。菲利普斯曲线是通胀和失业的折中关系，金融在其中没有任何角色。菲利普斯曲线危机深重之处在于，这不仅仅是通胀和失业的实证关系是否依然成立的问题，而是由于缺失金融因素这一关系已经丧失了核心地位，变得不那么重要了。

菲利普斯曲线刻画总供给—总需求框架中的总供给一方。在现代宏观经济学的发展过程中，菲利普斯曲线的演变是一条主线。在菲利普斯提出该曲线之后④，萨缪尔森和索洛很快便将其描述为"在不同程度的失业和价格稳定之间进行选择的菜单"，虽然他们已经认识到随着时间的推移，这个菜单可能并不稳定⑤。弗里德曼的"自然率假说"对菲利普斯曲线进行了强有力的改造，成为宏观经济研究的一个里程碑⑥。Blanchard 把自然率假说分解成两个子假说，即"独立假说"（Independence Hypothesis）和"加速假说"（Accelerationist Hypothesis）⑦。前者是

---

① https：//leaders. economicblogs. org/mankiw/2019/mankiw-phillips-curve.

② https：//seekingalpha. com/article/4273423-phillips-curve-still-dead.

③ Cochrane, John H. , 2017, "Macro-Finance", *Review of Finance*, 21（3）：945 – 985; Blanchard, O. , 2018, "Distortions in Macroeconomics", *NBER Macroeconomics Annual*, 32（1）：547 – 554.

④ Phillips, A. W. , 1958, "The Relation between Unemployment and the Rate of Change of Money Wage Rates in the United Kingdom, 1861 – 1957", *Economica*, 25（100）：283 – 299.

⑤ Samuelson, Paul A. , & Robert M. Solow, 1960, "Analytical Aspects of Anti-inflation Policy", *American Economic Review*, 50（2）：177 – 194.

⑥ Friedman, Milton, 1968, "The Role of Monetary Policy", *American Economic Review*, 58（1）：1 – 17.

⑦ Blanchard, O. , 2018, "Should We Reject the Natural Rate Hypothesis?", *Journal of Economic Perspectives*, 32（1）：97 – 120.

说长期来看，失业率是由实体经济的结构性因素决定的，这就是独立于货币政策的所谓自然失业率；后者是说经济体偏离自然失业率后，就会出现加速的通胀（通缩）。自然率假说在当时备受争议，但很快就被广泛接受，并从此成为宏观经济学的主导范式。它体现在中央银行使用的宏观经济模型中，也是当今大多数中央银行使用的通胀目标制框架的基础。

可以毫不夸张地说，自然率假说是迄今最有影响力的宏观经济命题。在每个决策者和理论家脑中都存在一个合意的经济状态：产出达到潜在水平，失业处在自然失业率。偏离这一状态即为存在"产出缺口"，此时价格会做出反应。在产出大于潜在水平时出现通胀，反之则出现通缩。因此，在国际金融危机爆发前，通胀是高悬在决策者头顶的达摩克利斯之剑，而且几乎是唯一的一把。价格稳定成为全球各个经济体最重要（甚至是唯一）的宏观经济政策目标。在财政政策角色有限，金融监管还未进入宏观经济政策序列之时，很多发达经济体的整个宏观经济政策框架就是一个目标（通胀）和一个工具（政策利率）[1]。

在国际金融危机爆发之前，这种一个目标和一个工具的简明框架在理论上和实践中都获得了成功。在理论上，该框架获得新凯恩斯主义模型的加持，保持持续的低通胀既能最大限度地减少扭曲，又能带来正确的产出水平，这也被戏称为是"神圣的巧合"[2]。在实践中，从 20 世纪 80 年代到 2007 年国际金融危机的"大稳定"时期，主要发达国家实现了低通胀和高增长[3]。2007—2009 年国际金融危机的爆发完全颠覆了这

①　Blanchard, Olivier, Giovanni Dell'Ariccia, & Paolo Mauro, 2010, "Rethinking Macroeconomic Policy", *Journal of Money, Credit and Banking*, 42：199 – 215.

②　Blanchard, Olivier, & Jordi Gali, 2007, "Real Rigidities and the New Keynesian model", *Journal of Money, Credit, and Banking*, 39（s1）：35 – 65.

③　Bernanke, B., 2004, "The Great Moderation", Speech at the Meetings of the Eastern Economic Association, Washington D. C..

一政策框架，经过不断地反思和探讨①，宏观经济研究和宏观经济政策发生了重要转向。一言以蔽之，就是宏观要引入金融因素。决策者要利用宏观审慎政策工具，应对金融风险，监测金融周期，促成金融稳定。理论模型要纳入金融部门。经济统计要加强金融账户统计，其核心是各部门资产负债表。

事后来看，一个目标和一个工具政策框架的荒谬之处在于，尽管缺乏坚实的理论依据，但是却坚信物价稳定能自动带来金融稳定。其本质是把金融视为实体经济的附庸，或者说是一种基本面决定论，直到被忽视的金融过分膨胀最终反噬实体经济。这一政策框架背后的理论基础，即为菲利普斯曲线的最终改进型——自然率假说：产出大于潜在水平时出现通胀，反之则出现通缩。金融周期说超越了自然率假说，其均衡利率和相应潜在产出的定义是考虑了金融因素的，因为相较于通胀，信贷和资产价格包含着更多的未来产出信息。相对而言，长期停滞说仍停留在自然率假说框架内，试图以实体经济所决定的均衡利率下降来解释金融不稳定现象。

## 四　中国的金融去杠杆与实体去杠杆

在经济全球化的大背景下，中国经济其实同样面临着"高低不平"的问题。中国经济和全球经济不仅高度相关，也高度同构。也就是说，中国经济和全球经济某种程度上面临相似的问题，而相似的问题必定有

---

① Akerlof, George, Olivier Blanchard, David Romer, & Joseph Stiglitz, 2014, *What Have We Learn? Macroeconomic Policy after the Crisis*, The MIT Press; Blanchard, Olivier, David Romer, Michael Spence, & Joseph Stiglitz, 2012, *In the Wake of the Crisis: Leading Economists Reassess Economic Policy*, The MIT Press; Gertler, Mark, & Simon Gilchrist, 2018, "What Happened: Financial Factors in the Great Recession", *Journal of Economic Perspectives*, 32 (3): 3–30; Vines, David, & Samuel Wills, 2018, "The Rebuilding Macroeconomic Theory Project: An Analytical Assessment", *Oxford Review of Economic Policy*, 34 (1–2): 1–43.

相似的根源和解决办法。或者退一步讲，中国可能位于发达国家所遭遇问题的早期阶段，可以借鉴其发展过程中的某些经验。从高债务和高杠杆的角度，这个问题也可以概括为特纳的"世纪之问"[①]：如何转变信贷密集型经济增长模式？原先的信贷密集型增长模式所产生的存量债务积压应如何解决？当然，这个问题也可以更一般化地表述为如何协调金融和实体的关系？或者，什么是合理的金融结构和适度的金融业规模？

国际金融危机爆发后，中国经济最令人猝不及防的发展就是影子银行的快速膨胀。这是中国经济当前发展阶段，居民资产配置需求和企业、居民融资需求变化所推动的，有其合理性和必然性[②]。许多研究指出，中国影子银行的最大特点是银行处在影子银行业务的核心，即是银行的影子[③]。因此，分析中国的影子银行，重点还是要放在银行体系资产负债表。Chen 等从货币政策如何影响银行资产负债表的资产端入手，通过区分国有银行和非国有银行面临的不同约束和激励，指出紧缩货币政策在如期降低银行贷款的同时，也鼓励非国有银行增加影子银行贷款，从而抵消了传统贷款的下降，影响货币政策的有效性[④]。Allen 等指出，容易获得正规融资的企业，通过委托贷款等形式，事实上承担资金通道功能。这些企业提供的委托贷款分为关联贷款和非关联贷款两种[⑤]。关联贷款的利率接近官方利率，一般都是产业内贷款；非关联贷

---

① ［英］阿代尔·特纳：《债务和魔鬼：货币、信贷和全球金融体系重建》，王胜邦等译，中信出版社 2016 年版。

② 汤铎铎、张莹：《实体经济低波动与金融去杠杆——2017 年中国宏观经济中期报告》，《经济学动态》2017 年第 8 期。

③ 殷剑锋、王增武主编：《影子银行与银行的影子》，社会科学文献出版社 2013 年版；孙国峰、贾君怡：《中国影子银行界定及其规模测算——基于信用货币创造的视角》，《中国社会科学》2015 年第 11 期；Ehlers, Torsten, Steven Kong, & Feng Zhu, 2018, "Mapping Shadow Banking in China: Structure and Dynamics", *BIS Working Papers*, No 701。

④ Chen, Kaiji, Jue Ren, & Tao Zha, 2018, "The Nexus of Monetary Policy and Shadow Banking in China", *American Economic Review*, 108 (12): 3891 – 3936.

⑤ Allen, Franklin, Yiming Qian, Guoqian Tu, & Frank Yu, 2019, "Entrusted Loans: A Close Look at China's Shadow Banking System", *Journal of Financial Economics*, Forthcoming.

款的贷款利率平均为 13.9%，大约是官方利率的两倍，其投向有一半是房地产和基建行业。汪涛强调，中国影子银行往往是绕开监管、投向高风险行业，尤其是房地产和地方融资平台，对民营部门的贡献不能夸大①。

对政府而言，影子银行一方面降低了货币政策的有效性，削弱了政府对货币和信贷的控制；另一方面则累积了大量脱出金融监管的债务，金融风险陡增，监管当局面临巨大挑战。中国政府从 2016 年以来出台的一系列金融去杠杆政策，虽然规范和抑制了影子银行的进一步野蛮生长，但是也一定程度上引发了金融市场动荡，并且造成实体经济增速放缓。中国宏观调控的主要矛盾，已经从传统的就业和通胀的折中，转变为更广泛的经济稳定和金融稳定的折中。

据穆迪②的估算（见图 12－6），截至 2019 年第二季度，中国影子银行规模为 59.6 万亿元，低于 2018 年年底的 61.3 万亿元，占银行业总资产的 23.1%，与 GDP 的比值为 63.9%，低于 2018 年年底的 24.1% 和 68.1%。显然，中国影子银行的绝对规模和相对规模还在继续下降。中国影子银行绝对规模的最高峰出现在 2017 年，为 65.6 万亿元；中国影子银行相对规模的最高峰出现在 2016 年，当年总规模占银行业总资产的 28.5%，与 GDP 的比值为 87.2%。从总量看，2016 年开始逐步加强的金融去杠杆政策效果明显，影子银行总规模得到控制。除了影子银行本身资产规模而外，还有很多其他指标也印证了金融去杠杆的成效。从银行业资产负债表看，反映影子银行业务的同业资产的比重从 2016 年 12 月最高的 25%，下降到 2019 年 11 月的 19%，同业负债的比重从 2016 年 12 月的 13%，下降到 2019 年 11 月的 11%。从金融业总体规模指标看，金融业增加值占 GDP 的比重连续 3 年下降，金融

---

① 汪涛：《中国影子银行的发展和规模》，《财经》2018 年第 8 期。
② Moody's "Quarterly China Shadow Banking Monitor", 2014 September to 2018 November, www. moodys. com.

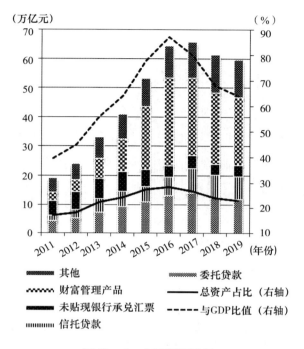

图 12 - 6　中国影子银行

注：2019 年为第二季度数据。

数据来源：Moody's "Quarterly China Shadow Banking Monitor", 2014 September to 2018 November, www. moodys. com；作者计算。

业总资产与 GDP 的比值也连续两年下降。从货币总量看，M2/GDP 也在 2017 年第一季度达到 212% 的高点，此后即开始下降，2019 年第三季度为 205% 。

　　金融去杠杆确实遏制了影子银行的增长，同时也对金融市场造成一定冲击。如图 12 - 7 所示，从 2016 年年底开始，中国 10 年期国债到期收益率即一路攀高，从 2016 年 10 月 2.69% 的低点，涨到 2018 年 1 月 3.94% 的高点。同时，在该时期信用利差也同步走高，产业债信用利差从 2016 年 8 月的 70 个基点，涨到 2018 年 7 月的 141 个基点，翻了一番。与此同时，股票市场和汇率的波动也相当剧烈。如图 12 - 7 （a）所示，沪深 300

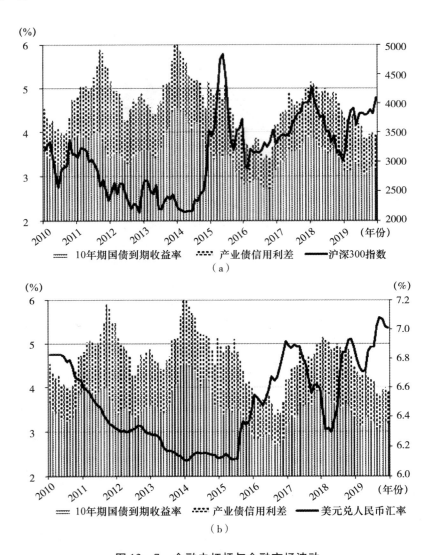

**图 12 - 7  金融去杠杆与金融市场波动**

数据来源：Wind 资讯和作者计算。

指数从 2018 年 1 月底的 4390 点，一路下跌到 2018 年年底的不足 3000 点，跌逾 30%。从图 12 - 7（b）可以看到，期间人民币兑美元汇率也经历了先升后贬的起落，一度对各经济主体的预期产生了重要影响。

金融部门和实体经济互为表里，金融部门的资产是实体经济的负债，金融部门的负债是实体经济的资产。因此，金融去杠杆和实体去杠杆一体两面，金融去杠杆取得成效，实体部门杠杆率必然会有所反映。从图 12 – 4 可以看出，中国实体部门杠杆率在 2017 年开始走平，结束了此前快速上升的势头。图 12 – 8 是国家资产负债表研究中心的计算结果。截至 2019 年第三季度，中国政府部门杠杆率为 39.2%，基本保持平稳，居民部门杠杆率为 56.3%，增长较快，非金融企业部门杠杆率为 155.6%，也基本保持平稳，实体经济部门总杠杆率为 251.1%。

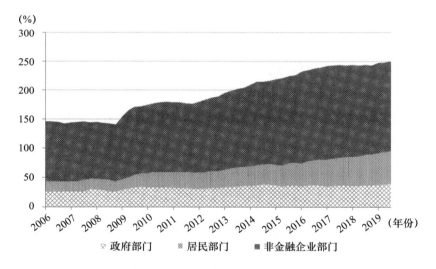

**图 12 – 8　中国实体部门杠杆率**

数据来源：国家资产负债表研究中心（CNBS）。

中国实体部门的债务风险主要集中在企业部门和地方政府[①]，2018年年底，地方政府隐性债务占 GDP 的比重在 60% 左右，远超政府部门

---

① 汤铎铎、张莹：《实体经济低波动与金融去杠杆——2017 年中国宏观经济中期报告》，《经济学动态》2017 年第 8 期。

全部显性债务①。结合前面关于中国影子银行和金融去杠杆的分析，实体经济去杠杆，最终影响应该主要体现在两个领域，一是房地产和基建等高风险、限制性行业，二是中小企业和民营经济。实体经济去杠杆，地方融资平台首当其冲，这会反映在基础设施建设投资。根据国家统计局发布的数据，2018 年中国基础设施投资比 2017 年增长 3.8%，增速比 2017 年大幅回落 15.2 个百分点。其中，水利管理业投资下降 4.9%，公共设施管理业投资增长 2.5%，道路运输业投资增长 8.2%，铁路运输业投资下降 5.1%。从房地产行业来看，2017 年以来其增加值增速明显低于经济增速，房地产开发投资增速自 2015 年触底之后虽略有回升，但仍处在历史低位。这表明金融去杠杆确实对房地产和基建行业造成了较大影响，这又进一步影响了经济增长。房地产开发和基建投资本身规模就很大，大概占全部固定资产投资的一半，再加上二者具有较大的乘数效应和拉动效应，就使得其对经济的影响非常显著。2018 年，资本形成对经济增长的拉动只有 2.14%，创下了 2001 年以来的新低。

# 五　中小企业和民营经济融资状况

中国影子银行的规范治理，其对实体经济的影响非常复杂，需要仔细厘清。影子银行贷款既有投向房地产和基建等高风险、限制性领域的，也有投向产业内普通企业和民营经济的，不可一概而论。影子银行贷款也并非都是增加金融风险的"坏信贷"，有些反而是促进金融稳定的"好信贷"②。与国有企业和大型企业相比，中国民营企业和中小企

---

① 汤铎铎、刘磊、张莹：《长期停滞还是金融周期？——中国宏观经济形势展望》，《经济学动态》2019 年第 10 期。

② Svensson 指出，对宏观审慎政策而言，区分信贷增长的好坏至关重要，放任坏的信贷繁荣和误伤好的信贷繁荣同样成本高昂。参见 Summers, L. H., 2018, "Secular Stagnation and Macroeconomic Policy", *IMF Economic Review*, 66（2）：226 – 250。

业在融资、管理和销售等各个环节都相对弱势，金融去杠杆及其造成的经济增速放缓对其造成了更大冲击。

　　2018 年年底，沪深两市 A 股共有 3571 家上市公司，其中金融企业 93 家，非金融企业 3478 家。在非金融企业中，中央国有企业 347 家、地方国有企业 654 家、民营企业 2164 家、公众企业 134 家、集体企业 17 家、其他企业 39 家、外资企业 122 家。图 12 – 9（a）显示的是中央

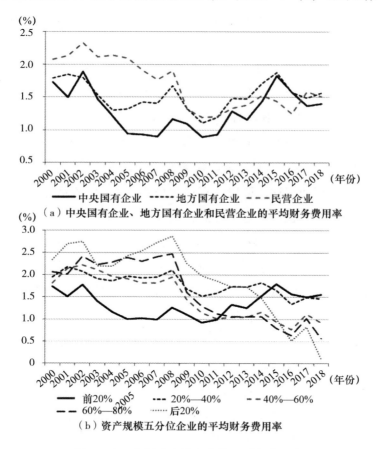

（a）中央国有企业、地方国有企业和民营企业的平均财务费用率

（b）资产规模五分位企业的平均财务费用率

图 12 – 9　中国非金融上市公司财务费用率

注：2018 年为第三季度数据。

数据来源：Wind 资讯及作者计算。

国有企业、地方国有企业和民营企业的平均财务费用率。财务费用率是指企业财务费用与主营业务收入的百分比，反映企业的融资成本。再按照资产规模对 3478 家非金融企业进行五分位划分，每个分类包括 690 多家企业。图 12 - 9（b）显示的是资产规模五分位企业的平均财务费用率。

首先，从图 12 - 9（a）可以看到，在大部分时间里，中央国有企业财务费用率最低，地方国有企业次之，民营企业最高。从图 12 - 9（b）可以看到，在大部分时间里，企业资产规模越大，财务费用率越低，资产规模前 20% 的企业和后 80% 的企业差异非常明显。这是符合经济直觉的，说明中小企业和民营企业在融资方面处于劣势。其次，图 12 - 9 清晰地显示出宏观经济政策对微观企业经营的影响。2009 年的宽松政策使得所有企业的财务费用率都有下降，民营企业和中小企业受益更多。2009 年之前总体而言企业财务费用率是下降的，但是在 2008 年有明显上升。即使在这一阶段，资产规模小于 14.5 亿元的后 20% 的企业，其财务费用率也是一直上升的，最高时接近前 20% 企业的 3 倍。这就是"融资贵"问题。再次，2009 年之后非金融企业整体的财务费用率开始上升，一直到 2015 年，这在图 12 - 9（a）更加明显。这个观察侧面印证了 Chen 等[①]的结论，即这一时期货币政策是相对紧缩的。最后，2009 年之后逐渐出现了一个违反直觉的现象，民营企业的财务费用率下降到低于国有企业，小型企业的财务费用率下降到低于大型企业。图 12 - 10 给出了这一反常现象的解释。

图 12 - 10 显示的是中国非金融上市公司短期借款和长期借款占总资产的比例，上面两图是按所有制分类结果，下面两图是按资产规模五分位分类结果。首先，从上面两图可以看出，中央国有企业短期借款占

---

① Chen, Kaiji, Jue Ren, and Tao Zha, 2018, "The Nexus of Monetary Policy and Shadow Banking in China", *American Economic Review*, 108（12）：3891 - 936.

比最低，长期低于10%，地方国有企业次之，民营企业最高，一度超过20%。中央国有企业长期借款占比最高，长期高于10%，地方国有企业次之，民营企业最低，长期在6%左右。从下面两图可以看出，企业资产规模越大，短期借款占比越低，长期贷款占比越高，资产规模前20%的企业和后80%的企业差异非常明显。结合图12-9可知，大型企业和国有企业在融资方面优势明显，不仅可以获取稳定的长期资金，而且融资成本较低。其次，中央国有企业和资产规模前20%的企业，其借款的总资产占比相对稳定，受经济周期和宏观经济政策影响较小。民营企业和中小企业的借款则变动较大，容易遭受经济周期和经济政策的冲击。民营企业和中小企业的短期贷款占比，从2005年开始即出现趋势性下降，即使2009年也未出现明显逆转。民营企业和中小企业的长期贷款占比在2009年前相对稳定，甚至还略有上涨，但是2009年之后中小企业的长期贷款占比出现下滑，规模越小下滑越多。因此，图12-9观察到的财务费用率下降，并不是融资成本下降，而是根本就融不到资①。这就是所谓"融资难"问题。

从上市公司数据看，中国国有企业、大型企业与民营企业、中小企业在融资方面差异巨大，前者在信贷和资金获取方面确实拥有特权。中国民营企业和中小企业长期承受融资压力，在2009年之前主要反映为财务费用率高企，即"融资贵"问题，但是在2009年之后借款占比和财务费用率同时下降，越来越变为"融资难"的问题。2016年以来逐步加码的金融去杠杆政策，令资金本来就捉襟见肘的民营企业和中小企业雪上加霜。资产规模后20%的企业在2017年短期借款和长期借款相加仅占总资产的6.4%，在2009年之前这一比例一直都高于20%。总之，金融去杠杆在实体经济方面的直接承担者是地方政府和非金融企业

---

① 当然，还有一种可能，在经济不景气的时候，一些民营企业和中小企业战略收缩，也不愿意融资。

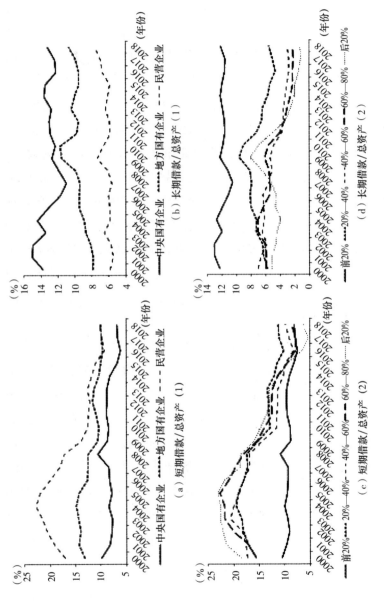

图 12 – 10　中国非金融上市公司借款／总资产

注：2018 年为三季报。

数据来源：Wind 资讯及作者计算。

部门，最终一方面反映在房地产和基建行业，另一方面反映在民营企业和中小企业。房地产开发和基建投资下降是当前经济增速放缓的主要来源，民营企业和中小企业经营状况持续恶化则率先给出警讯。

除了融资难、融资贵，2018 年企业抱怨较多的还有税收、社保追缴和环保督查等造成的负担。这些因素都会导致企业的成本费用上升，而且，其对不同所有制和不同规模企业造成的影响也不是中性的。表 12 - 11 显示了不同所有制和不同资产规模非金融企业的管理费用率和销售费用率变化。管理费用率和销售费用率是指企业管理费用和销售费用与主营业务收入的百分比，反映企业在日常管理和销售过程中产生的成本和费用。从图 12 - 11 可以看出，首先，中央国有企业管理费用率和销售费用率都是最低的，地方国有企业次之，民营企业最高。企业规模越大，管理费用率和销售费用率越低，资产规模前 20% 的企业与后 80% 的企业差异很大。其次，近些年来，不同所有制和不同资产规模企业的销售费用率差异逐步拉大。到 2018 年，中央国有企业的销售费用率比民营企业平均低 4.28%，资产规模前 20% 的企业销售费用率比后 60% 的平均低 5% 以上。最后，管理费用比销售费用的周期性要强，2007 年和 2018 年是两个低点。

从图 12 - 9 至图 12 - 11 的企业三项费用分析可知，国有企业和大型企业不管在融资方面，还是在管理和销售的各个环节，都比民营企业和中小企业具有优势。因此，很多政策最终的实施结果不是中性的，民营企业和中小企业会遭受更大冲击。在 2018 年 G30 国际银行业研讨会上，中国人民银行行长易纲提出考虑以竞争中性原则对待国有企业。竞争中性原则的含义是，政府采取的所有行动，对国有企业和其他企业之间的市场竞争的影响都应该是中性的。也就是说，政府行为不应该给任何实际的或潜在的市场参与者尤其是国有企业带来任何"不当的竞争优势"。

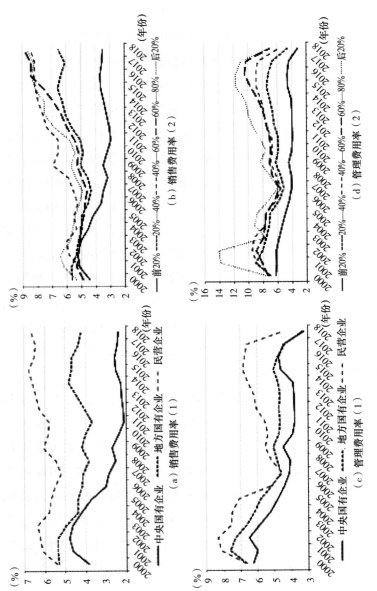

图 12-11　中国非金融上市公司销售费用率和管理费用率

注：2018 年为三季报。

数据来源：Wind 资讯及作者计算。

# 六　中国宏观杠杆率的预测和模拟

考察实体经济部门债务可持续性和债务风险，宏观杠杆率是非常重要的指标，得到越来越多的认可和关注。如果宏观杠杆率保持稳定甚至有收缩趋势，那就表明实体经济债务风险可控，有较好的持续性；相反，如果宏观杠杆率出现膨胀甚至爆炸性增长，那就表明实体经济部门债务风险失控，不可持续。这背后的微观理论基础其实相当简明，即债务的收入现金流可以负担债务合约的全部支付责任，包括利息和本金。这正是明斯基金融不稳定假说中三种融资类型划分所强调的[①]，也是达利欧所指出的：“判断信贷/债务快速增长是好事还是坏事，取决于信贷产生的结果和债务偿还情况。……由于信贷同时创造了购买力和债务，因此增加信贷是好是坏，取决于能否把借款用于生产性目的，从而创造出足够多的收入来还本付息。”[②]

对于政府部门杠杆率稳定和政府债务可持续性有很多研究。余永定和李扬等讨论了中央政府和广义政府的债务情况，推导出了政府部门杠杆率稳定条件，并做了相关模拟[③]。汤铎铎指出了债务率稳定条件和Piketty的“资本主义基本矛盾”[④] 具有一致性，即经济增长率和利率的大小长期来看具有非常重要的意义[⑤]。如果利率持续大于经济增长率，一方面会导致资产泡沫和债务膨胀，另一方面则会恶化收入和财富分

---

① ［美］海曼·P. 明斯基：《稳定不稳定的经济：一种金融不稳定视角》，石宝峰、张慧卉译，清华大学出版社 2015 年版。

② ［美］瑞·达利欧：《债务危机：我的应对原则》，赵灿等译，中信出版社 2019 年版。

③ 余永定：《财政稳定问题研究的一个理论框架》，《世界经济》2000 年第 6 期；李扬、张晓晶、常欣、汤铎铎、李成：《中国主权资产负债表及其风险评估》（上、下），《经济研究》2012 年第 6、7 期。

④ Piketty, Thomas, 2014, *Capital in the 21st Century*, Harvard University Press.

⑤ 汤铎铎：《经济增长、财富积累与收入分配》，载《经济蓝皮书（夏季版）：中国经济增长报告 2013—2014》，社会科学文献出版社 2014 年版。

配，加剧贫富分化。常欣等考虑了银行坏账的情景模拟显示，在乐观情景中政府部门杠杆率会收敛到一个均衡值，而在悲观和中性情景中，政府部门杠杆率会持续走高，出现爆发性增长[1]。

但是，由于中国存在规模较大的地方政府隐性债务，使得政府杠杆率的计算存在很多争议[2]，使得政府部门杠杆率的模拟结果[3]和图 12－8 所示的实际结果存在较大差异。有鉴于此，本书在这里直接模拟整个实体经济部门的杠杆率，因为主要的争议在于债务在地方政府和非金融企业之间的划分，实体经济部门总杠杆率不会受影响。

假设通货膨胀率为 $\pi$、实际经济增长率为 $n$、实体经济部门总债务的平均利率为 $i$、实体经济部门杠杆率为 $z$，以及扣除利息后实体经济部门净增债务占 GDP 比重为 $f$，则有：

$$\frac{dz(t)}{dt} = f(t) - z(t)[n(t) + \pi(t) - i(t)] \qquad (12-1)$$

（12－1）式是关于 $z(t)$ 的一阶微分方程，求解可得：

$$z(t) = f/(n + \pi - i) + c\,e^{-(n+\pi-i)t} \qquad (12-2)$$

相应的差分方程系统的解为：

$$z_t = \theta z_{t-1} + f \quad \text{其中，} \theta = \frac{1+i}{(1+n)(1+\pi)} \qquad (12-3)$$

可以用（12－3）式做情景模拟。显然，需要考虑的参数一共有 4 个，即通货膨胀率 $\pi$、实际增长率 $n$、平均利率 $i$、净债务占 GDP 比重 $f$。

图 12－12 显示的是近 5 年来前三个参数的取值情况。从图 12－12（a）看，实际增长率比较稳定，从 2015 年第一季度最高的 7%，一路

---

① 常欣、张莹、汤铎铎：《中国政府部门的债务风险》，载中国社会科学院国家金融与发展实验室编《管理结构性减速过程中的金融风险》，社会科学文献出版社 2017 年版。

② 汤铎铎、刘磊、张莹：《长期停滞还是金融周期？——中国宏观经济形势展望》，《经济学动态》2019 年第 10 期。

③ 常欣、张莹、汤铎铎：《中国政府部门的债务风险》，载中国社会科学院国家金融与发展实验室编《管理结构性减速过程中的金融风险》，社会科学文献出版社 2017 年版。

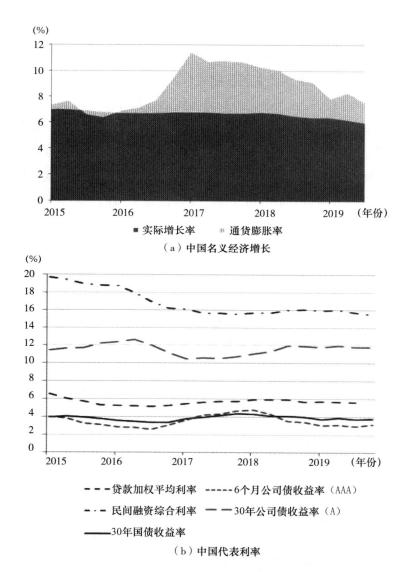

（a）中国名义经济增长

（b）中国代表利率

**图 12 - 12　中国名义经济增长与代表性利率**

数据来源：Wind 资讯及作者计算。

下降到 2019 年第三季度的 6%。通货膨胀率（缩减指数）变动相对较大，最小值为 2015 年第四季度的 −0.4%，最大值为 2017 年第一季度的 4.6%，均值为 2%。名义经济增长率的均为 8.7%。图 12 − 12（b）列出了中国 5 种代表性利率，分别是人民币贷款加权平均利率、温州地区民间融资综合利率、30 年期国债到期收益率、6 个月 AAA 级公司债到期收益率和 30 年 A 级公司债到期收益率。由于中国金融体系以银行为主，实体经济部门的总加权融资利率应该不会大幅高于贷款加权平均利率。综合各方因素，本书估计近 5 年实体经济部门平均利率在 8% 左右，稍低于 8.7% 的名义增长率。

净债务占 GDP 比重的估算更为烦琐，初步估计的结果如图 12 − 13 所示。近 20 年来该比值波动很大，最高为 2009 年的 29.6%，当年扣除付息后净增债务 10 万亿元，最低为 2019 年前三个季度的 0.2%，同期累积净增债务只有 1782 亿元。近 20 年里，去掉极端值后，该比值的均值为 10%。

2019 年年底的中央经济工作会议提出，要保持宏观杠杆率基本稳定，降低社会融资成本。本书对此进行情景模拟。从（12 − 3）式的差分方程系统看，如果每年要维持一定规模的净债务，即 $f$ 为正，那么想要保持杠杆率稳定，必须满足系统的稳定条件，即 $\theta < 1$。根据图 12 − 12 的讨论，结合中央经济工作会议稳杠杆目标和降低社会融资成本的举措，情景一的假设为：每年名义增长率 8.5%，平均利率（社会融资成本）6 年降 2%，从 2019 年的 8% 降到 2025 年的 6%，同时，杠杆率要保持在 250% 左右（即 6 年实现宏观杠杆率的基本稳定）。结果如表 12 − 1 所示，情景一每年可以容许的净增债务占 GDP 的 4%，即每年 $f$ 的取值为 4%，明显低于此前 10% 的均值。在名义增长率保持 8.5%，降低社会融资成本取得成效的情况下，$\theta$ 的 6 年平均值为 0.985。情景二的其他假设和情景一相同，不同的是净增债务保持原来每年 10% 的平均增速。这种情况下，$\theta$ 收敛的力量不足以维持杠杆率稳定，预计 2025 年会上涨到 285%。情景三模拟的是不但没有降低社会融资成本，而且

每年净增债务仍保持 10% 的增速，如此每年杠杆率上升大约 9%，到 2025 年达到 302.5%。

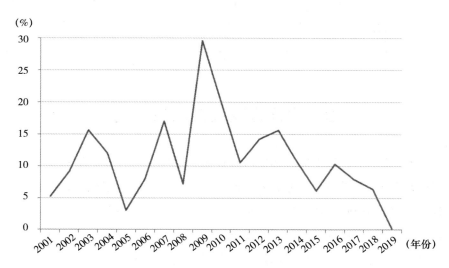

**图 12 - 13　中国净债务占 GDP 比重**

数据来源：作者估算。

模拟结果表明，在"十四五"期间想要保持宏观杠杆率的基本稳定，必须从多方面同时入手。第一，需要营造相对和缓的宏观经济环境，在维持一定名义增速的情况下，有效降低社会融资成本。第二，坚持稳杠杆的大方向不变，综合施策控制每年的新增债务规模，新增债务占 GDP 比重要大大低于 10%。第三，情景一假定每年净增债务占 GDP 比重将严控在 4%，这是相对理想的情景。如此严控有可能会不利于稳增长，因此实际的控制幅度可能会在高于 4%（如 4%—6%）。这样一来，宏观杠杆率近期还将有所上升。但只要 $\theta$ 小于 1，杠杆率总会趋于收敛。其收敛的速度既取决于 $\theta$ 本身的大小，也取决于社会融资成本 $i$ 和每年新增债务速度 $f$。

表 12－1　　　　　　　　未来 5 年中国宏观杠杆率模拟　　　　　　单位：%

| | $i$ | $\theta$ | $f$ | 2019 年 | 2020 年 | 2021 年 | 2022 年 | 2023 年 | 2024 年 | 2025 年 |
|---|---|---|---|---|---|---|---|---|---|---|
| 情景一 | 8—6 | 0.985 | 4 | 250.0 | 252.1 | 253.4 | 253.9 | 253.6 | 252.5 | 250.7 |
| 情景二 | 8—6 | 0.985 | 10 | 250.0 | 258.1 | 265.3 | 271.6 | 277.0 | 281.5 | 285.0 |
| 情景三 | 8 | 0.995 | 10 | 250.0 | 258.8 | 267.7 | 276.4 | 285.1 | 293.8 | 302.5 |

数据来源：作者估算。

# 七　中国宏观经济政策转型

由于特殊的经济发展和体制转型经历，中国一直将控制信贷作为宏观经济政策的主要手段。受西方宏观经济思想的影响，中国也一直将从直接调控向间接调控转变作为政策转型的方向，其实质是向着以自然率假说为理论基础的一个目标一个工具框架迈进。然而，直到国际金融危机爆发，这一转型也没有最终完成。国际金融危机后的经济进程和理论发展，使得我们开始重新思考和定位中国宏观经济政策转型的方向和框架。

中国宏观经济政策框架一直是多目标多工具的，未来应该继续坚持这一方向，从旧三位一体（计划、财政、货币）转向新三位一体（总需求管理、宏观审慎、增长）。无论是金融周期说还是长期停滞说，都把金融稳定作为重要的宏观经济政策目标，也都不排斥引入宏观审慎政策。中国宏观经济政策转型也正在顺应这一趋势。在本轮宏观调控中，决策层明显更关心金融稳定。在最近提出的"稳就业、稳金融、稳外贸、稳外资、稳投资、稳预期"的"六稳"中，稳金融放在第二位，并未提及"稳物价"或"稳通胀"。在 2019 年 5 月猪肉价格上涨导致 CPI 走高之后，各方认识也相对一致，持"滞胀说"的只是少数，没有引发过分的担忧[①]。这就是我们一再强调的，中国实体

①　汤铎铎：《全球低通胀趋势尚未改变》，《经济参考报》2019 年 6 月 19 日。

经济目前仍处在低波动状态①，中国宏观调控的主要矛盾，已经从传统的就业和通胀的菲利普斯曲线折中，转变为更广泛的经济稳定和金融稳定的折中②。如图 12－14 所示，中国宏观经济政策框架也从旧三位一体转向新三位一体③。

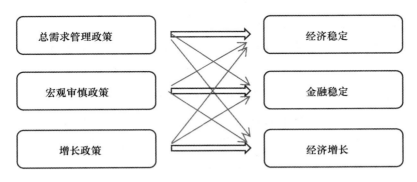

**图 12－14　中国宏观经济政策的新三位一体框架**

从旧三位一体到新三位一体，除了继续聚焦于中长期经济增长和短期经济波动外，主要是将金融稳定明确纳入政策考量。在具体的政策目标中，体现为将资产价格和宏观杠杆率作为重要参照。另外，在中国从高速增长到高质量发展的过渡中，中长期经济增长的政策目标也更加丰富，"创新、协调、绿色、开放、共享"的新发展理念就是很好的概括。党的十九大报告提出防范化解重大风险、精准脱贫、污染防治三大攻坚战，充分体现了中国宏观经济政策目标的多元性，而 2019 年中央经济工作会议将防范化解重大风险放在最后，体现了不同时期政策目标

---

① 汤铎铎、张莹：《实体经济低波动与金融去杠杆——2017 年中国宏观经济中期报告》，《经济学动态》2017 年第 8 期。

② 汤铎铎：《金融去杠杆、竞争中性与政策转型——2019 年中国宏观经济展望》，《经济学动态》2019 年第 3 期。

③ 汤铎铎：《创新和完善现代化经济体系的宏观调控》，载《现代化经济体系建设理论大纲》，人民出版社 2019 年版。

优先性的变化。

在新三位一体框架下，货币政策的理论信条也要进行深刻转型，要从货币观转向金融观。中国货币政策很长时间以来以货币数量和信贷规模为中介目标，货币供给以基础货币—货币乘数理论为圭臬①，货币需求以货币数量论为核心。显然，在中国经济发展进入新阶段，互联网信息技术突飞猛进，以影子银行为主的金融创新层出不穷的背景下，中国货币政策的有效性受到严重制约，中国货币政策的理论基础和实施框架需要与时俱进。中国未来的货币政策转型，不单单是从数量型调控转向价格型调控，而是要根本上从货币观转向金融观，从单一货币政策转向货币政策和宏观审慎政策的双支柱框架。货币供给要从基础货币—货币乘数的旧观点，迈向发端于《拉德克利夫报告》的"新观点"。该报告的核心思想是，影响经济的不仅是货币供给，而是全部社会流动性，决定社会流动性的是包括全部金融机构在内的整个金融体系②。中国的社会融资规模理论和实践，正是在这方面的有益尝试③。对货币需求的理解也要超越货币数量论。服务于实体经济的是整个金融体系，而不光是银行体系提供的货币。宏观经济政策需要关注的也不仅仅是通货膨胀和失业，还要包括金融风险，以保证金融体系顺畅运作，发挥其基本功能。

---

① 盛松成、翟春：《中央银行与货币供给》，中国金融出版社 2015 年版。
② 同上。
③ 盛松成等：《社会融资规模理论与实践》，中国金融出版社 2014 年版。

# 参考文献

## 中文专著

蔡昉、张晓晶：《构建新时代中国特色社会主义政治经济学》，中国社会科学出版社 2019 年版。

蔡昉等：《新中国经济建设 70 年》，中国社会科学出版社 2019 年版。

高培勇主编：《现代化经济体系建设理论大纲》，人民出版社 2019 年版。

李扬等：《中国国家资产负债表 2013：理论、方法与风险评估》，中国社会科学出版社 2013 年版。

李扬等：《中国国家资产负债表 2015：杠杆调整与风险管理》，中国社会科学出版社 2015 年版。

李扬等：《中国国家资产负债表 2018》，中国社会科学出版社 2018 年版。

李扬主编：《中国经济增长报告（2013—2014）：TFP 和劳动生产率冲击与区域分化》，社会科学文献出版社 2014 年版。

盛松成、翟春：《中央银行与货币供给》，中国金融出版社 2015 年版。

盛松成等：《社会融资规模理论与实践》，中国金融出版社 2014 年版。

汤铎铎等：《后危机时期中国经济周期波动与宏观调控研究》，中国社会科学出版社 2019 年版。

习近平：《决胜全面建成小康社会　夺取新时代中国特色社会主义伟大胜利——在中国共产党第十九次全国代表大会上的报告》，人民出版社 2017 年版。

殷剑锋、王增武主编：《影子银行与银行的影子》，社会科学文献出版社 2013 年版。

增长与发展委员会：《增长报告：可持续增长和包容性发展的战略》，中国金融出版社 2008 年版。

张晓晶：《符号经济与实体经济：金融全球化时代的经济分析》，上海人民出版社与上海三联书店 2002 年版。

中国社会科学院国家金融与发展实验室编：《管理结构性减速过程中的金融风险》，社会科学文献出版社 2017 年版。

# 中文译著

［英］阿代尔·特纳：《债务和魔鬼：货币、信贷和全球金融体系重建》，王胜邦等译，中信出版社 2016 年版。

［英］大卫·格雷伯：《债：第一个 5000 年》，董子云、孙碳译，中信出版社 2012 年版。

［美］海曼·P. 明斯基：《稳定不稳定的经济：一种金融不稳定视角》，石宝峰、张慧卉译，清华大学出版社 2015 年版。

［英］凯恩斯：《货币论》（上卷），何瑞英译，商务印书馆 1986 年版。

［美］瑞·达利欧：《债务危机：我的应对原则》，赵灿等译，中信出版社 2019 年版。

# 中文期刊论文

陈昌兵：《可变折旧率估计及资本存量测算》，《经济研究》2014 年第 12 期。

何兴强、杨锐锋：《房价收入比与家庭消费——基于房产财富效应的视角》，《经济研究》2019 年第 12 期。

黄隽、李冀恺：《中国消费升级的特征、度量与发展》，《中国流通经济》2018 年第 4 期。

江小涓：《中国经济发展进入新阶段：挑战与战略》，《经济研究》2004 年第 10 期。

李成、汤铎铎：《居民财富、金融监管与贸易摩擦——2018 年中国宏观经济中期报告》，《经济学动态》2018 年第 8 期。

李涛、陈斌开：《家庭固定资产、财富效应与居民消费：来自中国城镇家庭的经验证据》，《经济研究》2014 年第 3 期。

李雪松、黄彦彦：《房价上涨、多套房决策与中国城镇居民储蓄率》，《经济研究》2015 年第 9 期。

李扬：《货币政策与财政政策的配合：理论与实践》，《财贸经济》1999 年第 11 期。

李扬：《将地方政府债务关进制度笼子》，《中国金融》2019 年第 13 期。

李扬、张晓晶、常欣、汤铎铎、李成：《中国主权资产负债表及其风险评估》（上、下），《经济研究》2012 年第 6、7 期。

李育、刘凯：《房产财富与购房决策如何影响居民消费》，《人文杂志》2019 年第 6 期。

刘磊、刘健、郭晓旭：《金融风险与风险传染：基于 CCA 方法的宏观金融网络分析》，《金融监管研究》2019 年第 9 期。

马勇、陈雨露：《金融杠杆、杠杆波动与经济增长》，《经济研究》2017

年第 6 期。

潘红虹：《消费升级的国际经验与我国消费升级路径分析》，《企业经济》2019 年第 3 期。

潘越、潘健平、戴亦一：《公司诉讼风险、司法地方保护主义与企业创新》，《经济研究》2015 年第 3 期。

石明明、江舟、周小焱：《消费升级还是消费降级？》，《中国工业经济》2019 年第 7 期。

孙国峰、贾君怡：《中国影子银行界定及其规模测算——基于信用货币创造的视角》，《中国社会科学》2015 年第 11 期。

谭海鸣、姚余栋、郭树强、宁辰：《老龄化、人口迁移、金融杠杆与经济长周期》，《经济研究》2016 年第 2 期。

汤铎铎：《金融去杠杆、竞争中性与政策转型——2019 年中国宏观经济展望》，《经济学动态》2019 年第 3 期。

汤铎铎、刘磊、张莹：《长期停滞还是金融周期？——中国宏观经济形势展望》，《经济学动态》2019 年第 10 期。

汤铎铎、张莹：《实体经济低波动与金融去杠杆——2017 年中国宏观经济中期报告》，《经济学动态》2017 年第 8 期。

汪涛：《中国影子银行的发展和规模》，《财经》2018 年第 8 期。

王爱俭、杜强：《经济发展中金融杠杆的门槛效应分析——基于跨国面板数据的实证研究》，《金融评论》2017 年第 5 期。

王小鲁：《中国经济增长的可持续性与制度变革》，《经济研究》2000 年第 7 期。

徐忠：《系统性再论财政与金融的关系》，《经济研究》2018 年第 7 期。

余斌、张俊伟：《新时期我国财政、货币政策面临的挑战与对策》，《管理世界》2014 年第 6 期。

余永定：《财政稳定问题研究的一个理论框架》，《世界经济》2000 年第 6 期。

张大永、曹红：《家庭财富与消费：基于微观调查数据的分析》，《经济研究》2012 年第 1 期。

张晓晶、常欣、刘磊：《结构性去杠杆：进程、逻辑与前景》，《经济学动态》2018 年第 5 期。

张晓晶、董昀：《重构宏观经济政策框架的探索与争论》，《比较》2013 年第 3 辑。

张晓晶、刘磊：《国家资产负债表视角下的金融稳定》，《经济学动态》2017 年第 8 期。

张晓晶、刘磊、李成：《信贷杠杆率与经济增长：150 年的经济与启示》，《比较》2019 年第 1 辑。

张晓晶、刘磊：《现代货币理论及其批评：兼论主流与非主流经济学的融合与发展》，《经济学动态》2019 年第 6 期。

张晓晶、刘学良、王佳：《债务高企、风险集聚与体制改革：对发展型政府的反思与超越》，《经济研究》2019 年第 7 期。

张晓晶：《试论宏观调控新常态》，《经济学动态》2015 年第 4 期。

张晓晶、王宇：《金融周期与创新宏观调控新维度》，《经济学动态》2016 年第 7 期。

张晓晶：《增长放缓不是狼来了：中国未来增长前景展望》，《国际经济评论》2012 年第 4 期。

# 英文专著

Akerlof, George, Olivier Blanchard, David Romer, & Joseph Stiglitz, 2014, *What Have We Learn? Macroeconomic Policy after the Crisis*, The MIT Press.

Alpert, D., 2014, *The Age of Oversupply：Overcoming the Greatest Challenge to the Global Economy*, Penguin.

Blanchard, Olivier, David Romer, Michael Spence, & Joseph Stiglitz, 2012,

*In the Wake of the Crisis*: *Leading Economists Reassess Economic Policy*, The MIT Press.

Favilukis, J., Kohn, D., Ludvigson, S. C., & Van Nieuwerburgh, S., 2012, *Housing and the Financial Crisis*, University of Chicago Press.

Frieden, J. A., 2014, *Currency Politics*: *The Political Economy of Exchange Rate Policy*, Princeton University Press.

Gagnon, J. E., & M. Hinterschweiger, 2011, *Flexible Exchange Rates for a Stable World Economy*, Peterson Institute Press.

Garnaut, Ross, Fang Cai, & Ligang Song (eds), *China*: *A New Model for Growth and Development*, ANU E Press, Canberra.

Guren, A., 2014, *The Causes and Consequences of House Price Momentum*, Cambridge, MA.

IMF, 2017, *Global Financial Stability Report*, October 2017: *Is Growth at Risk*, International Monetary Fund.

IMF, 2019, *World Economic Outlook* (*Update*): *Still Sluggish Global Growth*, International Monetary Fund.

IMF, 2019, *World Economic Outlook*: *Growth Slowdown*, *Precarious Recovery*, International Monetary Fund.

Kindleberger, C. P., & Aliber, R. Z., 2011, *Manias*, *Panics and Crashes*: *A History of Financial Crises*, Palgrave Macmillan.

Koo, Richard C., 2008, *The Holy Grail of Macroeconomics*: *Lessons from Japan's Great Recession*, John Wiley & Sons.

Minsky H., 1986, *Stabilising an Unstable Economy*, Yale University Press.

Piketty, Thomas, 2014, *Capital in the 21st Century*, Harvard University Press.

Saez, Emmanuel, & Gabriel Zucman, 2019, *The Triumph of Injustice*: *How the Rich Dodge Taxes and How to Make Them Pay*, W. W. Norton & Company.

Teulings C. , & Baldwin R. （eds）, 2014, *Secular Stagnation：Facts, Causes and Cures*, CEPR Press.

Trichet, J. , 2009, *Systemic Risk, Clare Distinguished Lecture in Economics and Public Policy*, University of Cambridge.

Vogel, Ezra, 1979, *Japan As Number One：Lessons for America*, Harvard University Press.

Wolf, M. , 2014, *The Shifts and the Shocks：What We've Learned have still to Learn—From the Financial Crisis*, Penguin.

World Bank, 2019, *Global Economic Prospects：Heightened Tensions, Subdued Investment*, World Bank Group.

# 英文期刊论文

Acemoglu, D. , et al. , 2015, "Systemic Risk and Stability in Financial Networks", *American Economic Review*, 105 （2）：564 –608.

Adelino, M. , Schoar, A. , & Severino, F. , 2012, "Credit Supply and House Prices：Evidence from Mortgage Market Segmentation", National Bureau of Economic Research, No. w17832.

Adrian, Tobias, Dong He, Nellie Liang, & Fabio M. Natalucci, 2019, "A Monitoring Framework for Global Financial Stability", Staff Discussion Notes No. 19/06.

Adrian, T. , & H. S. Shin, 2010, "Liquidity and leverage", *Journal of Financial Intermediation*, 19 （3）：418 –437.

Agarwal, S. , Amromin, G. , Ben-David, I. , Chomsisengphet, S. , Piskorski, T. , & Seru, A. , 2017, "Policy Intervention in Debt Renegotiation：Evidence from the Home Affordable Modification Program", *Journal of Political Economy*, 125 （3）：654 –712.

Allen, Franklin, Yiming Qian, Guoqian Tu, & Frank Yu, 2019, "Entrusted Loans: A Close Look at China's Shadow Banking System", *Journal of Financial Economics*, Forthcoming.

Almeida, H., Campello, M., & Liu, C., 2006, "The Financial Accelerator: Evidence from International Housing Markets", *Review of Finance*, 10 (3): 321 – 352.

Amiti, M., S. J. Redding, & D. Weinstein, 2019, "The Impact of the 2018 Trade War on U. S. Prices and Welfare", NBER Working Paper No. 25672.

Andersen, A. L., Economics, C. D., & Jensen, T. L., 2014, "Household Debt and Consumption during the Financial Crisis", *Monetary Review* 1st Quarter, 61.

Autor, D. H., D. Dorn, & G. H. Hanson, 2013, "The China Syndrome: Local Labor Market Effects of Import Competition in the United States", *American Economic Review*, 103 (6): 2121 – 2168.

Autor, D. H., D. Dorn, G. H. Hanson., & J. Song, 2014, "Trade Adjustment: Worker-Level Evidence", *Quarterly Journal of Economics*, 129 (4): 1799 – 1860.

Bahadir, B., & Gumus, I., 2016, "Credit Decomposition and Business Cycles in Emerging Market Economies", *Journal of International Economics*, 103: 250 – 262.

Bai, Chong-En, Chang-Tai Hsieh, & Zheng (Michael) Song, 2016, "The Long Shadow of a Fiscal Expansion", Brookings Papers on Economic Activity, 60: 309 – 327.

Baker, S. R., 2018, "Debt and the Response to Household Income Shocks: Validation and Application of Linked Financial Account Data", *Journal of Political Economy*, 126 (4): 1504 – 1557.

Barro, Robert J., 2016, "Economic Growth and Convergence, Applied Especially To China", NBER Working Paper No. 21872.

Basten, C. , & Koch, C. , 2015, "The Causal Effect of House Prices on Mortgage Demand and Mortgage Supply: Evidence from Switzerland", *Journal of Housing Economics*, 30: 1 – 22.

Bayoumi, M. T. , M. G. Dell'Ariccia, M. K. F. Habermeier, M. T. M. Griffoli, & F. Valencia, 2014, "Monetary Policy in the New Normal", IMF Working Paper.

Beccalli, E. , A. Boitani, & S. Di Giuliantonio, 2015, "Leverage Pro-cyclicality and Securitization in US banking", *Journal of Financial Intermediation*, 24 (2): 200 – 230.

Bergin Paul, 2004, "Measuring the Cost of Exchange Rate Volatility", *FRBSF Economic Letter*, No. 2004 – 22, Federal Reserve Bank of San Francisco.

Bergin, P. , & I. Tchakarov, 2003, "Does Exchange Rate Risk Matter for Welfare?", NBER Working Paper No. 9900.

Bernal, R. , 1982, "Transnational Banks, the International Monetary Fund and External Debt of Developing Countries", *Social and Economic Studies*, 71 – 101.

Bernanke, B. , Gertler, M. , & Gilchrist, S. , 1996, "The Financial Accelerator and the Flight to Quality", *The Review of Economics and Statistics*, 78 (1): 1 – 15.

Bernanke, B. , 2004, "The Great Moderation", Speech at the Meetings of the Eastern Economic Association, Washington D. C. .

Bernanke, B. , 2005, "The Global Saving Glut and the U. S. Current Account Deficit", Remarks at the Sandridge Lecture, Virginia Association of Economists, Richmond, Virginia.

Blanchard, Olivier, & Jordi Gali, 2007, "Real Rigidities and the New

Keynesian Model", *Journal of Money, Credit, and Banking*, 39 (s1):
35 – 65.

Blanchard, Olivier, Giovanni Dell'Ariccia, & Paolo Mauro, 2010, "Rethinking Macroeconomic Policy", *Journal of Money, Credit and Banking*, 42:
199 – 215.

Blanchard, O., & J. Galí, 2007, "Real Wage Rigidities and the New Keynesian Model", *Journal of Money, Credit, and Banking*, 39 (1): 36 – 65.

Blanchard, O., 2018, "Distortions in Macroeconomics", *NBER Macroeconomics Annual*, 32 (1): 547 – 554.

Blanchard, O., 2018, "Should We Reject the Natural Rate Hypothesis?", *Journal of Economic Perspectives*, 32 (1): 97 – 120.

Blanchard, O., & C. G. Collins, 2019, "Markets Don't Believe Trump's Trade War is Zero-sum", Peterson's Institute of International Economics.

Borio, C., 2014, "The Financial Cycle and Macroeconomics: What have We Learnt?", *Journal of Banking & Finance*, 45: 182 – 198.

Borio, C., 2017, "Secular Stagnation or Financial Cycle Drag?", *Business Economics*, 52 (2): 87 – 98.

Borio, C., 2019, "A Tale of Two Financial Cycles: Domestic and Global", BIS Working Paper.

Borio, C., et al., 2019, "What Anchors for the Natural Rate of Interest?", BIS Working Papers, No. 777.

Borio, C. E., Kharroubi, E., Upper, C., & Zampolli, F., 2016, "Labour Reallocation and Productivity Dynamics: Financial Causes", Real Consequences.

Brueckner, J. K., Calem, P. S., & Nakamura, L. I., 2012, "Subprime Mortgages and the Housing Bubble", *Journal of Urban Economics*, 71

（2）：230 – 243.

Bunn, P. , & Rostom, M. , 2014, "Household Debt and Spending", Bank of England Quarterly Bulletin, Q3.

Caballero, R. J. , et al. , 2016, "Safe Asset Scarcity and Aggregate Demand", *American Economic Review*, 106（5）：513 – 518.

Caballero, R. J. , et al. , 2017, "The Safe Assets Shortage Conundrum", *Journal of Economic Perspectives*, 31（3）：29 – 46.

Castrén, O. , & I. K. Kavonius, 2009, "Balance Sheet Interlinkages and Macro-financial Risk Analysis in the Euro Area", ECB Working Paper, No. 1124.

Chancel, Lucas, 2019, "Ten Facts about Inequality in Advanced Economies", Paris School of Economics-World Inequality Lab.

Chan-Lau, J. A. , 2010, "Balance Sheet Network Analysis of Too-connected-to-fail Risk in Global and Domestic Banking Systems", IMF Working Paper, No. 107.

Charles, K. K. , Hurst, E. , & Notowidigdo, M. J. , 2018, "Housing Booms and Busts, Labor Market Opportunities, and College Attendance", *American Economic Review*, 108（10）：2947 – 2994.

Chen Z. , He Z. , & Liu C. , 2017, "The Financing of Local Government in China：Stimulus Loan Wanes and Shadow Banking Waxes", NBER Working Paper.

Chen, Kaiji, Jue Ren, & Tao Zha, 2018, "The Nexus of Monetary Policy and Shadow Banking in China", *American Economic Review*, 108（12）：3891 – 3936.

Cochrane, John H. , 2017, "Macro-Finance", *Review of Finance*, 21（3）：945 – 985.

da Silva, Luiz Awazu Pereira, Enisse Kharroubi, Emanuel Kohlscheen, & Benoit Mojon, 2019, "The Inflation Conundrum in Advanced Economies and a Way out", BIS Speech.

Dell'Ariccia, G. , L. Laeven, & G. A. Suarez, 2017, "Bank Leverage and Monetary Policy's Risk-Taking Channel: Evidence from the United States", *The Journal of Finance*, 72 (2): 613 – 654.

Di Maggio, M. , & Kermani, A. , 2017, "Credit-induced Boom and Bust", *The Review of Financial Studies*, 30 (11): 3711 – 3758.

Di Maggio, M. , Kermani, A. , Keys, B. J. , Piskorski, T. , Ramcharan, R. , Seru, A. , & Yao, V. , 2017, "Interest Rate Pass-through: Mortgage Rates, Household Consumption, and Voluntary Deleveraging", *American Economic Review*, 107 (11): 3550 – 3588.

Diaz-Alejandro, C. , 1985, "Good-bye Financial Repression, Hello Financial Crash", *Journal of Development Economics*, 19 (1 – 2): 1 – 24.

Drehmann, M. , & Juselius, M. , 2014, "Evaluating Early Warning Indicators of Banking Crises: Satisfying Policy Requirements", *International Journal of Forecasting*, 30 (3): 759 – 780.

Drehmann, M. , Juselius, M. , & Korinek, A. , 2017, "Accounting for Debt Service: The Painful Legacy of Credit Booms", Bank of Finland Research Discussion Paper.

Drehmann, M. , et al. , 2012, "Characterising the Financial Cycle: Don't Lose Sight of the Medium Term!", BIS Working Paper, No. 380.

Dudley, W. C. , & Hubbard, R. G. , 2004, "How Capital Markets Enhance Economic Performance and Facilitate Job Creation", Global Markets Institute, Goldman Sachs, 1 – 26.

Dynan, K. , Mian, A. , & Pence, K. M. , 2012, "Is a Household Debt Overhang Holding Back Consumption? [ with Comments and Discussion ]", Brookings Papers on Economic Activity, 299 – 362.

Eggertsson, G. B. , & Krugman, P. , 2012, "Debt, Deleveraging, and the Liquidity Trap: A Fisher-Minsky-Koo Approach", *The Quarterly Journal of Economics*, 127 (3): 1469 – 1513.

Ehlers, Torsten, Steven Kong, & Feng Zhu, 2018, "Mapping Shadow Banking in China: Structure and Dynamics", BIS Working Papers, No. 701.

Eichengreen, Barry, Donghyun Park, & Kwanho Shin, 2011, "When Fast Growing Economies Slow Down: International Evidence and Implications for China", NBER Working Paper, No. 16919.

Eichengreen, Barry, Donghyun Park, & Kwanho Shin, 2013, "Growth Slowdowns Redux: New Evidence on the Middle-income Trap", NBER Working Paper, No. 18673.

Elmeskov, J. , & Sutherland, D. , 2012, "Post-crisis Debt Overhang: Growth Implications across Countries", SSRN 1997093.

Englund, P. , 1999, "The Swedish Banking Crisis: Roots and Consequences", *Oxford Review of Economic Policy*, 15 (3): 80 – 97.

Fajgelbaum, P. D. , P. K. Goldberg, P. J. Kennedy, & A. K. Khandelwal, 2019, "The Return to Protectionism", NBER Working Paper No. 25638.

Farhi, E. , & Tirole, J. , 2012, "Collective Moral Hazard, Maturity Mismatch, and Systemic Bailouts", *American Economic Review*, 102 (1): 60 – 93.

Favara, G. , & Imbs, J. , 2015, "Credit Supply and the Price of Housing", *American Economic Review*, 105 (3): 958 – 992.

Favilukis, J. , Ludvigson, S. C. , & Van Nieuwerburgh, S. , 2017, "The Macroeconomic Effects of Housing Wealth, Housing Finance, and Limited Risk Sharing in General Equilibrium", *Journal of Political Economy*, 125 (1): 140 – 223.

Financial Stability Board (FBS), 2011, "Policy Measures to Address Systemically Important Financial Institutions", Technical Report, No. 4.

Fischer, Ronald, Diego Huerta, & Patricio Valenzuela, 2019, "The Inequal-
ity-credit Nexus", *Journal of International Money and Finance*, 91: 105 –
125.

Fisher, I. , 1933, "The Debt-deflation Theory of Great Depressions", *Econ-
ometrica: Journal of the Econometric Society*, 337 – 357.

Folkerts-Landau, D. , 1985, "The Changing Role of International Bank
Lending in Development Finance", *Staff Papers*, 32 (2): 317 – 363.

Fostel, A. , & Geanakoplos, J. , 2012, "Tranching, CDS, and Asset
Prices: How Financial Innovation can Cause Bubbles and Crashes", *Ameri-
can Economic Journal: Macroeconomics*, 4 (1), 190 – 225.

Friedman, Milton, 1968, "The Role of Monetary Policy", *American Econom-
ic Review*, 58 (1): 1 – 17.

Geanakoplos, J. , 2010, "The Leverage Cycle", *NBER Macroeconomics An-
nual*, 24 (1): 1 – 66.

Gertler, Mark, & Simon Gilchrist, 2018, "What Happened: Financial Fac-
tors in the Great Recession", *Journal of Economic Perspectives*, 32 (3):
3 – 30.

Ghosh, A. , J. Ostry, & C. Tsangarides, 2010, "Exchange Rate Regimes
and the Stability of the International Monetary System", IMF Occasional
Paper 270, International Monetary Fund.

Glasserman, P. , & H. P. Young, 2016, "Contagion in Financial Networks",
*Journal of Economic Literature*, 54: 779 – 831.

Glick, R. , & Lansing, K. J. , 2010, "Global Household Leverage, House
Prices, and Consumption", *FRBSF Economic Letter*, 1: 1 – 5.

Gopinath, G. , Kalemli-Özcan, Ş. , Karabarbounis, L. , & Villegas-
Sanchez, C. , 2017, "Capital Allocation and Productivity in South Eu-

rope", *The Quarterly Journal of Economics*, 132 (4): 1915 – 1967.

Ha, Jongrim, M. Ayhan Kose, & Franziska Ohnsorge, 2019, "Inflation in E-merging and Developing Economies: Evolution, Drivers, and Policies", The World Bank.

Igan, D. , & Loungani, P. , 2012, "Global Housing Cycles", IMF Working Paper, Vol. 12, No. 2172.

Igan, D. , Leigh, D. , Simon, J. , & Topalova, P. , 2013, "Dealing with Household debt. Financial Crises, Consequences, and Policy Responses", Forthcoming.

IMF, 2012, "Staff Report for Article IV consultation: People's Republic of China", IMF Country Report No. 15/272.

Jonung, L. , Kiander, J. , & Vartia, P. , 2009, "The Great Financial Crisis in Finland and Sweden: The Dynamics of Boom, Bust and Recovery, 1985 – 2000", *The Great Financial Crisis in Finland and Sweden: The Nordic Experience of Financial Liberalization*, 19.

Jordà, Ò. , M. Schularick, & A. M. Taylor, 2013, "When Credit Bites Back", *Journal of Money, Credit and Banking*, 45 (s2): 3 – 28.

Jordà, Ò. , Schularick, M. , & Taylor, A. M. , 2016, "The Great Mortgaging: Housing Finance, Crises and Business Cycles", *Economic Policy*, 31 (85): 107 – 152.

Juselius, M. , et al. , 2017, "Monetary Policy, the Financial Cycle, and Ultra-low Interest rates", *International Journal of Central Banking*, 13 (3): 55 – 89.

Justiniano, A. , Primiceri, G. E. , & Tambalotti, A. , 2019, "Credit Supply and the Housing Boom", *Journal of Political Economy*, 127 (3): 1317 – 1350.

Kalantzis, Y. , 2015, "Financial Fragility in Small Open Economies: Firm

Balance Sheets and the Sectoral Structure", *The Review of Economic Studies*, 82 (3), 1194 – 1222.

Krishnamurthy, A. , & Muir, T. , 2017, "How Credit Cycles Across a Financial Crisis", No. w23850, National Bureau of Economic Research.

Krishnamurthy, A. , S. Nagel, & D. Orlov, 2014, "Sizing up Repo", *The Journal of Finance*, 69 (6): 2381 – 2417.

Kumhof, Michael, Romain Rancière, & Pablo Winant, 2015, "Inequality, Leverage, and Crises", *American Economic Review*, 105 (3): 1217 – 1245.

Kumhof, M. , Rancière, R. , & Winant, P. , 2015, "Inequality, Leverage, and Crises", *American Economic Review*, 105 (3): 1217 – 1245.

Lam, W. R. , & J. Wang, 2018, "China's Local Government Bond Market", IMF Working Paper, No. 18/219.

Landvoigt, T. , 2016, "Financial Intermediation, Credit Risk, and Credit Supply during the Housing Boom", Credit Risk, and Credit Supply During the Housing Boom.

Laux, C. , & T. Rauter, 2017, "Procyclicality of Us Bank Leverage", *Journal of Accounting Research*, 55 (2): 237 – 273.

Levine, R. , 2005, "Finance and Growth: Theory and Evidence", *Handbook of Economic Growth*, 1: 865 – 934.

Lombardi, M. J. , Mohanty, M. S. , & Shim, I. , 2017, "The Real Effects of Household Debt in the Short and Long Run", BIS Working Paper, No. 607.

López-Salido, D. , Stein, J. C. , & Zakrajšek, E. , 2017, "Credit-market Sentiment and the Business Cycle", *The Quarterly Journal of Economics*, 132 (3): 1373 – 1426.

Martin, P. , & Philippon, T. , 2017, "Inspecting the Mechanism: Leverage and the Great Recession in the Eurozone", *American Economic Review*, 107 (7): 1904 – 1937.

McKinnon, R. I. , 1984, "The International Capital Market and Economic Liberalization in LDCs", *The Developing Economies*, 22 (4): 476 – 481.

Mian, A. , & Sufi, A. , 2010, "Household Leverage and the Recession of 2007 – 09", *IMF Economic Review*, 58 (1): 74 – 117.

Mian, A. , & Sufi, A. , 2011, "House Prices, Home Equity-based Borrowing, and The US Household Leverage Crisis", *American Economic Review*, 101 (5): 2132 – 2156.

Mian, A. , & Sufi, A. , 2017, "Household Debt and Defaults from 2000 to 2010: The Credit Supply View", *Evidence and Innovation in Housing Law and Policy*, 257 – 288.

Mian, A. , & Sufi, A. , 2018, "Finance and Business Cycles: The Credit-driven Household Demand Channel", *Journal of Economic Perspectives*, 32 (3): 31 – 58.

Mian, A. , Rao, K. , & Sufi, A. , 2013, "Household Balance Sheets, Consumption, and the Economic Slump", *The Quarterly Journal of Economics*, 128 (4): 1687 – 1726.

Mian, A. , Sufi, A. , & Verner, E. , 2017, "Household Debt and Business Cycles Worldwide", *The Quarterly Journal of Economics*, 132 (4): 1755 – 1817.

Mian, A. , Sufi, A. , & Verner, E. , 2017, "How do Credit Supply Shocks Affect the Real Economy? Evidence from the United States in the 1980s", No. w23802, National Bureau of Economic Research.

Modigliani, F. , & M. Miller, 1958, "The Cost of Capital, Corporate Finance, and the Theory of Investment", *American Economic Review*, 48: 261 – 297.

Nuño, G. , & C. Thomas, 2017, "Bank Leverage Cycles", *American Economic Journal: Macroeconomics*, 9 (2): 32 – 72.

OECD, 2019, "Warning: Low Growth Ahead", Interim Economic Outlook.

Philippon T. , 2015, "Has the US Finance Industry Become Less Efficient? On the Theory and Measurement of Financial Intermediation", *American Economic Review*, 105 (4): 1408 – 1438.

Phillips, A. W. , 1958, "The Relation between Unemployment and the Rate of Change of Money Wage Rates in the United Kingdom, 1861 – 1957", *Economica*, 25 (100): 283 – 299.

Pritchett, Lant, & Lawrence H. Summers, 2014, "Asiaphoria Meets Regression to the Mean", NBER Working Paper, No. 20573.

Rachel, Ł. , & L. H. Summers, 2019, "On Falling Neutral Real Rates, Fiscal Policy, and the Risk of Secular Stagnation", BPEA Conference Drafts.

Reinhart, C. M. , & Rogoff, K. S. , 2010, "Growth in a Time of Debt", *American Economic Review*, 100 (2): 573 – 578.

Samuelson, Paul A. , & Robert M. Solow, 1960, "Analytical Aspects of Anti-inflation Policy", *American Economic Review*, 50 (2): 177 – 194.

Schularick, M. , & Taylor, A. M. , 2012, "Credit Booms Gone Bust: Monetary Policy, Leverage Cycles, and Financial Crises, 1870 – 2008", *American Economic Review*, 102 (2): 1029 – 1061.

Sola M. S. , & Palomba M. G. , 2015, "Sub-National Government's Risk Premia: Does Fiscal Performance Matter?", IMF Working Paper, No. 117.

Song Z. , Storesletten K. , & Zilibotti F. , 2011, "Growing Like China", *American Economic Review*, 101 (1): 196 – 233.

Sufi, A. , 2015, "Out of Many, One? Household Debt, Redistribution and Monetary Policy During the Economic Slump", Andrew Crockett Memorial Lecture, BIS.

Summers, L. H. , 2014, "US Economic Prospects: Secular Stagnation, Hysteresis, and the Zero Lower Bound", *Business Economics*, 49 (2): 65 −73.

Summers, L. H. , 2018, "Secular Stagnation and Macroeconomic Policy", *IMF Economic Review*, 66 (2): 226 −250.

Vines, David, & Samuel Wills, 2018, "The Rebuilding Macroeconomic Theory Project: An Analytical Assessment", *Oxford Review of Economic Policy*, 34 (1 −2): 1 −43.

Zhang, M. Y. S. , & M. S. Barnett, 2014, "Fiscal Vulnerabilities and Risks from Local Government Finance in China", IMF Working Paper, No. 14/4.

# 后　　记

市面上的宏观经济报告已经很多。要不要再出这么一份报告，实际上颇多踌躇。不过，架不住中国社会科学出版社的热情鼓励，也就应承下来。原来只是答应写一份智库报告，几万字即可。但拉起架子要写的时候，就感觉应该把这些年的一些思考和积累以一个合适的方式呈现出来。很快地，脑海中浮现出几个大字：宏观经济分析新范式。

危机以来，谈论宏观分析新范式已不新鲜。但往往是就范式论范式、热衷于概念翻新的较多，在运用新的范式来分析问题、解决问题方面却鲜有进展。相比而言，本书的价值正在于对新范式的尝试和运用：章节标题可能并没有标新立异，但新的分析范式——主要基于资产负债表方法以及宏观—金融关联分析——则贯穿于全书。

本书是团队合作的成果。本人负责全书的框架设计、各篇导语及最终的统稿工作。各章分工如下：第一章（张晓晶）、第二章（李成）、第三章（刘学良）、第四章（张莹）、第五至第八章（张晓晶、常欣、刘磊）、第九和第十章（刘磊）、第十一章（陈汉鹏）、第十二章（汤铎铎）。

本书的出版，得到国家社科基金重点课题《宏观金融网络视角下的合意杠杆率研究》（19AJL006）以及国家社科基金重大招标课题《宏观经济稳增长与金融系统防风险动态平衡机制研究》（19ZDA095）的资助，得到中国社会科学出版社社长赵剑英、总编辑助理王茵及责任编辑王衡的大力支持，还有经济研究所宏观经济研究团队的卓越贡献，在此一并致谢！

正值稿成付梓之际，新冠肺炎疫情爆发。武汉"封城"，全国各地启动重大突发公共卫生事件一级响应机制，不少地方宣布以"战时状态"投入疫情防控……如此紧张，远超17年前之"非典"。

这个时候能够在家写书是幸运的！自我隔离（还在继续中）的日子里，几乎是目不窥园，足不下楼，所欠文债，竟能悉数偿还；实非专心若此，不过是担心病毒入侵罢了。都说普希金的"波尔金诺之秋"，创作井喷，拜当时瘟疫所赐，实则与死神擦肩而过，激发了生者的斗志。

此次疫情，以经济学视角观之，不过是"一次性冲击"。但对很多家庭而言，却是一辈子的冲击。宏观经济分析，并不能让这样的冲击刻骨铭心，市场的健忘症甚至更为严重。但文字敌得过你我的记忆！

谨以此书献给仍在疫情中奋战的人们。

张晓晶

2020 年 2 月 19 日